古典文獻研究輯刊

三三編

潘美月・杜潔祥 主編

第 18 冊

禪茶論典錄（上）

馮 天 春 編著

國家圖書館出版品預行編目資料

禪茶論典錄（上）／馮天春 編著 -- 初版 -- 新北市：花木蘭
文化事業有限公司，2021〔民 110〕
目 20+266 面；19×26 公分
（古典文獻研究輯刊 三三編；第 18 冊）
ISBN 978-986-518-634-0（精裝）
1. 禪宗 2. 茶藝 3. 中國文學
011.08   110012089

ISBN-978-986-518-634-0

古典文獻研究輯刊
三三編　第十八冊　　　　　　ISBN：978-986-518-634-0

禪茶論典錄（上）

編　　著　馮天春
主　　編　潘美月、杜潔祥
總 編 輯　杜潔祥
副總編輯　楊嘉樂
編　　輯　許郁翎、張雅淋、潘玟靜　美術編輯　陳逸婷
出　　版　花木蘭文化事業有限公司
發 行 人　高小娟
聯絡地址　235 新北市中和區中安街七二號十三樓
　　　　　電話：02-2923-1455／傳真：02-2923-1452
網　　址　http://www.huamulan.tw 信箱 service@huamulans.com
印　　刷　普羅文化出版廣告事業
初　　版　2021 年 9 月
全書字數　434670 字
定　　價　三三編 36 冊（精裝）台幣 90,000 元　　版權所有・請勿翻印

禪茶論典錄(上)

馮天春 編著

作者簡介

馮天春，男，雲南普洱人，哲學博士，現就職於雲南省社會科學院宗教研究所，主要研究中華經典詮釋學、佛道教哲學、心理學、禪茶文化。擅長將禪修技術、性命之學與心理學融合，解決心智成長與身心問題。同時，致力於中華傳統文化與禪茶康養、睡眠改善、身心管理等領域的研訓、抒寫，提倡和實踐「經典深度閱讀法」「中國心學」。目前主持國家社科基金項目《雲南禪宗史》，完成著作《〈壇經〉大生命觀論綱》（合著）《入〈壇經〉注》《藏漢佛教修道次第比較研究》《禪蹤》《禪茶公案錄》《禪茶藝文錄》《禪茶論典錄》等，另已發表學術論文二十餘篇。

提　要

　　禪茶內涵多維多重、形態有顯有隱，常常導致茶者見其茶，禪者見其禪，僧家見其出世，文士見其紅塵。事實上，大都只抓住了與自己價值取向共鳴的一面。而且，禪茶向來是僧俗共構的產物，由於中國整體的儒釋道土壤，禪本身就是多元文化融聚的結晶，禪出世的一端多在僧人、在寺廟，而入世的一端則多在文士、在世俗，故而「禪茶」需要在儒釋道內通為一的基礎上來探討，是廣義上的「大禪茶」，其形態較為靈活而內質也相對寬廣。同時，禪茶永遠隨時代在變化、演進。以這樣的動態視野輯錄禪茶論典，除了歷代禪門茶道文獻，當然還需關注儒釋道背景下的茶學典籍、茶道實踐、他國禪茶。基於此，本書選取了茶道書論 86 種，按照辨識茶事、品煮清譚、一方茗略、水器出神、僧家事茶五編進行編錄，以稍見禪茶文化之一斑。

本書為雲南省社會科學院中國（昆明）南亞東南亞研究院 2021 年度「雲南與南亞東南亞宗教文化交流研究創新團隊」（批准號：CXTD202101）階段性成果。

中　冊

緒論：禪茶及其當代建構

　　中國早已形成了成熟的茶道文化系統，遺憾的是作為茶道重要範疇的禪茶典籍卻顯得極為稀少、零散：一方面，禪茶元素融於絕大部分茶書和茶道活動中，但泛泛而難以把捉，例如陸羽《茶經》、周高起《陽羨茗壺系》、張源《茶錄》等名作，禪茶元素均只是若隱若現；另一方面，龐大的禪門僧俗群體雖熱衷於禪茶種植品飲，卻鮮有體系化的禪茶論著產生和流傳，即使是皎然、齊己、禪月貫休、趙州叢諗、一字茶僧張元等，今存禪茶作品也僅限於少量公案、詩歌。〔註1〕如今，出於生命健康養護、生活品質提升，乃或國民經濟發展的時代需要，禪茶實踐活動及學術研究已極為豐富火熱。同時，新時代禪茶體系的建構、詮釋也被賦予了更高的理論要求。基於此，本書選取了茶道文獻86種，從禪茶視角對之進行歸類輯錄，名曰《禪茶論典錄》〔註2〕。

〔註1〕據傳皎然有《茶訣》三卷，已散佚；一字茶僧張元精於種茶及茶文化推廣，曾撰《茶式》，但也未見流傳。實際上，在禪茶文化方面，數量最多、體系最大，而且也直指禪茶文化核心理念的「禪茶論」其實是歷代禪茶公案。只是這些公案篇幅短小、形態零散，很難稱為「論典」，而且筆者已將大量禪茶公案收錄入《禪茶公案錄》，故而此處不再另輯。不過，稍令人欣喜的是德輝《敕修百丈清規》中有大量關於禪門茶事的敘述，昌福《峨眉茶道宗法清律》對禪茶也有相對系統的論議，而日本千宗旦《茶禪同一味》則基本是在詮釋禪茶的修用。故而各方面綜合來看，此次輯錄，也算對禪茶文化有了相對全面的認知和梳理。

〔註2〕所謂「論典」，主要是指典籍、文論之義；「禪茶論典」，則是指以禪茶理念來看待所輯內容。本書所輯，既包含茶文化經典《茶經》，也包含一般茶道論書；有的篇幅很長，如陸廷燦《續茶經》、萬邦寧《茗史》德輝《敕修百丈清規》，有的又很短，如李日華《運泉約》、華淑《煎茶七類》、明本《覺喜泉記》；有的可視為「書著」，有的則僅算是「小文」。需要說明的是，編者並不將《茶經》視為宗教意義上的「經」「聖典」，也不將其餘論著視為詮釋某種教義的「論藏」，而只當作是茶道領域的重要文獻、典籍，故而全書以「論典」稱之。

希望此作稍可呈現古今禪茶文化之一斑，同時也理清當代禪茶研究的基礎性文獻，助力禪茶研究及茶道實踐的展開，並盡可能最大限度地發掘禪茶文化的時代效益。

一、論典輯錄之工

（一）輯錄之法及治學心態

此書實乃本人初涉文獻輯錄而取得的粗淺成果，在輯錄方法、治學心態上也還屬於摸索階段。具體而言是這樣展開的：

其一，從大量散雜文獻中淘揀禪茶論典。禪茶論典的存在狀態較為寬泛零散、漫無邊際。此書從著手到如今已七年餘，其間筆者的搜集工作常常是泛漫撒網，收穫甚微。回觀一路所見茶書茶作，何止千萬，但問題在於：一是專門的禪茶典籍極少；二是即使有涉及禪茶文化元素者，也多雜含諸家意趣，多維、龐雜而難以把握其禪蹤茶影。在此境況下，本人更須按圖索驥，大量爬梳文獻。最終，才搜集、篩選到如本書之稍為適意者。

其二，點校、研讀，並按一定禪茶框架輯錄。直觀上看，此書確實尚顯粗糙，不見得符合嚴謹、專業的文獻輯錄工作，也不見得有多少新意。所輯論典，也均屬前人撰成或編著，不是我的首創。即使是本人所謂新輯者，也從前人處搜尋得來。在此項工作中，我最主要的收穫其實是閱讀、點校了大量茶道典籍，所以，對禪茶文化能初步做到言之有物；在此基礎上，又結合現代禪茶研究的基本需求，對禪茶體系、內涵做了某些思考，將之編錄在一定禪茶文化構架下，以方便見尋其中禪茶意味。故而，編著此書，確實樸拙無奇，如能對禪茶研究領域提供一些便利就已是意外之喜！

其三，以閒心而治閒學。筆者的日常工作或說主要研究方向是佛道教哲學與現實宗教問題，禪茶不過是多年來因喜好品飲而順手為之罷了，屬於「副產品」。可是，如此不經意處，卻又是我產出成果相對可觀的地方，並且還經常反過來促進我的研究主業。考其原因，應該是我長期以禪茶文化來調整、養護、反思自己，致使工作生活中極少出現用力過老的情況，而且還會經常刺激我產生新的研究視角。幾年下來，儘管粗淺，但終究已成書稿。

這也是我近年來一直在思考和較有心得的地方，我想轉換以往治學的用力方式，不再絞盡腦汁，以身體的損耗、心理的急躁來換取學術成果，而是休閒下來，緩慢下來，先調訓、養護身心，進而發現新的學術增長點，在轉化

出成果的同時又滋養自我生命，做到健康、積極、從容。我一直堅信，只有如此，個體才可能最大限度地回報社會，做出應有貢獻。

實踐這一理念，禪茶委實幫了我的大忙。由於其獨特的休閒養護內涵及身心調馴特性，禪茶剛好與我的研究主業互成張弛，相與促進。這樣一來，即使是枯燥的文獻、冷清的對勘，我居然做得平心靜氣，忘乎所以，身心、工作初步形成了良性互動。從此意義上講，本人所實踐的閒散、緩慢研究，其實是盡可能地落在實處，涵養身心，從容治學，實現學術、身心的互潤。

實際上，此次同時完成的《禪茶論典錄》《禪茶公案錄》《禪茶藝文錄》雖因篇幅和內容差異分作三部，但實為同一性質，同一用心，其中貫穿著的，同是「閒學」理念。在禪茶乃至其餘研究中，我一直想做「閒學」，即以休閒、輕盈的心態來工作、生活，不急不慮，樸實踏實，慢工出細活。我覺得如此才能做出學術的活性，鑄就生命的飽滿！

多年間，筆者接觸過許多陷入浮躁、抱怨、病患者。一面做著工作，一面卻又在無知無覺地抱怨、對抗，到頭來工作也沒做好，身心也未安穩。我只是覺得，社會、世界從來是以自己的本有規律存在和運轉著，混亂、盲動的是人自身。既然如此躁亂矛盾、坐臥難安，何不也用用禪茶思路！反思自我，閒適下來，緩慢下來，找到內心的富足與生機，從最基本的踏實工作入手，以柔善而健康的自己與他人、社會、世界相處！如此做出來的學術，必然是對社會、他人有用的，有善意的；而如此過下來的生活，也必定充滿柔愛、安居、清閒。哪還會發生身心脫軌，用死勁來傷害自他的事情！

其實，我極為感懷此項輯錄工作。大量茶道文獻的梳理、閱讀，以及對其中文句字詞的斟酌、求解，雖然低效繁瑣，卻也讓我築牢了禪茶研究的理論基礎，磨淡了急切求快的治學躁氣，體會到了慢下來、閒下來、踏實下來的好處，對古今禪茶文化，也逐漸有了一些較為實際的思考。

（二）所錄論典的內容特徵

從內容結構上看，本書所輯錄的 86 種論典顯然大多是在總結、普及茶道知識或記錄生活品飲。至於禪茶的具體實踐方式及生命價值追求，則鮮有專題述論。也正因歷代禪茶論典處於如此境況，筆者才加以輯錄，以圖散中拾珠，貫穿以禪，在文獻參考、茶道常識的基礎上進行專題的禪茶探究。考其粗概，所錄論典的內容類別主要如下：

　　第一類，初創系統。例如，陸羽《茶經》、趙佶《大觀茶論》、蔡襄《茶錄》、趙權《茶譜》、吳騫《陽羨名陶錄》、黃儒《品茶要錄》、熊蕃《宣和北苑貢茶錄》等，均總論詳論，從茶的產地、種類、器具、水泉、採造、品飲、飲者、功效等出發，極為全面地建構起了中華茶道文化框架。可以說，之後的茶道研究，都是在此構架下展開的。在此意義上講，中國茶道其實已經形成了非常完備、深廣的文化體系。

　　第二類，反覆輯論。實際上，本書所輯錄的部分文獻本身即前人所論述的重複輯錄，主要是對之前茶道經典或奇聞異事的採集、論議及稍加潤色，其體制、內容並未超出前人。例如，錢椿年《茶譜》、萬邦寧《茗史》、屠本畯《茗笈》、黃龍德《茶說》、馮時可《茶錄》、羅廩《茶解》、趙汝礪《北苑別錄》、陸廷燦《續茶經》等多部作品中，都存在很大一部分重複內容。據此而言，這些論典的文獻價值並不大。但從另一側面來看，它們卻反映了歷代茶道的流行程度和價值取向，可作為研究歷代茶文化的重要參考。

　　第三類，珍貴文獻。古代茶書中，有一些是專題性的茶道文獻，極為珍貴。主要原因是經作者多方遊歷，躬親紀實，以及從已散軼珍貴文獻中的艱辛爬梳而得。例如張又新《煎茶水記》、張源《茶錄》、葉清臣《述煮茶泉品》、梁章鉅《品泉》、周高起《陽羨茗壺系》、審安老人《茶具圖贊》、宋子安《東溪試茶錄》、周高起《洞山岕茶系》等，對許多地方名泉名水、名茶名器作了記錄、評鑒。而今，由於生態惡化、地理變遷，許多名泉名水已經面目全非甚至不復存在，但因此類典籍的記錄，其歷史意義及文化功能仍然非常突出。至於茶具名茶等，出於製作技藝多有散軼，或時代風氣差異，今之所製已不同往昔，論典所錄也同樣為我們展現了一幅幅歷史活畫。

　　第四類，茶事雅好。本書所謂禪茶，並不表明所輯茶典茶事都已經通達了「禪」的終極境界，而主要是說「觸及」了禪元素及禪最關心的生命淨化、安放問題。其實，許多所謂禪茶論典，也僅僅是輯錄瑣事，略發體悟，記述茶事雅好而已，相當於今天所說的心靈雞湯。甚至有些論典中，頗看得出諸多為文造情的明顯痕跡。例如王敷《茶酒論》、蘇廙《十六湯品》、唐庚《鬥茶記》、高叔嗣《煎茶七類》等。不過，這畢竟是歷朝歷代茶者的心理世界，善察者，確可發現中國這一茶道大國的深層集體文化心理。從而自省其行其心，脫離表面形態，真正契入禪茶神魂。

第五類，專題禪茶。本書所謂「禪茶論典」，是建立在大範圍閱讀整理，且發現所錄典籍均或多或少存在「禪茶元素」之基礎上的。所錄論典，或與僧寺佛禪有關，或碰觸禪門最關心的身心生命問題，再或直接就以禪茶面目呈現。值得一提的是，本書專題輯錄了數部禪門茶道論典。禪茶給人以零散感受的主要原因，還在於禪門清晰化、體系化的茶書太少。此次專題整理，也可集中瞭解歷代禪茶論典境況。例如昌福《峨眉茶道宗法清律》、歐陽修《大明水記》、中峰明本《覺喜泉記》、天如惟則《善惠庵施茶田記》、筆者新輯《滇茶禪味》、丁若鏞《東茶記》、草衣《東茶頌》、榮西《吃茶養生記》、道忠無著《禪林象器茶箋》、玄惠法印《吃茶往來》、千宗旦《茶禪同一味》等，均是直接的禪茶文化論典。其中對禪家義理、禪茶品類、禪茶功能、日韓禪茶等作了較多論述。這在當前的禪茶論典輯錄中，想必已是較為專題和豐富的一次。

（三）論典的錄編構架

基於上述內容特徵，再結合一定禪茶文化理念，本書按專題輯為五編。專題之下，又適當以論典的撰寫朝代順序以及作者國度進行編排。

第一編，辨識茶事。主要輯錄可宏觀、總體認識禪茶文化的茶道論典。包含陸羽《茶經》、趙佶《大觀茶論》、蔡襄《茶錄》、朱權《茶譜》、錢椿年與顧元慶《茶譜》、屠本畯《茗笈》、黃龍德《茶說》、馮時可《茶錄》、張源《茶錄》、羅廩《茶解》、許次紓《茶疏》、文震亨《長物香茗論》、陳師《茶考》、陸廷燦《續茶經》14種。

第二編，品煮清譚。所錄論典多突出歷代煎烹品煮等茶道清雅之事。包括王敷《茶酒論》、溫庭筠《採茶錄》、斐汶《茶述》、蘇廙《湯品》、蘇軾《葉嘉傳》、黃庭堅《煎茶賦》、方岳《茶僧賦》、唐庚《鬥茶記》、黃儒《品茶要錄》、陶穀《荈茗錄》、楊維楨《煮茶夢記》《清苦先生傳》、陳繼儒《茶話》、張岱《閔老子茶》、徐燉《茗譚》、聞龍《茶箋》、夏樹芳《茶董》、萬邦寧《茗史》、陸樹聲《茶寮記》、高叔嗣《煎茶七類》、徐爌《茶居士傳》、支中夫《味苦居士傳》、錢謙益《茶供說》、連橫《雅堂茗談》、葉雋《煎茶訣》、新輯《一味禪茶》26種。

第三編，一方茗略。側重輯錄較有代表性的區域性禪茶文獻。所輯者有毛文錫《茶譜》、宋子安《東溪試茶錄》、熊蕃《宣和北苑貢茶錄》、趙汝礪《北

苑別錄》、馮可賓《岕茶箋》、周高起《洞山岕茶系》、陳鑑《虎丘茶經注補》、冒襄《岕茶匯抄》、程淯《龍井訪茶記》、新輯《滇茶禪味》、崔致遠《謝新茶狀》、丁若鏞《東茶記》、李能和《東茶簡說》共 13 種。

第四編，水器出神。內容是相關水泉茶器的文獻，以呈現禪茶對水器品質的精細要求。有張又新《煎茶水記》、歐陽修《水記二篇》、葉清臣《述煮茶泉品》、黃諫《學士泉記》、胡引嘉《皋亭儀和泉記》、田藝蘅《煮泉小品》、徐獻忠《水品全秩》、李日華《運泉約》、盧復《水之功》、梁章鉅《歸田二品》、周高起《陽羨茗壺系》、審安老人《茶具圖贊》、吳騫《陽羨名陶錄》及《陽羨名陶續錄》14 種。

第五編，僧家事茶。主要編錄僧人的相關茶道作品，有專題論著，也有詩歌頌文，主要展現僧家茶道茶法，涉及中日韓文獻，有昌福《峨眉茶道宗法清律》、宗賾《禪苑數種煎點》、德輝《敕修百丈清規》、天如惟則《善惠庵施茶田記》、中峰明本《覺喜泉記》、真清《茶經外集》、明雪《募茶疏》、雪關智誾《如意泉歌》、淨現《物可入剡山採茶賦得辛苦歌為贈》、淨斯《化施茶》、雲峨行喜《茶榜》、百癡《漢上人施茶疏》、憨休如乾《募施茶引》《茶亭化柴引》、草衣意恂《東茶頌》、道忠無著《禪林象器茶箋》、榮西《吃茶養生記》、玄惠法印《吃茶往來》、千宗旦《茶禪同一味》19 種。日韓兩國目前禪茶文化發展較好，其基本理論與中國禪茶關係千絲萬縷而又有創新，故擇錄部分文獻以互鑒互證。

當然，上述分類編錄並不絕對妥善，因為每一部論典的內容幾乎都較為龐雜，既有基礎性的種植、採摘、製作、茶性等內容，又涉及禪家或儒道語境下的煎點、品飲、療愈、體悟等元素。故而所謂「五編」，也只是求其大概而已。

上述工作，最費時間心力的乃是論典的搜集、錄編、點校。稍有懈怠疏忽，便覺漏洞百出。學問之道，果真無法自欺欺人！所幸本人幾乎完全將此項工作當成煉心之舉，故而也不求快！而且，這是禪茶文化研究的築基之工，並無簡便方法，就在禪茶與自我的相互成就中慢慢行進吧！

二、禪茶基本範疇

禪茶是文化界時常在談的普通範疇，但同時又帶有許多不確定性，難以把握具體內涵。似乎什麼都是禪茶，而又怎麼都把握不住其中內義。此處，

筆者結合本書所錄論典，在當代禪茶體系建構的語境下探討其基本範疇，以使相應概念和理論更加清晰。

（一）禪茶的基本含義

什麼才是禪茶？或說禪茶體系應包含哪些內容？這類問題帶有極強的主觀性，會因研究者的視角而有不同結論。狹義的禪茶，毫無疑問就是「禪」和「茶」交叉融合而成的文化形態，但如此顯然並不能完整地揭示古今禪茶的內涵。此處，筆者嘗試從廣義上來判分禪茶，將其主要含義具體化為四層：

第一，含有禪茶元素者。其基本指標是含有明顯的禪茶字句及禪茶思想，例如中峰明本所撰《覺喜泉記》云：

> 一山首座，誅茅窮谷中，方憚其無水，尋而泉從地湧，乃目其泉曰「覺喜」。予因獻前說而復告之曰：「將使垢者濯於此，渴者飲於此，臨者鑒於此，則莫有不獲其覺喜者也。」座曰：「子之說但知彼而不知此也。何則然？覺自喜也，喜自覺也。使吾泉實有毫髮之意令其覺喜，則謗吾泉也。謂吾泉實無意於覺喜，亦謗吾泉也。而天下孰能審諸？」予曰：「然則如是說者，是謗耶？非謗耶？」
>
> 良久，汲泉煮茗，對坐忘言。月滿窗虛，光透波底。於斯時也，覺乎喜皆不可覆議其得失者矣！〔註3〕

此記文先以禪家視角廣談覺喜泉，又以泉水煮茶，體悟禪道。雖未必通篇論茶，但無疑屬於禪茶精論。又如筆者所輯《滇茶禪味》亦屬此類，其中談及感通寺茶時云：

> 點蒼山末有蕩山，蕩山之中曰感通寺，寺旁有泉清冽可飲。泉之旁樹茶，計其初植時不下百年之物。自有此山即有此泉，有此泉即有此茶。採茶汲泉烹啜之數百年矣，而茶法卒未諳焉。相傳茶水並煎，水熟則渾，而茶味已失。遂與眾友，躬詣泉所，並囑印光取水，發火，拈茶，如法烹飪而飲之。水之清冽，雖熱不解其初，而茶之氣味則馥馥襲人，有雋永之餘趣矣。〔註4〕

〔註3〕中峰明本：《覺喜泉記》，見《天目明本禪師雜錄》，《卍續藏》第70冊，第718頁。

〔註4〕此為明代劉維《感通寺寒泉亭記》，可參考本書所錄《滇茶禪味》之《感通茶第三》。

　　此則材料具有明顯的禪寺、寺茶採摘煎飲等語句，並且敘述也是以禪茶的理路推開，屬於典型的禪茶文化。再如日本玄惠法印《吃茶往來》中記錄：

> 爰有奇殿，峙棧敷於二階，排眺望於四方。是則吃茶之亭，對月之砌也。左思恭之彩色，釋迦靈山說化之妝巍巍；右牧溪之墨繪，觀音普陀示現之姿蕩蕩。普賢文殊為脅繪，寒山拾得為面飾。前重陽，後對月，不言丹果之唇吻吻，無瞬青蓮之眸妖妖。桌懸金襴，置胡銅之花瓶；機敷錦繡，立鍮石之香匙火箸。〔註5〕

　　引文以禪門甚至是帶有信仰特色的佛教話語來描述禪茶活動，在禪茶論典中較有代表性。這是日本早期禪茶典籍，呈現的是室町時代的禪茶狀況。迄今，日本的禪茶文化已發展得較為成熟、普遍，引文表明這類禪茶早已融入其國日常生活，承載了較高的藝術及審美價值。

　　上述所舉均屬較直接的禪茶文化內容。相比之下，也有一些論典涉及禪茶元素而並不那麼突出。例如陸羽《茶經》中錄：

> 《釋道該說·續名僧傳》：「宋釋法瑤，姓楊氏，河東人。元嘉中過江，遇沈臺真，臺真在武康小山寺，年垂懸車，（原注：懸車，喻日入之候，指垂老時也。《淮南子》曰：「日至悲泉，愛息其馬」，亦此意也。）飯所飲茶。永明中，敕吳興，禮致上京，年七十九。」
> 〔註6〕

　　《茶經》中這類內容不多，但考慮到也涉及佛教茶飲，並且陸羽出身於禪寺，而寫作《茶經》過程中也曾長時間在江浙一帶寺廟中棲居或與僧人交流，《茶經》還是融含了不少禪茶元素。

　　其餘再如陸廷燦《續茶經》、陸樹聲《茶寮記》、萬邦寧《茗史》等論典，內中也頗多茶僧、禪、須頭陀等語詞或相應思想，故也歸為禪茶論典範疇。諸如此類者，均莫非相關禪茶論典，差異只在其中元素多少而已。

　　第二，以禪茶理念審視的對象。比如說，諸多茶文化、物品、現象並不屬於禪茶，但是一經相應禪者茶者去關注、取捨，便被注入了禪茶元素。就如最初的茶文化並不屬於禪茶，但當與禪元素發生聯繫，禪茶文化便相應而生。

〔註5〕〔日〕玄惠法印：《吃茶往來·往來一》，見千宗室主編：《茶道古典全集》第2冊，淡交社，1957年，第166～167頁。

〔註6〕陸羽：《茶經·七之事》，見《四庫全書》子部·譜錄類，第844冊，第623頁。

　　這類內容可說是一切文化形態的公共資源、常識，在禪茶視野中，乃屬建構禪茶文化的基本元素。具體而言，禪茶並非憑空產生，其初始同樣也需建立在基本的茶道知識上，如茶、水、器、侶等。故而，許多場合，所謂的禪茶實際上是在用禪的理念和價值觀來賦予茶或相關對象以特殊文化符號。比如，普洱茶最先僅與普洱、西雙版納等地的原生宗教或南傳佛教有關，但當到了禪文化圈裏，相應的禪茶文化結晶便得以產生。編者對待多部茶書，並將之判斷為禪茶論典，便是出於這種理念。以朱權《茶譜》為例，其書大量介紹了品茶用具：

　　　　茶磨：磨以青礤石為之。取其化談去熱故也。其他石則無益於茶。茶碾：茶碾，古以金、銀、銅、鐵為之，皆能生鉎。今以青礤石最佳。茶羅：茶羅，徑五寸，以紗為之。細則茶浮，粗則水浮。茶架：茶架，今人多用木，雕鏤藻飾，尚於華麗。予製以斑竹、紫竹，最清。〔註7〕

　　上述內容並無禪茶字眼，但在歷代禪茶建構者的眼中，各種茶具一方面是禪茶文化體系建構的基本元素，同時又是「禪茶意趣」的外化。相應地，這些對象便被賦予了不同程度的禪茶理念。再如錢椿年、顧元慶《茶譜》中所談到的某些內容也是此理：

　　　　藝茶：藝茶欲茂，法如種瓜，三歲可採。陽崖陰林，紫者為上，綠者次之。

　　　　採茶：團黃有一旗二槍之號，言一葉二芽也。凡早取為茶，晚取為荈，穀雨前後收者為佳。粗細皆可用，惟在採摘之時，天色晴明，炒焙適中，盛貯如法。

　　　　藏茶：茶宜蒻葉，而畏香藥。喜溫燥，而忌冷濕。故收藏之家，以蒻葉封裹入焙中，兩三日一次。用火當如人體溫，溫則御濕潤。若火多，則茶焦不可食。

　　　　製茶諸法：橙茶。將橙皮切作細絲一觔，以好茶五觔焙乾，入橙絲間和，用密麻布襯墊火箱，置茶於上烘熱。淨綿被罨之三兩時，隨用建連紙袋封裹。仍以被罨焙乾收用。〔註8〕

〔註7〕朱權：《茶譜・茶磨第七》，見本書所錄第1編第4種。

〔註8〕錢椿年、顧元慶：《茶譜》，全國圖書館文獻縮放複製中心：《中國古代茶道秘本五十種》第2冊，2003年，第771～773頁。

其中所論述種植、採摘、收藏、製茶等內容，乃屬典型的農業範疇，然一旦特定的禪家理念投入此產業語境，便成就了獨特完備的禪茶產業知識。在當代社會，對於意欲建構、發揮禪茶文化者，此類內容無疑也是必須融含的基礎性文化資源。〔註9〕

類似典籍中，許多論典同樣可為禪茶提供極其有用的文化資源，如夏樹芳《茶董》收錄了大量有關於茶事的典故，讀之即可瞭解歷代茶界的基本情況。而羅廩《茶解》也很詳盡，其中談到了茶的產地、種類、品次、種植、採摘、製作、收藏、煎烹、水器、禁忌等，為禪茶系統的建構提供了非常完備的知識基礎。此外，還有對各地茶類、茶器、水泉等的基礎性認知，也是禪茶必不可少的環節。在此書稿中，筆者選取了數部系統詮說茶葉種植、採造、品飲等環節的論典，以作為現代禪茶建構的重要基礎元素。由此，禪茶才不至於陷入玄論，脫離現實，而能結合具體對象形成新時代的禪茶文化面目。

第三，與禪茶生命價值存在內通性的境域。意思是，雖未必有明確的禪茶詞句、理論標籤，甚至在文化派別、淵源上還與禪茶大相徑庭，但某些價值範疇、深度境域卻同屬禪茶所追求者，能在某種生命境界層面與禪茶達成共通，故也可視為禪茶之異形。這一層多集中在不同話語系統中所描述的身心超越、品格完善、道性體悟等方面。例如唐代蘇廙《湯品》中談到：

> 第一品得一湯：火績已儲，水性乃盡，如斗中米、稱上魚，高低適平，無過不及為度，蓋一而不偏雜者也。天得一以清，地得一以寧，湯得一可建湯勳。
>
> 第二品嬰湯：薪火方交，水釜才識，急取旋傾，若嬰兒之未孩，欲責以壯夫之事，難矣哉！
>
> 第三品百壽湯（一名白髮湯）：人過百息，水逾十沸，或以話阻，或以事廢，始取用之，湯已失性矣。敢問皤鬢蒼顏之大老，還可執弓搖矢以取中乎？還可雄登闊步以邁遠乎？〔註10〕

其中不見禪茶字句，甚至可因火水、天地、得一、嬰兒之未孩看見道家思想，因高低適平、無過不及、不偏雜等體味到儒家情懷，但其中對茶湯的

〔註9〕在日韓，禪茶或茶道文化相對獨立，與種植採造等領域關係不大，更多是集中在身心感受、品飲體道層面。但本書重在結合我國古今禪茶語境而論，將禪茶定位為一個更為寬泛的範疇，故也注重茶葉產業的各個階段，而非僅僅是形而上的茶道論。

〔註10〕蘇廙：《湯品》，《中國古代茶道秘本五十種》第1冊，第83頁。

品評分類展現出的超然、灑脫，乃至對大道本性的體悟，又何嘗不是禪茶意味之呈現。又如陳繼儒《茶話》中說：

> 山頂泉輕而清，山下泉清而重，石中泉清而甘。沙中泉清而冽，
> 土中泉清而厚。流動者良於安靜，負陰者勝於向陽。山峭者泉寡，
> 山秀者有神。真源無味，真水無香。〔註11〕

單從語言、思想上，已很難分清陳繼儒所說屬於哪一類別的茶文化，然而所謂山泉、動靜、真源真水等，如從其所展現的生命境界上看，當然也是禪茶文化中不見禪茶相而禪茶味畢現的典型。再如，梁章鉅《品泉》云：

> 唐宋以還，古人多講求茗飲，一切湯火之候，瓶盞之細，無不
> 考索周詳，著之為書。然所謂龍團、鳳餅，皆須碾碎方可入飲，非
> 惟煩瑣弗便，即茶之真味，恐亦無存。〔註12〕

所說「茶之真味」，甚入禪家茶韻。這些多是從境界、體悟上來談禪茶。按照這種理路，論典中所談到的煎茶、茶品、水品、裝置、功效等內容，當然也是禪茶純乎自然、體貼道心的方法路徑。

第四，特指以茶為禪修方式的茶道形態。這方面，尤其以僧家茶道為代表，其中多含有禪修、修持內容，故被認可為「禪茶」或「茶禪」。例如德輝《敕修百丈清規·赴茶湯》一條，便是在傳達著僧人在茶事中的修行態度：

> 凡住持兩序特為茶湯，禮數勤重，不宜慢易。既受請已，依時
> 候赴。先看照牌，明記位次，免致臨時倉遽。如有病患內迫不及赴
> 者，託同赴人白知。惟住持茶湯不可免，慢不赴者不可共住。〔註13〕

大意是寺廟住持舉行茶湯煎點時，分量極重，受邀之人不能怠慢。而且要按時赴會，記清所坐位置，避免倉惶出錯。如因病患等事無法親赴，應託其餘受請者向住持說明。如正常情況下不赴住持茶湯，這種人對待茶事極為怠慢。如此有慢心者，不可與之深交，共住共修。這是禪門對日常茶事的行為規範，是修行環節之一，關係到德行修養，去除我慢等大事。違背相應要求，便會被認為修持不如法，不講禪門規式，更不是一個好的共修法侶。

上述內容側重於禪修之「歸戒」，而另外一些禪茶內容，則會涉及具體的修持細節，如日本《茶禪同一味》中的茶道觀念：

〔註11〕陳繼儒：《茶話》，見本書所錄第 2 編第 27 種。
〔註12〕梁章鉅：《歸田二品·品泉》，見本書所錄第 4 編第 63 種。
〔註13〕德輝編：《敕修百丈清規》第 6 卷，《大正藏》第 48 冊，第 1144 頁。

夫茶道原意，不選器之好壞，不論點茶場所之大小，唯取茶器入三昧，修行觀本性。

借茶事修行求自性，別無其他。主一無適，只以一心取茶器入三昧。若取茶勺，心只在茶勺，更無絲毫余念，始終在取。若放茶勺，心亦如前，但只專注於放。不僅限於茶勺，取放一切器物，一如上述。

放下所取之物時，手放心卻不放；取任何一物時，心自然而去；無論何處，神不放逸。如此這般，點茶之氣接續不斷，惟入茶之三昧。由其心志曉解其人，未必非要經過年月時間。只管專心致志，於茶之三昧精進修行。〔註14〕

引文對於「以茶修禪」論說得非常細緻。首先，認為茶道原意不在於器具場所等有形物相之好壞大小，而在於以茶事而入三昧、證見本性。其次，認為禪茶之核心在於「一心專注於茶事收放」。再次，放下茶器時，心依然不放逸，而是自然而去，連綿不斷，進入茶之三昧，從此精進修行。

這種禪茶，實際上與修行禪定是同一原理，借助某種媒介、程序而進入空空流動之三昧境。只不過一般禪定修習側重於「靜坐入三昧」，而此禪茶是在動態之中契入。真正的禪定即此中所謂「三昧」，不拘於方法、媒介，也不拘於動靜形態。其核心是在截斷業心無明之處，呈現無染之自性本心。

絕大部分人都將此類禪茶當做禪茶的主要內容，甚至直接就等同於禪茶。原因是在內心深處對禪修的神秘、深奧乃至獨特體驗具有極高的認可度與追求。當然，這也是禪茶特殊效用的體現。由於人們在日常生活的習慣性軌道中已久，一方面難免承受種種苦，而一方面又覺得已經形成一種適應力、習慣性，突然以禪茶的形式將之打斷或進行調整，身心都會出現一些整合或不同尋常的觸受，甚至是非常舒適、神異的禪悅景象。於是許多人便會樂此不疲，覺得禪茶的核心在於以茶為禪修方式。

這一層次的禪茶內容極有特色，而且對於生活、身心的調整效用顯而易見。但須知禪茶包含多種維度，所謂以茶修禪也僅是其中某一層面的內容，並且某種程度上來講還是最易使人執取、分別、迷失的部分。是以應該警醒，明瞭禪茶的最終境域不是有無特殊觸受，而是一心入茶，發以純念，連綿不絕，契入三昧，在禪茶中化解生命的業力慣性，呈現出生命的潔淨與生機。

〔註14〕〔日〕千宗旦：《茶禪同一味》，見伊藤古鑒《茶和禪》，冬至譯，百花州文藝出版社 2005 年，第 154～155 頁。

　　總體而言，禪茶的內涵和外延可用上述四個層次來初步定位。可以說，在禪茶文化中，禪提供的是禪的思維、眼界、生命觀，而茶奉獻的則是從種茶、採茶、製茶、飲茶乃至於相應配套具物等。禪茶，實際上是以禪而將茶的文化屬性無限延伸拓寬，形成理論、境界上的提升。禪茶的相融，會隨著時代而變化、加深，在當今社會，這一進程仍在因時發生，並且還會繼續融合，創生出新的光華。

（二）禪茶的直觀分類

　　由於社會普遍對禪、禪茶缺乏清晰瞭解，凡談及禪茶便自然會將之貼上宗教、佛教、禪宗等標籤。此處不是說禪茶沒有這些元素，而是認為這樣並不全面、準確。直觀上，禪茶一般可歸為兩大類別：

　　第一類，禪門禪茶。這是最一般性的禪茶類別。禪宗常常被視為「禪」的主要附著載體，而禪茶也往往在具有禪宗氣息的境況下發生，故而凡談及禪茶，便難免有禪門元素融於其中。例如，德輝《敕修百丈清規》便有許多含帶禪門修學元素的禪茶形態：

> 領眾同到殿上。向佛排立定，住持上香三拜，不收坐具。進前上湯，進食請客侍者遞上，燒香侍者捧置於幾畢，復位三拜再上香。下瞰點茶，又三拜，收坐具。維那揖班上香，大眾展拜，住持跪爐。維那白佛云：「一月在天影涵眾水，一佛出世各坐一華。白毫舒而三界明，甘露灑而四生潤。」〔註15〕

　　引文所說禪茶帶有極強的禪門氣息。目的之一是以茶供佛，以強化信徒的禪門身份及虔誠道心；之二是規範禪門教儀，增加禪法修學的規範性、程序性，甚至將茶融進僧眾的日常化生活、修行。

　　除此之外，所謂禪家四眾之茶、寺院之茶等，均含有濃鬱的禪門文化元素，可視為傳統禪茶的主流形態。而某些禪茶文化中，宗教元素還更強，本身即宗教活動，例如茶齋、茶供、修行間際的茶歇等。茲不贅述。

　　第二類，離禪宗相的禪茶。禪茶乃以禪和茶的形式探討生命價值、生活方式，可以是與禪宗有關，也可以離禪宗相。這一類分，可細化為兩層來加以說明：

〔註15〕德輝：《敕修百丈清規》，大訴編校，《大正藏》第48冊，第1115頁。

其一，禪茶具有「無禪宗元素」的形態。如明代李日華《運泉約》云：

> 吾輩竹雪神期，松風齒頰，暫隨飲啄人間，終擬逍遙物外。名山未即，塵海何辭！然而搜奇鍊句，液瀝易枯；滌滯洗蒙，茗泉不廢。月團三百，喜拆魚緘；槐火一篝，驚翻蟹眼。〔註16〕

其中不見禪語，卻莫非生命內外之自性靈動，讓人感覺無不是禪茶之趣。實際上，所謂「離禪宗相」並非只是「無直接禪門元素」，而是禪法的終極意趣也在強調應出離一切物相的侷限，包括「禪宗相」自身。故而，某種意義上來說，離禪宗相的禪茶文化在歷朝歷代均較為突出，其規模甚至比直接的「禪門禪茶」更龐大，而形態也更為豐富。如宋代審安老人《茶具圖贊》便是此類：

> 茶具十二先生姓名字號：韋鴻臚、木待制、金法曹、石轉運、胡員外、羅樞密、宗從事、漆雕秘閣、陶寶文、湯提點、竺副帥、司職方。〔註17〕

其文將十二種茶具擬人化，命名命職，妙趣橫生，茶事原來竟是人世事、道心事，頗具禪茶三昧。

其二，禪茶要求自身「離禪宗相」。這一點可從「禪茶」和「茶禪」兩種形式來進一步說明。「禪茶」重在將禪賦予茶中，而「茶禪」則主要是由茶入禪，二者均只是「禪茶」表現形態。最終，二者在深度的生命內層得到會通，達成禪茶真義。若不離禪宗相甚至是一切相，禪茶的終極內義是無法達成的。故說禪茶本身其實就是「離禪宗相」的方式之一。

相應來說，這一類別的禪茶文化也會涉及某些禪門元素，但幾乎已與禪門組織、禪宗信仰無關，而是更側重禪對一切形象包括禪宗相的破除。事實上，想要建構真正的現代禪茶文化體系，也必須在尊重禪宗相的基礎上超離於禪宗相，直指生命的內在世界才可真正完成。

〔註16〕李日華：《運泉約》，見本書所錄第4編第61種。

〔註17〕見本書所錄第65種審安老人《茶具圖贊》。原文中，韋鴻臚還稱文鼎、景暘、四窗閒叟；木待制還稱利濟、忘機、隔竹居人；金法曹亦稱研古、轢古、元鍇、仲鏗、雍之舊民、和琴先生；石轉運亦稱鑿齒、遄行、香屋隱君；胡員外亦稱惟一、宗許、貯月仙翁；羅樞密亦稱若藥、傳師、思隱僚長；宗從事亦稱子弗、不遺、掃雲溪友；漆雕秘閣亦稱承之、易持、古臺老人；陶寶文亦稱去越、自厚、兔園上客；湯提點亦稱發新、一鳴、溫谷遺老；竺副帥亦稱善調、希點、雪濤公子；司職方亦稱成式、如素、潔齋居士。

（三）禪茶的核心理論

禪茶要完成從生產、品飲、商貿等環節到文化體系的建構提升，須是從學術上建立禪茶文化的理論框架。禪茶文化不離最基本的茶、水、器、人等元素，但如拓伸到一定層面，實際已是生命之學的探討。下文所論，是在禪茶基本元素基礎上的整合提升。筆者認為，當代禪茶體系的建構與完善，其核心工作至少應圍繞著以下四方面的理論而進行。

第一，禪茶自性論。最主要的特徵是在內質上秉持禪的自性價值理念，不論是什麼樣的禪茶形態，都是禪內在價值的投入。從禪茶產生並發展以來，經過千餘年的歷史變遷，內容上豐富不少，形態上變化不少，但是，始終有其獨特存在或說是不變的核心，那就是禪茶的自性論。也就是說，不論禪茶如何發展，都是以禪、茶所能通達的最終極自性生命境界為終極目標的。《五燈全書》中有一事例可用以說明這一道理：

> 示眾：「父母未生以前，便恁麼休去，腳跟下早已泥深三尺，更待問那個是我本來面目？自然上無登天之計，下無入地之謀，又爭怪得？咄，下坡不走，快便難逢。」拍膝一下，便起。示眾：「地爐撥活火通紅，茶熟香清萬籟空。懵懂師僧真好笑，不知誰是主人公。」
> 〔註18〕

「主人公」喻指禪性本體，禪宗的禪茶活動，不論器形式如何變化，均是緊扣禪性本體的存在，以及實踐、確證禪性本體。再如圓悟克勤禪師說：

> 千華顯瑞應，萬善積靈臺。廣闢解脫門，大開無價藏。舉揚正法眼，表示千佛因。值得遍界絕籠羅，當陽無取捨。透聲透色互古互今，有具大信根修菩薩行。發難思願力，啟清淨莊嚴。建大道場，具列珍羞。一香一華一茶一果，同法性等太虛。〔註19〕

其根本也是在說明：禪茶活動，不管是供奉諸佛菩薩，還是迴向各位祖師，目的都是為強調自性本體的存在和潔淨不染，乃至於達到最終的大放智慧光芒。

自性論是禪的根本出發點，也是禪茶文化得以建立的根源性範疇。無此自性本體論，一是注定禪茶文化無法到達禪性的深度，會流於表象；二是一

〔註18〕超永編輯：《五燈全書》，《卍新續藏》第 82 冊，第 380 頁。
〔註19〕紹隆等編：《圓悟佛果禪師語錄》卷八，《大正藏》經第 47 冊，第 734 頁。

個成熟的理論框架將會缺乏理論基點、出發點，成為無源之水，難以在更深層面站穩腳跟。故而，禪茶自性論是禪茶文化首要之理論範疇。

第二，禪茶境界論。這一點根源於禪的自性本體論，禪強調生命的如實境乃是超越現實五蘊的究極存在，通達此自性生命境，生命便潔淨無染，不受內外因緣拘束，故而會展現為日常生活中方方面面的生命力量、生活境界。也就是說，禪茶的建構，不論是種茶採茶，吃茶論茶，都是為了通過此形式體悟或感受禪的奧妙，促成生命的健康，完成生命質地的提升。如陸羽《茶經》中，動輒即說：

> 於戲！天育萬物，皆有至妙，人之所工，但獵淺易。所庇者屋，屋精極；所著者衣，衣精極；所飽者飲食，食與酒皆精極之。茶有九難：一曰造，二曰別，三曰器，四曰火，五曰水，六曰炙，七曰末，八曰煮，九曰飲。陰採夜焙，非造也。嚼味嗅香，非別也。膻鼎腥甌，非器也。膏薪庖炭，非火也。飛湍壅潦，非水也。外熟內生，非炙也。碧粉縹塵，非末也。操艱攪遽，非煮也。夏興冬廢，非飲也。〔註20〕

陸羽以「茶飲」來強調生命可因此而上通天地精神，下接日常生活。並且，此生命境界在形態上、價值上具有開放性，不再侷限於宗教形態，可屬於宗教，也可不屬於宗教，即禪宗而離禪宗。即今而言，既可不斷地吸收優秀傳統文化資源，也可不斷地與世界其餘文化形態交流、融合，最終通達深層無差別的生命境界。例如黃龍德《茶說》云：

> 八之侶：茶灶疏煙，松濤盈耳，獨烹獨啜，故自有一種樂趣。又不若與高人論道，詞客聊詩，黃冠談玄，緇衣講禪，知己論心，散人說鬼之為愈也。對此佳賓，躬為茗事，七碗下嚥而兩腋清風頓起矣。較之獨啜，更覺神怡。〔註21〕

又如唐庚《鬥茶記》中，作者因論鬥茶而情緒畢現，同樣也是禪茶之生命境：

> 富貴有力之人，或有所不能致；而貧賤窮厄流離遷徙之中，或偶然獲焉。所謂尺有所短，寸有所長，良不虛也。唐相李衛公，好飲惠山泉，置驛傳送，不遠數千里，而近世歐陽少師作《龍茶錄序》，

〔註20〕陸羽：《茶經·六之飲》，《四庫全書》子部·譜錄類，第844冊，第620頁。
〔註21〕黃龍德：《茶說·八之侶》，見本書所錄第1編第7種。

稱嘉祐七年，親享明堂，致齋之夕，始以小團分賜二府，人給一餅，
不敢碾試，至今藏之。時熙寧元年也。吾聞茶不問團綺，要之貴新；
水不問江井，要之貴活。千里致水，真偽固不可知，就令識真，已
非活水。〔註22〕

實際上，在當前文化形態極為豐富的語境下，禪茶很大程度上已經不再
局限於宗教性禪茶，而是逐漸獨立，同時也兼容並取禪宗乃或其餘思想文化
的神形。例如，一個獨立的茶室，可以是禪茶；一場隨意的品飲，可以是禪
茶；而一個茶葉品牌的造就，也可以是禪茶。言下之意，禪茶在形態上是多
樣化的，可以是宗教性的，也可以是非宗教的，其根本在於破除一切會侷限
於自性流動的形相，通達禪茶所提倡的自性生命境界。如果無此深層生命境
界論的建立或實現，所謂禪茶雖也屬於禪茶，但始終是落於表層、淺層，難
得禪茶之要領。

第三，禪茶方法論。禪有自己獨特的實踐論、方法論，而禪茶也形成了
相應的實踐方法。非常有意思的事，隨著時代變遷或語境變化，禪茶的實踐
論、方法論也是不斷變化和完善的。這是禪茶系統的核心問題，禪茶之所以
和尋常的喝茶不一樣，便是它被賦予了禪自性論、境界論等層面的意蘊。而
自性及諸境界的實現，都必須建立在一定方法論上。換言之，禪茶是一定方
法下禪的體悟、實現和對生命的自我認知。〔註23〕其核心內容有如下幾方面：

形態一，對身體的關注。例如榮西《吃茶養生記》云：

心藏是五藏之君子也，茶是苦味上首也，苦味是諸味上首也，
因茲心藏愛此味。心藏興則安諸藏也。若人眼有病，可知肝藏損也，
酸性藥可治之。耳有病，可知腎藏損也，以鹹藥可治之。鼻有病，
可知肺藏損也，以辛性藥可治之。舌有病，可知心藏損也，以苦性
之藥可治之。口有病，可知脾藏之損也，以甘性藥可治之。若身弱
意消者，可知亦心藏之損也，頻吃茶則氣力強盛也。其茶功能並採
調時節載左，有六個條矣。〔註24〕

榮西作為日本禪茶之大成者，對「茶味」與五臟的對應關係極為關注，
熱衷於建構以茶養生修道論。一方面，乃因禪門提倡身心不二，說身體也就

〔註22〕唐庚：《鬥茶記》，見本書所錄第 2 編第 22 種。
〔註23〕當前較為流行的「茶修」便是禪茶方法系統中的嘗試形式之一。
〔註24〕榮西：《吃茶養生記》卷上「五藏和合門」。見本書所錄第 5 編第 84 種。

是說禪心。另一方面，在特定的語境下專論身體乃是禪修基礎，這一層面完成之後，便會自然過渡到心性的煉養。因此，禪茶方法論中必須有完善、可具體操作的修身技術，否則常常落於空談禪茶卻找不到有效下手處。關於這一點，禪門參修方法中有大量的煉化身心之法，且待具體展開闡述時再作細述。

形態二，是心理層面的反思反省。有意思的是，此類茶道論典中也有是參悟、觀心破相的，例如《茶酒論》：

> 水謂茶酒曰：「阿你兩個，何用匆匆？阿誰許你，各擬論功！言辭相毀，道西說東。人生四大，地水火風。茶不得水，作何相貌？酒不得水，作甚形容？米麴乾吃，損人腸胃，茶片乾吃，礪破喉嚨。萬物須水，五穀之宗。上應干象，下順吉凶。江河淮濟，有我即通。亦能漂蕩天地，亦能渰殺魚龍。堯時九年災跡，只緣我在其中。感得天下欽奉，萬姓依從。由自不能說聖，兩個何用爭功？從今以後，切須和同，酒店發富，茶坊不窮。長為兄弟，須得始終。若人讀之一本，永世不害酒顛茶瘋。」〔註25〕

此詩戲談茶酒爭功，水出乎其外而點醒二者，似乎平常至極。但其中卻含藏著一套典型的禪茶修心論。即茶執於一邊，酒執於一邊，而水代表中觀，以此觀照，可破邊見。延伸而言，禪茶事中，個體幾乎無不迷於自我承許、偏執，故須時時自照照人，甚至要破除所謂的「中道」「自性」等固化觀念，才可入禪茶本味。

形態三，心性層面的求證、體悟。禪茶修道方法論中最重要的精髓，還是如禪者所說：

> 識得一，萬事畢。透得一，無阻隔。直下脫卻情塵意想，放教身心，空勞勞地，於一切時遇茶吃茶遇飯吃飯。天但喚作天，地但喚作地，露柱但喚作露柱，燈籠但喚作燈籠，一切亦然。二六時中只么，平常無一星事。〔註26〕

如引文所言，基於深度參修、保任，「直下脫卻情塵意想，放教身心，空勞勞地」，便醞釀著見性、體道的機緣。這種積累夠久夠量的話，便會瞬間決破，深切感受到禪茶的內在生命至境。

〔註25〕王敷：《茶酒論》。見本書所錄第 2 編第 15 種。
〔註26〕紹隆等編：《圓悟佛果禪師語錄》卷五，《大正藏》經第 47 冊，第 750 頁。

在筆者看來，所謂禪茶方法論，首先是對自我心性和生命狀態的認知、自省。其次是維護身體的健康。但是，禪茶的方法論也有自己獨特的要求，即不論是以禪的形式研究茶，或以茶的形式探討禪，其目的均是要通過一些有效的方式來通達、展現禪茶的內蘊和面目。例如茶修、茶療、禪悟等。不過，這種方法論須是既體現禪的深度，也要體現茶的廣度，準確地說就是要圍繞禪茶知行合一而進行，否則禪茶必會浮於表面。

第四，禪茶實用論。禪茶首先被定位為「為道」層面的事，即體悟、證取自性存在。但同時，禪茶又是統攝道性和日常生活的，禪茶的產生和發展乃至存在形態，離不開其日常實用價值。最突出的禪茶日常價值有四層：其一為品飲功能，其二是經濟功能，其三是社會交往功能，其四是文化建構功能。離開這些日常價值，禪茶的實用性便會弱化，準確地說便會被時代淘汰。如宋徽宗趙佶《大觀茶論》便極為強調茶之實踐功用：

> 本朝之興，歲修建溪之貢，尤圍鳳餅，名冠天下，而壑源之品亦自此而盛。延及於今，百廢俱興，海內晏然，垂拱密勿，幸致無為。縉紳之士，韋布之流，沐浴膏澤，薰陶德化，咸以雅尚相推，從事茗飲。故近歲以來，採擇之精，製作之工，品第之勝，烹點之妙，莫不咸造其極。且物之興廢，固自有時，然亦繫乎時之污隆。時或遑遽，人懷勞悴，則向所謂常須而日用，猶且汲汲營求，惟恐不獲，飲茶何暇議哉！世既累洽，人恬物熙。則常須而日用者，固久厭飫狼籍，而天下之士，厲志清白，競為閑暇修索之玩，莫不碎玉鏘金，啜英咀華。較篋笥之精，爭鑒裁之妙，雖否士於此時，不以蓄茶為羞，可謂盛世之清尚也。
>
> 嗚呼！至治之世，豈惟人得以盡其材，而草木之靈者，亦得以盡其用矣。偶因暇日，研究精微，所得之妙，人有不自知為利害者，敘本末，列於二十篇，號曰《茶論》。〔註27〕

趙佶對待茶道首重風雅，但同時也強調「至治之世，豈惟人得以盡其材，而草木之靈者，亦得以盡其用矣」，大力倡舉從事茗飲時的社會穩定、道德教化，甚至經貿發展方面的積極功用。也須如此，茶道也才真正具備了對國計民生的親切、關切內涵。

〔註27〕趙佶《大觀茶論·序》，見本書所錄第 1 編第 2 種。

禪門對世出世間的一體統合有著極高的敏感度，古今禪茶文化建構者考慮到了如要通達禪茶，則需在日常當中修用道性，於是不論日常品飲、付諸經貿、社交聯絡、構建文化等活動中，均是牢牢扣住茶的「禪性」，使其「實用價值」具備了禪茶的視野，由此禪茶的日常價值和本體價值取得了禪境中的高度融合。例如禪茶的日常品飲、藝術性的茶藝茶道，均不脫離基本實用屬性。再如筆者所論及的「閒學」，核心也在講求禪茶對身心的調整和養護。須知真正的禪茶，從不拒絕茶與仕、農、工、商等領域的聯繫，不拒絕人的身份、場合，反而是在世事中修證禪道，在禪道中建立世事。進而善用，妙用，踐行高妙而樸實之禪茶。

當代禪茶固然需要建構理論，但絕不是說傳統中沒有禪茶文化。筆者探討其核心理論，也不是妄圖造作出一具僵化的枷鎖將生機無限的禪茶捆綁於其中，而是認為，禪茶理論的發展應從時代最需求處出發，故而所謂核心理論，絕非禪茶之全部，而僅僅是由此建立的一處入手點而已。更豐富，更具有時代生機的禪茶內涵，實將在新時代的具體語境中發生，展開。

三、當代禪茶困頓

當前禪茶就其宗教性、類宗教性、市場實用性來打造自身特色方面，可說已形成了較大聲勢，從寺院禪茶、市場禪茶室，以及茶界禪茶觀念等情況看，其形態已經較為全備，但如上升到禪茶文化體系層面，便會感覺禪茶雖然處處皆是，卻又處處無法實現質的突破。一定程度上，禪茶的發展遭遇到了軟性瓶頸。

（一）禪茶一直未建立相應理論系統，至今也還缺乏體系性、獨立性

關於這一問題，筆者認為必須理清傳統禪茶的存在形態、文化內質，以及當今禪茶建構的時代需求，才能夠迎刃而解。

唐代以來，禪茶文化可謂已俯拾遍地，但卻不是一種獨立的文化系統，它附著和交叉於佛學、禪學、茶學等各個領域，屬於其中的一個文化分子，並經常表現為隱、散、廣等存在形態。出現這種現象的根本原因如下：

其一，中華傳統文化中獨特的儒釋道主體結構已經足夠龐大、穩固，幾乎已能夠提供彼時禪茶文化所需的全部神形，人們無須也無心再專門創造出一種禪茶理論體系，如此反會限制整體茶道的存在與發展。

其二，禪茶文化自身存在一種隱性理念：試圖融合一切文化形態，聚之於禪中、茶中。以隱、散、廣的形態存在，則多了向儒釋道乃至整個中華文化寶庫隨取隨用的靈活性。

其三，這種情況實際是由禪的文化內質決定的。禪的終極本懷直接指向生命的終極驗證與化用，提倡超越一切具體相狀，哪怕是其直接載體禪門、禪法、禪茶等形態。故而禪茶於專門、僵化的理論綱要並不感興趣，或說本意即在破除這類對象。所以，儘管有部分人熱衷於禪茶形態、理論，也嘗試建構獨立的禪茶文化系統，但始終成就不大。

當代禪茶文化的直接源頭便是傳統禪茶，在尚未結合新時期而產生新理論的階段，上述原因同樣起著內在決定作用，這意味著當前禪茶不可能具有體系性、獨立性的成熟理論形態。但是，隨著時代的推移、變遷，當今世界的學科、專業越分越細，諸多領域之間的深密關係其實已被割裂，並分化出許多小而精、精而全的獨立文化體。禪茶也屬其中之一。這是現代語境的刺激下，各種人、各種文化迫切需要獨立，從而展現自己的時代個性的體現。

不過，這種獨立，需要一定的自我成長和完善過程，尤其是理論建構過程。以禪茶為例，當前禪茶文化鞭策自身盡快發展，以呈現獨立身份、完整面目，但由於傳統禪茶理論本身就較為零散，短時間內，當代禪茶當然就無法再改變這一貫傳承，故其理論成熟度可想而知。如此，禪茶範疇多被窄化為以禪入茶、以茶修禪，甚至絕大部分語境下，以為帶有禪的元素便是禪茶，缺乏更遠、更深、更寬的理論之根，極不利於禪茶文化整體而長遠的發展。

言下之意，當代禪茶必須開放性地繼承、吸收傳統禪茶的大視野，同時又結合當代社會的具體需求，以期建立相對成熟、完善的禪茶體系，實現自我突破。

（二）傳統禪文化發生過斷層，致使當代禪茶缺少深度的實踐方法與核心技術

當前禪茶文化有其獨特的時代特徵，從禪門僧俗到社會政商文人等，都有大量的禪茶實踐者。或如靈隱禪茶、柏林禪茶、夾山禪茶，以及多不勝數的禪茶體驗館，都在自覺地尋求某種深度生命價值，並有意識地推動相應文化前行。其中，茶的市場元素空前增多、禪的宗教氣息空前濃厚，甚至還被做成了許多地方的支柱產業。但是，禪茶系統中最核心的領域——禪茶方法

論、禪茶實踐技術相對薄弱。換言之，許多場景下，禪茶只是一個被空空立起的概念或理想，我們缺乏能夠真正實現它的具體操作方法。而這恰好是禪茶能最大限度帶來經濟、文化價值之處。這一問題不解決，便意味著禪茶無法躍上另一新臺階。

考其歷史原因，近代中國的兩次禪文化浩劫值得關注：

第一次是新文化運動。新文化運動的初衷是破除舊頑糟粕，探索中華新出路，但絕大部分參與者卻極端地向所有傳統文化出手，儒道釋各家均遭受重創。須知近代中國落後的根本原因並不是傳統文化問題，而是體制運轉滯後及執行者缺乏更新能力。在此背景下，禪茶文化僅剩少量人在委婉堅守。另外，新文化運動更嚴重的後續是全力引入西方理論系統作為中國文化甚至是道德的標準，其遺毒造就了今天仍言必稱西說的偏執。最糟糕的是，縱然研究禪、茶，也以西式邏輯要求和表述形態為主要評判標準。這種偏執和對外開放、相互借鑒是兩種概念，其最大問題是喪失了本國自身的文化主體意識。這對一種數千年文明來說，其打擊是摧毀性的。中華文化自信建設、恢復，任重而道遠！

第二次是文革。文革直接以暴力形式指向一切文化，禪也在列。而今禪文化雖然復蘇，但限於某種內在傳承的被斷裂，想要復興如初，並不容易。最突出的表現是禪茶實踐者非常不自信地想要極力標榜禪茶的特殊性，以及總體文化環境的狂躁、虛浮。可以斷言，中國文化內在生命力的癒合以及創新生長，還將等待很長一段時間。

限於如此，現代禪茶實踐者，確實已不太敢確定自心還呈現著幾分禪髓，更多只能在禪文化形式、茶藝上盡量做得精緻。即使是所謂的注重禪修、智慧，也多停留在表層，最終造出一身的自以為是。

此處不是一貫厚古薄今，而是歷史確實時時刻刻在傷害、裹挾作為社會基本元素的人。禪茶，自然也難逃離這種慣性。從禪的角度來說，這就是極其強大的「共業」。若沒有人心自性的覺醒，它將越演越烈，難以出離！

禪茶形成如今的面目，還有另一重要原因：人心的屬性使然。禪茶的建構與人心的意識屬性之間存在著巨大悖論。

禪茶真正指向的是超離人心，從更為深廣、透澈的維度來審視人心的運作、起落、安放，從而脫離業力慣性，達成生命的終極價值。但由於禪的「離思維性」過於特殊，而人心的本質屬性就是意識思維，故而絕大多數禪茶文

化必然只會陷入心意識的層級而內外執求。不用說當今禪因斷裂而傳承較弱，即使是禪文化最為發達乃至身處主流價值的時代，也依然只有少量開悟證悟者能在禪茶中進退自如，殺活自在。

追其根源，禪茶的神髓，不在於玩出多少禪宗元素，或在茶的形態上造出多少花活，而是以禪茶為媒介，深度體驗、證取生命之潔淨無染，在於禪的修持、參悟、證得之中。禪茶文化要真正立於巔峰且提升人們的生命境界，還須深入識心、證心，踏實不懈地進行禪的修學。好消息是，諸多禪茶實踐及理論研究中，可感可見國人的文化主體意識已快速覺醒，正煥發一枝嫩芽，綻放強勁生機！

（三）當代禪茶相對小眾，常分離於日常生活之外

當代禪茶多選擇在高雅、清淨、一塵不染的場所裏展開。這顯然無可厚非。但較之於傳統禪茶便會發現，傳統禪茶是建立在生活化基礎上的，凡高雅、塵俗、禪門、茶園等一切場合均屬可以融入禪元素的地方。中國文化傳統中，禪、禪茶不但流行在上層社會，也普遍傳播於一般平民階層。而現代社會，由於禪、禪茶的流傳本身就較為狹窄，故而多被少數化、精英化，並且只是選擇性地在某些時間段、場合來實踐禪茶，極少能夠體現出禪、禪茶的生活化特質。當然，社會歷史階段不同，我們也不必事事師古，事事懷古。而是說，禪茶的生活化特質，即使在今天，我們也要深思、演繹，不應拋離。

反觀本書輯錄的禪茶文獻，多數也無禪的高妙玄談，甚至只講茶、水、器乃或日常種植採摘，其苦其甜，其欺其盜，百味俱足，似乎離高大上的禪茶文化好一段距離。而實際上，禪中茶中，生活而已，人心而已。禪茶離不開茶、水、器，更體現於實實在在的日常生活。禪茶，平實視之，不過是見心、淨心、無心罷了。稍有不同者，是尋常生活多被欲望和下意識所裹挾、主宰，常常陷入無明、無力。而禪茶的生活，則多了一份有意無意、勿助勿忘的清醒、輕盈，一旦心的軌跡偏離了，負重了，則可輕輕扶正，悠悠清掃，從而保持生命的健康、潔淨，活出禪茶的意境，飽滿，優雅，從容！

（四）當代禪茶自我設限現象突出，尚未展現出應有的超宗教性、超教派性

現在禪茶的主流依然是宗教或類宗教形態，而以非宗教形態為載體的禪茶文化則較少。考中國禪茶文化源流便會發現，禪寺禪茶固然是主流，但另

一條線路也極為龐大，即以在家眾或說是非禪門信徒所倡導、推動的禪茶傳播。這種獨特結構實現了傳統社會中出家眾與在家眾、官僚層與平民層之間禪茶的普遍流行。其核心信號之一，便是說在現代社會，禪茶要得到更廣泛的傳播，必須在超宗教性、超教派性上取得突破。

超宗教、超教派並不是否定禪宗，背棄禪宗，而是認為，對禪茶的理解應當超越禪宗的具體形象。〔註28〕本書所謂禪茶，乃直接指向禪所探討的深層生命價值。在此意義上，禪茶並不侷限於禪宗「宗教」領域，而已是感受生命存在、整合生命秩序、純化生命質地的有效媒介。侷限於某種宗教相、派別相，禪茶最易成為增強個體偏執、唯此為真的執念，反而背離禪茶本懷。

結合本書所錄論典來說，直觀的禪茶，毫無疑問就是「禪」「茶」兩種文化的嫁接。然而這些論典，來源於儒、釋、道、農、商等眾多茶道文化體系。其中，許多文獻並非直截意義上的「禪茶論典」，但卻是禪茶文化的重要構成元素和理論來源。原因很簡單：

一者，禪文化本來就是傳統儒釋道諸家融合的產物，融合而創新，本就是其特質。而今，禪與新時代的農商乃至東西方各家思想照樣已發生了匯通現象。不超離具體教派設限，這一切如何能夠發生！

二者，本書輯錄的大部分論典，所含藏的儒釋道農商茶道內蘊早已匯通為一體，超離具體派別，只不過因其中禪味較濃且專題表意需要而稱名禪茶罷了。

故而，筆者一再強調禪茶文化要超宗教、超派別。真正禪茶的最終指向，是超離禪茶乃或其餘概念侷限的本心世界。這個本心，難道其餘派別就不具備？表述不同而已！當代禪茶體系的建構，須要有看清各種文化內質的終極視野，還要有兼蓄其餘文化元素、互通互成的胸懷。

四、禪茶文化展望

禪茶文化具有自身獨特、深廣的學科內涵，研究、構建、傳播新時代的

〔註28〕此處並不是否定禪茶的宗教氣息，而是認為禪茶不該侷限於宗教性，還應有更為寬廣的內涵和形式。禪本來就伴隨著強大的宗教元素，但有一點我們需要明白：從禪文化發展史來看，禪並不是宗教性的禪宗創造出來的，而是人類發現了禪、證明了禪以後，禪以不同的載體流傳，才促生了宗教性的「禪宗」，宗教性的禪宗是「禪」的主流載體，但切勿誤解為禪宗即全部之禪。須知，非宗教性的禪也依然在延傳、化新。

禪茶文化不能僅僅熱衷於造設一套精緻的理論綱要，更要建立堅守禪茶文化內質且又具備時代特徵的整體性視野。否則我們對禪茶文化的探討，無異於作繭自縛、畫地為牢。保障以下幾方面的整體性、開放性，最能激發禪茶文化發揮其深度內涵，並展現出與時代相契合的創新面貌。

首先，禪茶一體。禪與茶不存在誰先誰後，誰主誰次，而是在自性的維度平等融為一體。大多數場合中，說「禪茶」者常宣揚禪為核心，而好「茶禪」者則又力舉「茶」為根本。實際上，這都是從現象上來看禪茶，是二分觀念。禪茶是禪文化和茶文化的充分融合，是二者的一體化互動，在二者結合過程中，最終都在突破禪或茶的具象而指向生命的深度體驗和終極的價值探索。缺少此一體性，由此而暴露出的便是人類思維意識的二分特質、線性屬性，禪茶便將流於表象、淺層，即使託名禪茶，也無禪茶神髓，而成為某種執持、名言、戲論。

其次，主客一體。禪茶的核心便是要在實踐中實現主客分別心的消融，呈現生命的終極一體境。禪茶由於其輕安、閒散的屬性，往往可令人在品飲實踐中契入生命的如實，回歸生命的合理優化，乃至達成主客一體的無干擾、無內耗狀態。歷代禪茶公案中經常會借機追問：「人吃茶？茶吃人？」「人摘茶？茶摘人？」並且會嚴厲地訓斥吃茶者「吃茶便吃茶，不許思量」。如此種種，其目的乃為破斥禪茶實踐者強大的人心業惑慣性。須知絕大部分禪茶語境中，由於人心的起伏、欲求、執持等因素，「人」「茶」是處在對斥狀態的，即所謂主客二元、人茶二分。人茶主客，乃常識定論，此處加以否定，並不意味又要生起一層心念，去強行泯滅人、茶界限，而意在表明，人心的慣性、盲動迫使「自性」隱匿，讓人無法如實體驗禪茶的本來況味。分別心是迫使生命獨立出禪境、茶境的肇因，也是生命痛苦、困厄、疏離以及生命功能異化、紊亂的根源。禪茶實踐中，看清、照見、破除此二元分別心，生命便能安住於事實，脫離主觀的造設、虛幻，實現主客一體。此時的禪茶，也才可能是禪茶本身。

再次，傳統現代一體。當代禪茶源於傳統禪茶，是對傳統的續接，傳統與現代從來是一體的不同階段。故而，要建構當今的禪茶文化體系，缺少了傳統禪茶之根魂便不可能；而要真正煥發出禪茶文化的時代光華，脫離當代禪茶的具體文化語境也絕無可能。從根本上來說，當代禪茶的深度內涵還在於對傳統禪茶文化的吸收和呈現，從而體現以新時代面目。現今的禪茶文化，

其傳統的根並不牢實,最突出的表現就是對禪的實證傳承弱化、對茶文化原典缺乏深入研究。因此,在當代禪茶文化建構中應須挖掘傳統和現代中「一以貫之」的內在根性。編著本書稿的主要目的,便是筆者在自我提醒,以回歸傳統,禪茶兩不偏,在傳統的根基上結合當前語境來審視、建構當代禪茶文化體系。

另外,注重不同文化系統間的內通性。這一點並非增強禪茶試圖涵蓋一切文化形態的野心,而是禪茶文化本身就應該具有這種開放性。禪茶視野直接指向的不是具體宗教、教派或文化形態,而是背後的生命力、道性。在這一層面,禪茶和其他文化形態本來就存在一體性。我們要做的,是深入到禪茶的內層,開放心胸,保證各種文化體系下內在生命力的溝通、交流,而非以禪、茶、宗派等因素隔離它者。如是妄自尊大,以為禪茶能夠涵蓋其餘形態,實際已陷入了人心的自我障蔽與疏離。況且,如果真正做到了續接禪茶傳統、深入禪茶內義,便不會固步自封。這一層面的禪茶,實際上是拓伸禪茶在現代社會中的開放性,以及自我反思、警醒。

禪茶是流動的,活態的,開放的,當今社會有其獨特的時代特色,禪茶作為一種直指生命關切的文化形態,也應具有相應的時代特徵。但這一切,都立足於人心品格的自我涵養和提升,否則,巧立禪茶名言,只會成為桎梏人心的梵網。「一體」的核心在於自性之體。脫離此一體性,禪茶經常會支離破碎,斷章取義,缺乏禪茶的基本文化內涵。或又成為名言,成為著力裝點高雅的表象。一旦置身於工作、生活,接受檢驗,則內心的焦灼、傷害、攻擊便又產生。

上文簡要敘述了書著內容、思路、筆者治學心態,初步對禪茶文化的基本範疇做了定位、詮釋,並基於當代禪茶發展困頓探討了禪茶文化發展所需重視的整體性和開放性。如此無非是想在輯錄、點校禪茶論典的基礎上對禪茶文化做出一些理論提升。圍繞著一定思想構架而展開,當代禪茶才會逐漸形成自身的體系性。當然,這並不是說禪茶只有或一定要遵循以上內涵,而是認為禪茶是特定生命價值論下的文化形態,以上內容應該是禪茶文化的核心範疇,是當代禪茶文化亟待建構的領域。否則禪茶一定會落於空泛或玄虛,不但不能給社會帶來積極意義,反倒會成為擾亂人心、桎梏生活的立言。

總言之,從整體的茶文化角度看,當前學界對茶學典籍的整理成果斐然,其體制多是按朝代加以輯錄,或選取某部、數部茶書詳加校釋。而本書的工

作主要有幾個重點：其一，篩選、輯錄含有禪茶元素，且可用於建構禪茶文化體系的論典，將之編錄成禪茶專題。其二，對某些論典進行了點校、注釋，有一部分論典以文言形式摘錄而來，文句上具有模糊性，筆者做了相應點校工作，而且針對一些較生僻的專有詞彙做了注解。其三，對論典中的禪茶元素進行了解讀，形成了獨立的「題解」。其四，在上述基礎上，又以緒論、後記的形式逐漸轉向探討禪茶的文化傳統與時代價值。不過，當前的禪茶文化還是缺乏足夠的理論研究，成果多是零散述論或屬實踐中的即時體解。本書所做工作極為冷門，乃試圖回歸傳統茶道典籍，在總體把握茶道文化的基礎上專題梳理禪茶，以汲取傳統的禪茶養料並探討禪茶的當代發展路向。

本次輯錄，翻閱了大量古典茶文獻，尤其是《中華大藏經》《大正藏》《卍續藏》《嘉興藏》《乾隆藏》《大藏經補編》《四庫全書》《續修四庫全書》《古今圖書集成》《茶道古典全集》或其餘各種方志、文庫中所錄。而現代茶書輯錄成果中，也認真參閱了國家圖書館《中國古代茶道秘本五十種》、朱自振及沈冬梅等《中國古代茶書集成》、葉羽晴川《中華茶書選輯》、王建《吃茶養生記——日本古茶書三種》、陳宗懋《中國茶經》、張迅齊《中國的茶書》、高英姿《紫砂名陶典籍》等。在此一併致謝並請教正！輯錄工作，既繁且精，極考功力，又不易見成果。因本人水平有限，難以做到完全正確詳備。大多只是取其粗概，求其入門，更多的整理、探索，以及理論提升，期待在下一步研究中得到實現。

還想強調的是，本書雖重在輯錄禪茶論典，但所考慮的禪茶文化體系建構實已處於建構人類命運共同體、揚升民族文化自信、展現個體生命價值的高度。從現今的社會氛圍來看，禪茶的推廣已經具有非常深厚的文化基礎，隨著中華文化主體意識的逐漸復蘇，完全可考慮推動茶道、禪茶以成為世界華人乃至全人類命運共同體建設的絕佳媒介。而且，禪茶，還可成為促進社會及個體生命健康、生命價值綻放的絕佳形式。一盞茶中，又何嘗不是中華文化的弘大、雄渾，以及個體生命的健康、從容！

第一編　辨識茶事

01 茶經

〔唐〕陸羽

題解

  本輯《茶經》，錄於文淵閣《四庫全書》子部九·譜錄類二·飲饌之屬，同時也參考《古今圖書集成》本、《說郛》本。作者陸羽（733～804），又名疾，字鴻漸、季疵，號竟陵子、桑苧翁、東岡子等，唐時竟陵（今湖北天門）人。據《全唐文》中《陸羽自傳》載，陸羽三歲時被遺棄，由龍蓋寺住持智積禪師攜回撫養。後偏愛儒書，精修茶道，以著寫《茶經》聞名。將此書錄為禪茶論典的主要原因如下：其一，《茶經》乃中國茶道文化的奠基之作，其書所建構的茶道體系，不論何種茶道文化都難以避開。後世禪門茶道，實多援引、立基於《茶經》理論構架之上。其二，雖非專題禪茶典籍，但《茶經》中也關涉不少佛禪題材，如所引小山寺釋法瑤、《續名僧傳》等內容。其三，陸羽出身寺院，雖喜儒書，且後離棄師門，但其基本思想底色是儒釋融合，何況撰寫《茶經》時，曾長期借居於湖州、杭州多處寺院，難離僧家情意。第四，《茶經》無形中表露著禪的生命價值觀，禪茶況味極濃。第五，禪茶首重品飲，然其最核心的理念及功能是用以見人心、證禪性、修正生命中的極端與偏執。陸羽的茶道功勳無可替代，但從多處記載均可發現其人內心之偏，如《陸羽自傳》記其「為性褊躁，多自用意」，又如「縛奴投火」、著《毀茶論》等傳說，乃至因自出身、相貌、儒家取向與寺院生活間的矛盾等而導致的敏感心理，以及《茶經》中隨處可見的自我承許之意，均在提醒我們：陸羽的現實茶聖形象乃是後世的理想化塑造，未必如實。此處絕非貶損陸羽，而是說，後世所膜拜的陸羽已非其人本身。我們雖應尊重古賢，且於其智慧中汲取知識

養料，但更應保持自心的清澈，能於古今茶道、言行中見自他內心，最忌因個人情感好惡而「臆造」出一幅幻象進行執持。須知所有的理想化渲染、情緒化毀譽，都是我們內心浮亂、盲動的投射，所造設出來者，已然成為一張緊緊束縛禪心茶性的塵網！如此建構的禪茶體系，必然只是增重心執的名言、偽情。——以禪茶來標高談玄、執持炫耀而已！故錄此《茶經》，以之為鏡！

一之源

茶者，南方之嘉木也。一尺、二尺乃至數十尺。其巴山峽川有兩人合抱者，伐而掇之。

其樹如瓜蘆，葉如梔子，花如白薔薇，實如栟櫚〔註1〕，蒂〔註2〕如丁香，根如胡桃。（原注〔註3〕：瓜蘆木，出廣州，似茶，至苦澀。栟櫚，蒲葵之屬，其子似茶。胡桃與茶，根皆下孕，兆至瓦礫，〔註4〕苗木上抽。）

其字，或從草，或從木，或草木並。（原注：從草，當作「茶」，其字出《開元文字音義》。從木，當作「搽」，其字出《本草》。草木並，作「荼」，其字出《爾雅》。）

其名，一曰茶，二曰檟，三曰蔎，四曰茗，五曰荈。（原注：周公云：檟〔註5〕，苦茶。」楊執戟〔註6〕云：「蜀西南人謂茶曰蔎〔註7〕。郭弘農〔註8〕云：「早取為茶，晚取為茗，或曰荈耳。」）

其地，上者生爛石，中者生礫壤，（原注：礫字當從石為礫。）下者生黃土。凡藝〔註9〕而不實，植而罕茂。法如種瓜，三歲可採。野者上，園者次。陽崖陰林，紫者上，綠者次；筍者上，芽者次；葉卷上，葉舒次。〔註10〕陰山坡谷者，不堪採掇，性凝滯，結瘕疾。〔註11〕

〔註1〕栟櫚〔bīng lú〕：棕樹。

〔註2〕他本有「蒂」作「莖」者。

〔註3〕「原注」內容，歷代版本中均同步刊錄，明以來某些版本中曾標明為「晉安鄭熅注」。但綜合考校而言，「原注」主要內容當是陸羽原書便已存在，而後人亦不斷補注、增入。只是現在已無法分辨何者為陸羽自注，何者為後人補注。

〔註4〕下孕：往地下生長；兆：撐開。

〔註5〕檟〔jiǎ〕：指楸樹或茶樹。

〔註6〕楊執戟，即西漢楊雄。

〔註7〕蔎〔shè〕：香草名。

〔註8〕郭弘農，即晉時郭璞。

〔註9〕藝：動詞，種植。

〔註10〕葉卷者上品，舒直者次之。

〔註11〕瘕：腫塊。

茶之為用，味至寒，為飲，最宜精行儉德之人。若熱渴、凝悶、腦疼、目澀、四肢煩、百節不舒，聊四五啜，與醍醐、甘露抗衡也。採不時，造不精，雜以卉莽〔註12〕，飲之成疾。茶為累也，亦猶人參。上者生上黨，中者生百濟、新羅，下者生高麗。〔註13〕有生澤州、易州、幽州、檀州者，〔註14〕為藥無效，況非此者！設服薺苨，使六疾不瘳。〔註15〕知人參為累，則茶累盡矣。

二之具

籯〔註16〕（追加反）：一曰籃，一曰籠，一曰筥。以竹織之，受五升，或一斗、二斗、三斗者，茶人負以採茶也。（原注：籯，音盈，《漢書》所謂「黃金滿籯，不如一經」。顏師古云：「籯，竹器也，受四升耳。」）

灶：無用突〔註17〕者。

釜：用唇口者。

甑〔註18〕：或木或瓦，匪腰而泥。籃以箄之，篾以繫之。始其蒸也，入乎箄；既其熟也，出乎箄。釜涸，注於甑中，（原注：甑，不帶而泥之。）又以穀木枝三亞者製之，（原注：亞字當作椏，木椏枝也。）散所蒸芽筍並葉，畏流其膏。

杵臼：一曰碓，惟恒用者佳。

規：一曰模，一曰棬。以鐵製之，或圓，或方、或花。

承：一曰臺，一曰砧，以石為之。不然，以槐桑木半埋地中，遣無所搖動。

檐〔註19〕：一曰衣。以油絹或雨衫、單服敗者為之。以檐置承上，又以規置檐上，以造茶也。茶成，舉而易之。

芘莉（音杷離）：一曰籯子，一曰筹筤〔註20〕，以二小竹，長三尺，軀二尺五寸，柄五寸。以篾織方眼，如圃人土籮，闊二尺，以列茶也。

〔註12〕卉莽：野草。
〔註13〕上黨：唐時郡名，在今山西長治一帶。百濟：唐時朝鮮半島西南小國。
〔註14〕澤州、易州、幽州、澶州，皆唐時州名。
〔註15〕薺苨〔nǐ〕：一種野果。六疾不瘳：六疾，泛指疾病；瘳，愈。
〔註16〕籯〔yíng〕：竹製箱、籠等物具。因各時代讀音不一，不同版本中注音也存在差異。
〔註17〕突：煙囪。
〔註18〕甑〔zèng〕：蒸籠。
〔註19〕檐〔chān〕：圍裙。
〔註20〕芘〔bǐ〕莉、筹筤〔páng láng〕：均竹製盤子類。

棨〔註21〕：一曰錐刀。柄以堅木為之，用穿茶也。

樸：一曰鞭。以竹為之，穿茶以解茶也。

焙：鑿地深二尺，闊二尺五寸，長一丈。上作短牆，高二尺，泥之。

貫：削竹為之，長二尺五寸，以貫茶焙之。

棚：一曰棧。以木構於焙上，編木兩層，高一尺，以焙茶也。茶之半乾，昇下棚；全乾，昇上棚。

穿：江東、淮南剖竹為之。巴川峽山紉穀皮為之。江東以一斤為上穿，半斤為中穿，四兩五兩為小穿。峽中以一百二十斤為上穿，八十斤為中穿，五十斤為小穿。穿，舊作釵釧之「釧」字，或作貫「串」。今則不然，如磨、扇、彈、鑽、縫五字，文以平聲書之，義以去聲呼之，其字以「穿」名之。

育：以木製之，以竹編之，以紙糊之。中有隔，上有覆，下有床，旁有門，掩一扇。中置一器，貯煻煨火，令火熅熅然。江南梅雨時，焚之以火。（原注：育者，以其藏養為名。）

三之造

凡採茶，在二月、三月、四月之間。茶之筍者，生爛石沃土，長四五寸，若薇蕨始抽，凌露採焉。茶之芽者，發於蘽薄〔註22〕之上，有三枝、四枝、五枝者，選其中枝穎拔者採焉。其日有雨不採，晴有雲不採；晴，採之，蒸之，搗之，焙之，穿之，封之，茶之乾矣。

茶有千萬狀，鹵莽而言，如胡人靴者，蹙縮然；（原注：京錐文也。）〔註23〕犎牛臆者，廉襜然；（原注：犎，音朋，野牛也。）浮雲出山者，輪囷〔註24〕然；輕飆拂水者，涵澹然。有如陶家之子，羅膏土以水澄泚之；（原注：謂澄泥也。）又如新治地者，遇暴雨流潦之所經。此皆茶之精腴。有如竹籜〔註25〕者，枝幹堅實，艱於蒸搗，故其形籭簁〔註26〕然；（原注：上離下師。）有如霜荷者，莖葉凋沮，易其狀貌，故厥狀委萃然。此皆茶之瘠老者也。

〔註21〕棨〔qǐ〕：茶錐類。
〔註22〕蘽薄：灌木、草叢處。
〔註23〕京錐文：京，大；錐，刀錐；文，紋。
〔註24〕輪囷：輪，車輪；囷，圓頂倉。
〔註25〕竹籜〔tuò〕：：竹筍外殼。
〔註26〕籭簁〔shāi shāi〕：竹篩。

自採至於封，七經目。自胡靴至於霜荷，八等。或以光黑平正言嘉〔註27〕者，斯鑒之下也。以皺黃坳垤〔註28〕言嘉者，鑒之次也。若皆言嘉及皆言不嘉者，鑒之上也。何者？出膏者光，含膏者皺；宿製者則黑，日成者則黃；蒸壓則平正，縱之則坳垤；此茶與草木葉一也。茶之否臧〔註29〕，存於口訣。

四之器

風爐（灰承）

風爐，以銅、鐵鑄之，如古鼎形，厚三分，緣闊九分，令六分虛中，致其圬墁。凡三足，古文書二十一字：一足云「坎上巽下離於中」，〔註30〕一足云「體均五行去百疾」，一足云「聖唐滅胡明年鑄」〔註31〕。其三足之間，設三窗，底一窗，以為通飆漏燼之所。上並古文書六字：一窗之上書「伊公」二字，一窗之上書「羹陸」二字，一窗之上書「氏茶」二字。所謂「伊公羹，陸氏茶」〔註32〕也。置墆㙐於其內，設三格：其一格有翟焉，翟者，火禽也，畫一卦曰離；其一格有彪焉，彪者，風獸也，畫一卦曰巽；其一格有魚焉，魚者，水蟲也，畫一卦曰坎。巽主風，離主火，坎主水。風能興火，火能熟水，故備其三卦焉。其飾，以連葩、垂蔓、曲水、方文之類。其爐，或鍛鐵為之，或運泥為之。其灰承，作三足鐵柈抬之。

筥

筥，以竹織之，高一尺二寸，徑闊七寸。或用藤，作木楦如筥形織之。六出圓眼。其底、蓋若利篋口，鑠之。

炭檛

炭檛，以鐵六稜製之。長一尺，銳上豐中執細，頭繫一小鐶，以飾檛也。若今之河隴軍人木吾〔註33〕也。或作鎚，或作斧，隨其便也。

〔註27〕有他本「嘉」「佳」互用。

〔註28〕坳垤〔ào dié〕：茶餅表面凸凹不平。

〔註29〕否臧〔pǐ zāng〕：貶褒。

〔註30〕坎為水，巽為風，離為火。

〔註31〕胡：安史之亂。

〔註32〕伊公：商時伊摯，善調湯羹；陸氏：陸羽自指。

〔註33〕木吾：樟木棒。

火筴

火筴，一名筋，若常用者，圓直一尺三寸。頂平截，無蔥臺句鏁之屬，以鐵或熟銅製之。

鍑（音輔，或作釜，或作鬴。）

鍑，以生鐵為之。今人有業冶者，所謂急鐵。其鐵以耕刀之趄，煉而鑄之。內摸土而外摸沙。土滑於內，易其摩滌；沙澀於外，吸其炎焰。方其耳，以正令也。廣其緣，以務遠也。長其臍，以守中也。臍長，則沸中；沸中，則末易揚；末易揚，則其味淳也。洪州以瓷為之，萊州以石為之。瓷與石皆雅器也，性非堅實，難可持久。用銀為之，至潔，但涉於侈麗。雅則雅矣，潔亦潔矣，若用之恒，而卒歸於鐵也。

交床

交床，以十字交之，剜中令虛，以支鍑也。

夾

夾，以小青竹為之，長一尺二寸。令一寸有節，節以上剖之，以炙茶也。彼竹之筱〔註34〕，津潤於火，假其香潔以益茶味，恐非林谷間莫之致。或用精鐵、熟銅之類，取其久也。

紙囊

紙囊，以剡藤紙〔註35〕白厚者夾縫之，以貯所炙茶，使不泄其香也。

碾（拂末）

碾，以橘木為之，次以梨、桑、桐、柘為之。內圓而外方。內圓，備於運行也；外方，制其傾危也。內容墮而外無餘。木墮，形如車輪，不輻而軸焉。長九寸，闊一寸七分。墮徑三寸八分，中厚一寸，邊厚半寸，軸中方而執圓。其拂末，以鳥羽製之。

羅合

羅合，羅末以合蓋貯之，以則置合中。用巨竹剖而屈之，以紗絹衣之。其合，以竹節為之，或屈杉以漆之。高三寸，蓋一寸，底二寸，口徑四寸。

〔註34〕他處也有寫為「篠」者。
〔註35〕剡藤〔yǎn téng〕紙：古時浙江剡溪善以藤造紙，用於包茶，故名。

則

則，以海貝、蠣蛤之屬，或以銅、鐵、竹匕、策之類。則者，量也，準也，度也。凡煮水一升，用末方寸匕。若好薄者，減之；嗜濃者，增之。故云則也。

水方

水方，以椆（原注：音冑，木名也。）木、槐、楸、梓等合之，其裏並外縫漆之，受一斗。

漉水囊

漉水囊〔註36〕，若常用者，其格以生銅鑄之，以備水濕，無有苔穢、腥澀意。以熟銅苔穢，鐵腥澀也。林棲谷隱者，或用之竹木。木與竹非持久涉遠之具，故用之生銅，其囊，織青竹以卷之，裁碧縑以縫之，細翠鈿以綴之。又作綠油囊以貯之，圓徑五寸，柄一寸五分。

瓢

瓢，一曰犧、杓。剖瓠為之，或刊木為之。晉舍人杜毓《荈賦》云：「酌之以匏。」匏，瓢也，口闊，脛薄，柄短。永嘉中，餘姚人虞洪入瀑布山採茗，遇一道士云：「吾，丹丘子，祈子他日甌犧之餘，乞相遺也。」犧，木杓也。今常用以梨木為之。

竹筴

竹筴，或以桃、柳、蒲葵木為之，或以柿心木為之。長一尺，銀裹兩頭。

鹺簋（揭）

鹺簋〔註37〕，以瓷為之。圓徑四寸，若合形，或瓶、或罍，貯鹽花也。其揭，竹製，長四寸一分，闊九分。揭，策也。

熟盂

熟盂，以貯熟水，或瓷，或砂，受二升。

碗

碗，越州上，鼎州次，婺州次；丘州上，壽州、洪州次。或者以邢州處越

〔註36〕漉〔lù〕水囊：濾水袋。
〔註37〕鹺簋〔cuó guǐ〕：鹽罐。

州上，殊為不然。若邢瓷類銀，越瓷類玉，邢不如越一也；若邢瓷類雪，則越瓷類冰，邢不如越二也；邢瓷白而茶色丹，越瓷青而茶色綠，邢不如越三也。晉杜毓《荈賦》所謂：「器擇陶揀，出自東甌。」甌，越也。甌，越州上。口唇不卷，底卷而淺，受半升以下。越州瓷、岳瓷皆青，青則益茶，茶作紅白之色。邢州瓷白，茶色紅；壽州瓷黃，茶色紫；洪州瓷褐，茶色黑。悉不宜茶。〔註38〕

畚

畚〔註39〕，以白蒲卷而編之，可貯碗十枚。或用筥，其紙帊以剡紙夾縫，令方，亦十之也。

札

札，緝栟櫚皮，以茱萸木夾而縛之，或截竹束而管之，若巨筆形。

滌方

滌方，以貯洗滌之餘，用楸木合之，制如水方，受八升。

滓方

滓方，以集諸滓，制如滌方，受五升。

巾

巾，以絁布為之，長二尺，作二枚，互用之，以潔諸器。

具列

具列，或作床，或作架。或純木、純竹而製之。或木或竹，黃黑可扃而漆者。長三尺，闊二尺，高六寸。具列者，悉斂諸器物，悉以陳列也。

都籃

都籃，以悉設諸器而名之，以竹篾內作三角方眼，外以雙篾闊者經之，以單篾纖者縛之，遞壓雙經，作方眼，使玲瓏。高一尺五寸，底闊一尺，高二寸，長二尺四寸，闊二尺。

〔註38〕越州：約今浙江紹興；鼎州：約今陝西涇陽；婺州：約今浙江金華；岳州：約今湖南岳陽；壽州：約今安徽壽縣；洪州：約今江西南昌；邢州：約今河北邢臺。

〔註39〕畚〔běn〕：簸箕。

五之煮

　　凡炙茶，慎勿於風燼間炙，熛焰如鑽，使炎涼不均。持以逼火，屢其翻正，候炮（原注：普教反。）出培塿，狀蝦蟆背〔註40〕，然後去火五寸。卷而舒，則本其始又炙之。若火乾者，以氣熟止；日乾者，以柔止。

　　其始，若茶之至嫩者，蒸罷熱搗，葉爛而芽筍存焉。假以力者，持千鈞杵亦不之爛，如漆科珠〔註41〕，壯士接之，不能駐其指。及就，則似無穰骨也。炙之，則其節若倪倪如嬰兒之臂耳。既而，承熱用紙囊貯之，精華之氣無所散越，候寒末之。（原注：末之上者，其屑如細米；末之下者，其屑如菱角。）

　　其火，用炭，次用勁薪。（原注：謂桑、槐、桐、櫪之類也。）其炭，曾經燔炙，為羶膩所及，及膏木、敗器，不用之。（原注：膏木，謂柏、松、檜也。敗器，謂朽廢器也。）古人有勞薪之味，信哉！

　　其水，用山水上，江水中，井水下。（原注：《荈賦》所謂「水則岷方之注，挹彼清流。」）其山水，揀乳泉、石池漫流者上；其瀑湧湍漱，勿食之。久食令人有頸疾。又多別流於山谷者，澄浸不泄，自火天至霜郊以前〔註42〕，或潛龍蓄毒於其間，飲者可決之，以流其惡，使新泉涓涓然，酌之。其江水取去人遠者，井取汲多者。

　　其沸，如魚目，微有聲，為一沸；緣邊如湧泉連珠，為二沸；騰波鼓浪，為三沸。已上，水老，不可食也。初沸，則水合量調之以鹽味，謂棄其啜餘，（原注：啜，嘗也，市稅反，又市悅反。）無乃餡餡而鍾其一味乎？（原注：餡，古暫反。餡，吐濫反。無味也。）第二沸，出水一瓢，以竹筴環激湯心，則量末當中心而下。有頃，勢若奔濤濺沫，以所出水止之，而育其華也。

　　凡酌，置諸碗，令沫餑均。（原注：《字書》並《本草》：「沫、餑，均茗沫也。」餑蒲笏反。）沫餑，湯之華也。華之薄者曰沫，厚者曰餑。細輕者曰花，如棗花漂漂然於環池之上；又如回潭曲渚，青萍之始生；又如晴天爽朗，有浮雲鱗然。其沫者，若綠錢浮於水湄〔註43〕；又如菊英墮於樽俎之中。餑者，以滓煮之，及沸，則重華累沫，皤皤然若積雪耳。《荈賦》所謂「煥如積雪，燁若春藪」有之。

〔註40〕蟆背：如蛤蟆背凸凹。
〔註41〕如漆科珠：如用漆斗量珠之不易。
〔註42〕火天：酷暑；霜郊，霜初降。
〔註43〕湄：水、草相交。水湄多指河邊。他本亦有作「湄」者。

第一煮水沸，而棄其沫，上有水膜，如黑雲母，飲之則其味不正。其第一者為雋永，（原注：徐縣、全縣二反。至美者曰雋永。雋，味也。永，長也。味長曰雋永。《漢書》蒯通著《雋永》二十篇也。）或留熟（盂）以貯之，以備育華救沸之用。諸第一與第二、第三碗次之，第四、第五碗外，非渴甚莫之飲。凡煮水一升，酌分五碗。（原注：碗數少至三，多至五；若人多至十，加兩爐。）乘熱連飲之，以重濁凝其下，精英浮其上。如冷，則精英隨氣而竭，飲啜不消亦然矣。

茶性儉，不宜廣，廣則其味黯澹。且如一滿碗，啜半而味寡，況其廣乎！其色緗也，其馨致也，（原注：香至美曰致。致，音備。）其味甘，檟也；不甘而苦，荈也；啜苦咽甘，茶也。

六之飲

翼而飛，毛而走，呿而言〔註44〕，此三者俱生於天地間，飲啄以活，飲之時義遠矣哉！至若救渴，飲之以漿；蠲憂忿〔註45〕，飲之以酒；蕩昏寐，飲之以茶。

茶之為飲，發乎神農氏，聞於魯周公，齊有晏嬰，漢有楊雄、司馬相如，吳有韋曜，晉有劉琨、張載、遠祖納、謝安、左思之徒，皆飲焉。滂時浸俗，盛於國朝，兩都並荊俞（原注：俞，當作渝，巴渝也。）間，以為比屋之飲。

飲有粗茶、散茶、末茶、餅茶者，乃斫、乃熬、乃煬、乃舂，貯於瓶缶之中，以湯沃焉，謂之痷茶〔註46〕。或用蔥、薑、棗、橘皮、茱萸、薄荷之等，煮之百沸，或揚令滑，或煮去沫，斯溝渠間棄水耳，而習俗不已。

於戲！天育萬物，皆有至妙，人之所工，但獵淺易。所庇者屋，屋精極；所著者衣，衣精極；所飽者飲食，食與酒皆精極之。茶有九難：一曰造，二曰別，三曰器，四曰火，五曰水，六曰炙，七曰末，八曰煮，九曰飲。陰採夜焙，非造也。嚼味嗅香，非別也。膻鼎腥甌，非器也。膏薪庖炭，非火也。飛湍壅潦〔註47〕，非水也。外熟內生，非炙也。碧粉縹塵，非末也。操艱攪遽〔註48〕，非煮也。夏興冬廢，非飲也。

〔註44〕呿〔qū〕而言：張口能言者。
〔註45〕蠲〔juān〕：去除。
〔註46〕痷〔ān〕茶：病茶。
〔註47〕湍：急流；壅潦：積水。
〔註48〕操艱：操作艱難；攪遽：處理急切。

　　夫珍鮮馥烈者，其碗數三。次之者，碗數五。若座客數至五，行三碗。至七，行五碗。若六人以下，不約碗數，但闕一人而已，其雋永補所闕人。

七之事

　　三皇：炎帝神農氏。

　　周：魯周公旦。

　　齊：相晏嬰。

　　漢：仙人丹丘子，黃山君，司馬文園令相如，楊執戟雄。

　　吳：歸命侯〔註49〕，韋太傅弘嗣。

　　晉：惠帝〔註50〕，劉司空琨，琨兄子兗州刺史演，張黃門孟陽〔註51〕，傅司隸咸〔註52〕，江洗馬統〔註53〕，孫參軍楚〔註54〕，左記室太沖，陸吳興納，納兄子會稽內史俶，謝冠軍安石，郭弘農璞，桓揚州溫〔註55〕，杜舍人毓，武康小山寺釋法瑤，沛國夏侯愷，餘姚虞洪，北地傅巽，丹陽弘君舉，樂安任育長〔註56〕，宣城秦精，敦煌單道開〔註57〕，剡縣陳務妻，廣陵老姥，河內山謙之。

　　後魏：瑯琊王肅〔註58〕。

　　宋：宋安王子鸞，鸞弟豫章王子尚，〔註59〕鮑昭妹令暉〔註60〕，八公山沙門譚濟〔註61〕。

　　齊：世祖武帝〔註62〕。

　　梁：劉廷尉，陶先生弘景。

〔註49〕歸命侯：東吳亡國之君孫皓。

〔註50〕惠帝：晉惠帝司馬衷。

〔註51〕張黃門孟陽：晉代張載，字孟陽，曾任黃門侍郎。

〔註52〕傅司隸咸：傅咸，曾任司隸。

〔註53〕江洗馬統：江統，曾任太子洗馬。

〔註54〕孫參軍楚：孫楚，曾任參。

〔註55〕桓揚州溫：桓溫，曾任揚州牧。

〔註56〕樂安任育長：樂安人，名瞻，字育長，曾任天門太守。

〔註57〕敦煌單道開：晉時道士，敦煌人。

〔註58〕琅琊王肅（436～501）：王肅，字恭懿，今山東臨沂人，北魏時曾任中書令。

〔註59〕新安王子鸞、豫章王子尚，均為南北朝宋孝武帝子。

〔註60〕鮑昭：當為鮑照，其妹鮑令暉長於詞賦。

〔註61〕八公山沙門譚濟：八公山，在今安徽壽縣，譚濟為僧人。

〔註62〕世祖武帝：南齊第二個皇帝，名蕭賾。

皇朝：徐英公勣〔註63〕。

《神農食經》：「茶茗久服，令人有力，悅志。」

周公《爾雅》：「檟，苦茶。」

《廣雅》云：「荊巴間採葉作餅，葉老者，餅成以米膏出之。欲煮茗飲，先炙令赤色，搗末，置瓷器中，以湯澆覆之，用蔥、薑、橘子芼之。其飲醒酒，令人不眠。」

《晏子春秋》：「嬰相齊景公時，食脫粟之飯，炙三戈、五卵，茗菜而已。」

司馬相如《凡將篇》：「烏喙，桔梗，芫華，款冬，貝母，木蘗，蔞，芩草，芍藥，桂，漏蘆，蜚廉，雚菌，荈詫，白斂，白芷，菖蒲，芒消，莞，椒，茱萸。」

《方言》：「蜀西南人謂茶曰蔎。」

《吳志‧韋曜傳》：「孫皓每饗宴，坐席無不率以七升為限，雖不盡入口，皆澆灌取盡。曜飲酒不過二升，皓初禮異，密賜茶荈以代酒。」

《晉中興書》：「陸納為吳興太守時，衛將軍謝安常〔註64〕欲詣納，（原注：《晉書》云：納為吏部尚書。）納兄子俶怪納無所備，不敢問之，乃私蓄十數人饌。安既至，所設唯茶果而已。俶遂陳盛饌，珍羞必具。及安去，納杖俶四十，云：『汝既不能光益叔父，奈何穢吾素業？』」

《晉書》：「桓溫為揚州牧，性儉，每宴飲，唯下七奠柈茶果而已。」

《搜神記》：「夏侯愷因疾死，宗人字苟奴察見鬼神，見愷來收馬，並病其妻。著平上幘、單衣，入坐生時西壁大床，就人覓茶飲。」

劉琨《與兄子南兗州刺史演書》云：「前得安州乾薑一斤，桂一斤，黃芩一斤，皆所須也。吾體中潰（原注：潰，當作憒。）悶，常仰真茶，汝可致之。」

傅咸《司隸教》曰：「聞南方有以困蜀嫗作茶粥賣，為簾事〔註65〕打破其器具，後又賣餅於市，而禁茶粥以蜀嫗，何哉？」

《神異記》：「餘姚人虞洪，入山採茗，遇一道士，牽三青牛，引洪至瀑布山，曰：『吾，丹丘子也。聞子善具飲，常思見惠。山中有大茗可以相給，祈子他日有甌犧之餘，乞相遺也』。因立奠祀。後常令家人入山，獲大茗焉。」

〔註63〕徐英公：唐徐懋功，封英國公。

〔註64〕疑當為「嘗」，曾經之意。

〔註65〕為「官差」類。

左思《嬌女詩》）：「吾家有嬌女，皎皎頗白皙。小字為紈素，口齒自清歷。有姊字惠芳，眉目燦如畫。馳騖翔園林，果下皆生摘。貪華風雨中，倏忽數百適。心為茶荈劇，吹噓對鼎鑼。」

張孟陽《登成都樓詩》云：「借問揚子舍，想見長卿廬。程卓累千金，驕侈擬五侯。門有連騎客，翠帶腰吳鉤。鼎食隨時進，百和妙且殊。披林采秋橘，臨江釣春魚。黑子過龍醢，吳饌逾蟹蝑。芳茶冠六清，溢味播九區。人生苟安樂，茲土聊可娛。」

傅巽《七誨》：「蒲桃、宛奈，齊柿、燕栗，恒陽黃梨，巫山朱橘，南中茶子，西極石蜜。」

弘君舉《食檄》：「寒溫既畢，應下霜華之茗。三爵而終，應下諸蔗、木瓜、元李、楊梅、五味、橄欖、懸豹、葵羹各一杯。」

孫楚《歌》：「茱萸出芳樹顛，鯉魚出洛水泉。白鹽出河東，美豉出魯淵。薑桂茶荈出巴蜀，椒橘木蘭出高山。蓼蘇出溝渠，精稗出中田。」

華佗《食論》：「苦茶，久食，益意思。」

壺居士〔註66〕《食忌》：「苦茶久食，羽化。與韭同食，令人體重。」

郭璞《爾雅注》云：「樹小似梔子，冬生，葉可煮羹飲。今呼早取為茶，晚取為茗，或一曰荈，蜀人名之苦茶」。

《世說》：「任瞻，字育長，少時有令名，自過江失志。既下飲，問人云：『此為茶？為茗？』覺人有怪色，乃自申明云：『向問飲為熱為冷耳。』」

《續搜神記》：「晉武帝時，宣城人秦精，常入武昌山採茗，遇一毛人，長丈餘，引精至山下，示以叢茗而去。俄而復還，乃探懷中橘以遺精。精怖，負茗而歸。」

晉四王起事，惠帝蒙塵，還洛陽，黃門以瓦盂盛茶上至尊。

《異苑》：「剡縣陳務妻，少與二子寡居，好飲茶茗。以宅中有古冢，每飲，輒先祀之。二子患之，曰：『古冢何知？徒以勞意！』欲掘去之，母苦禁而止。其夜夢一人云：『吾止此冢三百餘年，卿二子恒欲見毀，賴相保護，又享吾佳茗，雖潛壤朽骨，豈忘翳桑之報！』及曉，於庭中獲錢十萬，似久埋者，但貫新耳。母告二子，慚之，從是禱饋愈甚。」

〔註66〕壺居士，又稱壺公，傳為仙人。

《廣陵耆老傳》：「晉元帝時，有老姥，每旦獨提一器茗，往市鬻之。市人競買，自旦至夕，其器不減，所得錢散路旁孤貧乞人。人或異之。州法曹縶之獄中。至夜，老嫗執所鬻茗器，從獄牖中飛出。」

《藝術傳》：「敦煌人單道開，不畏寒暑，常服小石子，所服藥有松、桂、蜜之氣，所飲茶蘇而已。」

《釋道該說‧續名僧傳》〔註67〕：「宋釋法瑤，姓楊氏，河東人。元嘉中過江，遇沈臺真，臺真在〔註68〕武康小山寺，年垂懸車，（原注：懸車，喻日入之候，指垂老時也。《淮南子》曰：「日至悲泉，愛息其馬」，亦此意也。）飯所飲茶。永明中，敕吳興，禮致上京，年七十九。」

宋《江氏家傳》：「江統，字應元，遷愍懷太子洗馬，嘗上疏諫云：『今西園賣醯〔註69〕、麵、藍子、菜、茶之屬，虧敗國體』」。

《宋錄》：「新安王子鸞、豫章王子尚，詣曇濟道人於八公山。道人設茶茗，子尚味之，曰：『此甘露也，何言茶茗？』」

王微《雜詩》：「寂寂掩高閣，寥寥空廣廈。待君竟不歸，收領今就檟。」

鮑昭妹令暉著《香茗賦》。

南齊世祖武皇帝《遺詔》：「我靈座上慎勿以牲為祭，但設餅果、茶飲、乾飯、酒脯而已。」

梁劉孝綽《謝晉安王餉米等啟》：「傳詔李孟孫宣教旨，垂賜米、酒、瓜、筍、菹、脯、酢、茗八種。氣苾新城，味芳雲松。江潭抽節，邁昌荇之珍。疆場擢翹，越葺精之美。羞非純束野麕，裛似雪之驢；鮓異陶瓶河鯉，操如瓊之粲。茗同食粲，酢類望柑。免千里宿舂，省三月種聚。小人懷惠，大懿難忘。」

陶弘景《雜錄》：「苦茶，輕身換骨，昔丹丘子、黃山君服之。」

《後魏錄》：「瑯琊王肅仕南朝，好茗飲、蓴羹。及還北地，又好羊肉、酪漿。人或問之：『茗何如酪？』肅曰：『茗不堪與酪為奴。』」

〔註67〕此處，多數學者認為應理解為：「釋道說（悅）所撰《續名僧傳》，該是衍字。」蓋因《續高僧傳》卷三十五中有「釋道悅」之名。然而，如此並不足以說明「釋道說」即「釋道悅」，而且「釋道悅」小傳中也未談到此人有《續名僧傳》之作。目前，也搜索不到《續名僧傳》係何人所作，也不見有《釋道該說》或《釋道說》之著作名。編者將其點校為《釋道該說‧續名僧傳》，乃因「該」字可通「賅」，有「完備」「全備」「總」之衍義，可理解為《釋道該說》一書中的《續名僧傳》。」然而此說也是猜測、推理的成分居多。這一懸案，期待再考。

〔註68〕上三字四庫本為「請真君」。

〔註69〕醯〔xiān〕：此處指醋。

　　《桐君錄》〔註70〕：「西陽、武昌、廬江、晉陵好茗，皆東人作清茗。茗有餑，飲之宜人。凡可飲之物，皆多取其葉，天門冬、抜揳取根，皆益人。又巴東別有真茗茶，煎飲令人不眠。俗中多煮檀葉並大皂李作茶，並冷。又南方有瓜蘆木，亦似茗，至苦澀，取為屑茶飲，亦可通夜不眠。煮鹽人但資此飲，而交、廣〔註71〕最重，客來先設，乃加以香芼輩。」

　　《坤元錄》：「辰州漵浦縣西北三百五十里無射山，云蠻俗當吉慶之時，親族集會歌舞於山上。山多茶樹。」

　　《括地圖》：「臨遂縣東一百四十里有茶溪。」

　　山謙之《吳興記》：「烏程縣西二十里有溫泉山，出御荈。」

　　《夷陵圖經》：「黃牛、荊門、女觀、望州等山，茶茗出焉。」

　　《永嘉圖經》：「永嘉縣東三百里有白茶山」。

　　《淮陰圖經》：「山陽縣南二十里有茶坡。」

　　《茶陵圖經》：「茶陵者，所謂陵谷生茶茗焉。」

　　《本草·木部》：「茗，苦茶。味甘苦，微寒，無毒。主瘻瘡，利小便，去痰渴熱，令人少睡。秋採之苦，主下氣消食。注云：『春採之。』」

　　《本草·菜部》：「苦茶，一名茶，一名選，一名遊冬，生益州川谷、山陵道旁，凌冬不死。三月三日採乾。《注》云：『疑此即是今茶，一名茶，令人不眠。』《本草注》：『按《詩》云：「誰謂荼苦」，又云「菫荼如飴」，皆苦菜也。〔註72〕陶謂之苦茶，木類，非菜流。茗，春採謂之苦搽。（原注：途遐反。）

　　《枕中方》：「療積年瘻，苦茶、蜈蚣並炙，令香熟，等分，搗篩，煮乾草湯洗，以末敷之。」

　　《孺子方》：「療小兒無故驚蹶，以苦茶、蔥須煮服之。」

八之出

　　山南〔註73〕：以峽州上，（原注：峽州生遠安、宜都、夷陵三縣山谷。）襄州、荊州次，（原注：襄州生南漳縣山谷，荊州生江陵縣山谷。）衡州下，（原注：生衡山、茶陵

〔註70〕「桐君」傳為黃帝時名醫，擅長本草，《桐君錄》乃其著作。
〔註71〕交、廣：交州和廣州。
〔註72〕《詩經·谷風》云：「誰謂荼苦，其甘如薺。」《詩經·綿》：「菫荼如飴。」茶在當時被當做野菜。
〔註73〕山南以及下文所列淮南、浙西、劍南、浙東、黔中、江西、嶺南，均為唐代所設「道」名。

二縣山谷。）金州、梁州又下。（原注：金州生西城、安康二縣山谷。梁州生襃城、金牛二縣山谷。）

淮南：以光州上，（原注：生光山縣黃頭港者，與峽州同。）義陽郡、舒州次，（原注：生義陽縣鍾山者，與襄州同。舒州生太湖縣潛山者，與荊州同。）壽州下，（原注：生盛唐縣霍山者，與衡州同。）蘄州、黃州又下。（原注：蘄州生黃梅縣山谷，黃州生麻城縣山谷，並與荊州、梁州同也。）

浙西：以湖州上，（原注：湖州生長城縣顧渚山谷，與峽州、光州同；若生山桑、儒師二寺、白茅山懸腳嶺，與襄州、荊州、義陽郡同；生鳳亭山伏翼閣、飛雲、曲水二寺、啄木嶺，與壽州、常州同。生安吉、武康二縣山谷，與金州、梁州同。）常州次，（原注：常州義興縣生君山懸腳嶺北峰下，與荊州、義陽郡同；生圈嶺善權寺、石亭山，與舒州同。）宣州、杭州、睦州、歙州下，（原注：宣州生宣城縣雅山，與蘄州同；太平縣生上睦、臨睦，與黃州同；杭州臨安、於潛二縣生天目山，與舒州同。錢塘生天竺、靈隱二寺；睦州生桐廬縣山谷；歙州生婺源山谷；與衡州同。）潤州、蘇州又下。（原注：潤州江寧縣生傲山，蘇州長洲生洞庭山，與金州、蘄州、梁州同。）

劍南：以彭州上，（原注：生九隴縣馬鞍山至德寺、堋口，與襄州同。）綿州、蜀州次，（原注：綿州龍安縣生松嶺關，與荊州同，其西昌、昌明、神泉縣西山者，並佳；有過松嶺者，不堪採。蜀州青城縣生丈人山，與綿州同。青城縣有散茶、末茶。）邛州次，雅州、瀘州下，（原注：雅州百丈山、名山，瀘州瀘川者，與金州同也。）眉州、漢州又下。（原注：眉州丹棱縣生鐵山者，漢州綿竹縣生竹山者，與潤州同。）

浙東：以越州上，（原注：餘姚縣生瀑布泉嶺曰仙茗，大者殊異，小者與襄州同。）明州、婺州次，（原注：明州鄮縣生榆莢村，婺州東陽縣東白山，與荊州同。）台州下，（原注：台州始豐縣生赤城者，與歙州同。）

黔中：生思州〔註74〕、播州〔註75〕、費州〔註76〕、夷州。〔註77〕

江西：生鄂州、袁州、吉州。

嶺南：生福州、建州、韶州、象州。（原注：福州生閩方山山陰縣。）

其思、播、費、夷、鄂、袁、吉、福、建、韶、象十一州未詳，往往得之，其味極佳。

〔註74〕他本多做「恩州」，當為「思州」之誤，古時黔中只有「思州」之名。寧夷郡，約今貴州沿河一帶。

〔註75〕播州：播川郡，約今貴州遵義。

〔註76〕費州：涪川郡，約今貴州思南、德江。

〔註77〕夷州：義泉郡，約今貴州鳳岡、綏陽。

九之略

其造具，若方春禁火之時〔註78〕，於野寺山園，叢手而掇，乃蒸，乃舂，乃煬〔註79〕，以火乾之，則又棨、撲、焙、貫、棚、穿、育等七事皆廢。

其煮器，若松間石上可坐，則具列廢。用槁薪、鼎𨰾之屬，則風爐、灰承、炭檛、火筴、交床等廢。若瞰泉臨澗，則水方、滌方、漉水囊廢。若五人以下，茶可末而精者，則羅廢。若援藟躋岩〔註80〕，引絚〔註81〕入洞，於山口炙而末之，或紙包合貯，則碾、拂末等廢。既瓢、碗、筴、札、熟盂、鹺簋悉以一筥盛之，則都籃廢。但城邑之中，王公之門，二十四器闕一，則茶廢矣。

十之圖

以絹素或四幅或六幅，分布寫之，陳諸座隅，則茶之源、之具、之造、之器、之煮、之飲、之事、之出、之略，目擊而存，於是《茶經》之始終備焉。〔註82〕

附《陸羽傳》〔註83〕

陸子，名羽，字鴻漸，不知何許人也。或云字羽名鴻漸，未知孰是。有仲宣、孟陽之貌陋，而有相如、子雲之口吃，而為人才辯，為性褊躁，多自用意，朋友規諫，豁然不惑。凡與人宴處，意有所適〔註84〕，不言而去。人或疑之，謂生多瞋。又與人為信，縱冰雪千里，虎狼當道，而不愆〔註85〕也。

〔註78〕禁火：清明前一二日禁火三天，用冷食，即「寒食節」。

〔註79〕他本或作「復」「炙」。

〔註80〕藟〔lěi〕：藤蔓；躋：登、升。

〔註81〕絚〔gēng〕：古同「緪」，指大繩索。

〔註82〕此處頗見陸羽對《茶經》的自許，也見彼時茶道對於茶室裝置藝術的重視以及風格。後世之茶書法、茶掛等具有深味的裝飾，多是茶經文化、茶經之「圖」思路的延續。

〔註83〕此傳原名為《陸文學自傳》，見宋代李昉編《文苑英華》卷七九二，第9～11頁，《四部全書》集部·總集類。雖名曰《陸文學自傳》，但考其文指稱及敘述方式，明顯不是陸羽所撰，而是他人託名而作。有關陸羽生平的文獻流傳不多，而且內容大多不出此傳所記，故錄於此，以作參考。

〔註84〕「適」一作「擇」。

〔註85〕愆〔qiān〕：同「愆」。

　　上元初，結廬於茗溪之湄，閉關讀書，不雜非類，名僧高士，談宴永日。常扁舟往來山寺，隨身唯紗巾、藤鞋鞵〔註86〕、短褐、犢鼻。往往獨行野中，誦佛經，吟古詩，杖擊林木，手弄流水，夷猶徘徊，自曙達暮，至日黑興盡，號泣而歸。故楚人相謂，陸子蓋今之接輿也。

　　始三歲〔註87〕，惸〔註88〕露，育於竟陵大〔註89〕師積公之禪院。自九歲學屬文，積公示以佛書出世之業。子答曰：「終鮮兄弟，無復後嗣，染衣削髮，號為釋氏，使儒者聞之，得稱為孝乎？羽將授孔聖之文？」公曰：「善哉！子為孝，殊不知西方染削之道，其名大矣。」公執釋典不屈，子執儒典不屈。公因矯憐撫愛，歷試賤務，掃寺地，潔僧廁，踐泥污牆，負瓦施屋，牧牛一百二十蹄。

　　竟陵西湖，無紙學書，以竹畫牛背為字。他日，於學者得張衡《南都賦》，不識其字，但於牧所仿青衿小兒，危坐展卷，口動而已。公知之，恐漸漬外典，去道日曠，又束於寺中，令芟剪卉莽，以門人之伯主焉。或時，心記文字，惝然若有所遺，灰心木立，過日不作，主者以為慵墮，鞭之。因歎云：「恐歲月往矣，不知其書。」嗚咽不自勝。主者以為蓄怒，又鞭其背，折其楚，乃釋。因倦所役，捨主者而去。卷衣詣伶黨，著《謔談》三篇，以身為伶正，弄木人假吏藏珠之戲。公追之曰：「念爾道喪，惜哉！吾本師有言：『我弟子十二時中，許一時外學，令降伏外道也。』以吾門人眾多，令從爾所欲，可捐樂工書。」

　　天寶中，郢人醲於滄浪，邑吏召子為伶正之師。時河南尹李公齊物黜守，見異，提手撫背，親授詩集，於是漢沔之俗亦異焉。後負書於火門山鄒夫子別墅。屬禮部郎中崔公國輔出竟陵，因與之遊處，凡三年。贈白驢烏犎〔註90〕牛一頭，文槐書函一枚。云：「白驢犎牛，襄陽太守李憕見遺；文槐函故盧黃門侍郎所與，此物皆已之所惜也。宜野人乘蓄，故特以相贈。」

　　洎至德初，秦人過江，子亦過江，與吳興釋皎然為緇素忘年之交。少好屬文，多所諷諭，見人為善，若己有之，見人不善，若己羞之，忠言逆耳，無所迴避。繇是俗人多忌之。

〔註86〕鞵〔xié〕：同「鞋」。
〔註87〕「歲」一作「載」。
〔註88〕惸〔qióng〕：同「煢」。
〔註89〕「大」原作「太」，按今義校為「大」。
〔註90〕犎〔bāng〕，古同「犅」。「犎」一作「梨」。

　　自祿山亂中原，為《四悲詩》；劉展窺江淮，作《天之未明賦》。皆見感激當時，行哭涕泗。著《君臣契》三卷、《源解》三十卷、《江表四姓譜》八卷、《南北人物志》十卷、《吳興歷官記》三卷、《湖州刺史記》一卷、《茶經》三卷，《占夢》上中下三卷，並貯於褐布囊。上元年辛丑歲子陽秋二十有九日。

02 大觀茶論

〔宋〕趙佶

題解

　　此論錄於清陳夢雷輯《欽定古今圖書集成·經濟彙編·食貨典》卷二八九，亦參考《說郛》本。《大觀茶論》原名《茶論》，為宋徽宗趙佶（1082～1135）所著茶道專論，因成書於大觀元年（1107），後人便稱之為《大觀茶論》。趙佶帝王名昏，然於詩書琴畫茶等技藝卻無不精湛。此論計二十篇，對北宋時期蒸青團茶的產地、採製、烹試、品質、鬥茶風尚等均有詳細記述。將此論編入禪茶論典，一可充分認識兩宋時期我國茶葉產業的發達程度和製茶技術的精湛程度。二可見識茶論中趙佶注入的獨特帝王氣色，寓心於物，這也是禪茶文化中可深入探究之地。三可借其體系性思路而建構當代禪茶文化體系。另需一提的是，宋代之禪，未必全著力於坐禪參話頭之屬，更多已演化成禪趣、文藝，尤其是文字禪、葛藤禪等，在文人士大夫群體中尤為普及。趙佶也是撥弄禪趣玄學的高手，故其《茶論》之中，融有大量禪茶志趣。在趙佶身上，尤可檢視禪者茶者普遍存在的兩個問題：第一，最易生起的偏見，例如，會下意識地認為王侯、官宦、商人、農家不懂禪道精義，而自己才懂。這是禪茶最應破斥的身份執取、彼此分別，其實質是自家內心的虛浮、蒙蔽。第二，以禪茶掩蓋精神軟肋。有色屬內荏者，品飲之時，縱橫古今，論談天地茶道，又清閒從容，潔淨高雅，然而面臨利害、質疑等情況時，便失了風度，甚或退縮，不見禪的正氣、底氣。更有無主之心者，口上說當權者諸般不是，而於茶道文化、文藝形態等，上行下效，蜂擁造情，謹小慎微卻又自認為審慎明辨，最是歷代文人主體的精神軟肋。豈不知早已偏離內心道性，不見禪茶的自有主意，應運作息！

序

　　嘗謂首地而倒生，所以供人之求者，其類不一。穀粟之於饑，絲枲〔註1〕之於寒，雖庸人孺子皆知，常須而日用，不以歲時之舒迫而可以興廢也。至若茶之為物，擅甌閩之秀氣，鍾山川之靈稟，祛襟滌滯，致清導和，則非庸人孺子可得而知矣；沖澹間潔，韻高致靜，則非遑遽之時可得而好尚矣。

　　本朝之興，歲修建溪之貢〔註2〕，尤團鳳餅，名冠天下，而壑源之品亦自此而盛。延及於今，百廢俱興，海內晏然，垂拱密勿〔註3〕，幸致無為。縉紳之士，韋布之流，沐浴膏澤，薰託德化，咸〔註4〕以雅尚相推，從事茗飲。故近歲以來，採擇之精，製作之工，品第之勝，烹點之妙，莫不咸造其極。且物之興廢，固自有時，然亦繫乎時之污隆〔註5〕。時或遑遽，人懷勞悴，則向所謂常須而日用，猶且汲汲營求，惟恐不獲，飲茶何暇議哉！世既累洽〔註6〕，人恬物熙。則常須而日用者，固久厭飫狼籍，而天下之士，勵志清白，競為閑暇修索之玩，莫不碎玉鏘金，啜英咀華。較篋笥之精，爭鑒裁之妙，雖否士於此時，不以蓄茶為羞，可謂盛世之清尚也。

　　嗚呼！至治之世，豈惟人得以盡其材，而草木之靈者，亦得以盡其用矣。偶因暇日，研究精微，所得之妙，人有不自知為利害者，敘本末，列於二十篇，號曰《茶論》。

地產第一

　　植產之地，崖必陽，圃必陰。蓋石之性寒，其葉抑以瘠〔註7〕，其味疏以薄，必資陽和以發之。土之性敷〔註8〕，其葉疏以暴〔註9〕，其味強以肆〔註10〕，必資陰蔭以節之。（今國家皆植木以資茶之陰）陰陽相濟，則茶之滋長得其宜。

〔註1〕枲〔xǐ〕：大麻雄枝，有花無果。
〔註2〕建溪之貢：福建建溪河一帶所產茗茶香氣獨特，唐時為貢茶。宋代於此專設製茶機構，焙茶進貢。
〔註3〕垂拱：垂衣拱手，太平安樂；密勿：勤勞謹慎。
〔註4〕原本為「盛」，當為「咸」。
〔註5〕污隆：盛衰。
〔註6〕累洽：太平。
〔註7〕抑：抑制；瘠：瘦小。
〔註8〕敷：肥沃。
〔註9〕疏：展開。暴：脫落。
〔註10〕肆：放肆。

天時第二

茶工作於驚蟄，尤以得天時為急。輕寒，英華漸長；條達而不迫，茶工從容致力，故其色味兩全。若或時暘鬱燠，芽奮甲暴，促工暴力，隨槁晷刻所迫，有蒸而未及壓，壓而未及研，研而未及製，茶黃留漬，其色味所失已半。故焙人得茶天為慶。

採擇第三

擷茶以黎明，見日則止。用爪斷芽，不以指揉，慮氣汗薰漬；茶不鮮潔。故茶工多以新汲水自隨，得芽則投諸水。凡牙如雀舌、穀粒者為斗品〔註11〕，一槍一旗為揀芽〔註12〕，一槍二旗為次之，餘斯為下。茶始芽萌，則有白合〔註13〕；既擷，則有烏蒂〔註14〕。白合不去，害茶味；烏蒂不去，害茶色。

蒸壓第四

茶之美惡、尤繫於蒸芽、壓黃之得失。蒸太生，則芽滑，故色清而味烈；過熟，則芽爛，故茶色赤而不膠。壓久，則氣竭味漓，不及，則色暗昧澀。蒸芽，欲及熟而香，壓黃，欲膏盡亟止。如此，則製造之功十已得七八矣。

製造第五

滌芽惟潔，濯器惟淨，蒸壓惟其宜，研膏惟熟，焙火惟良。飲而有少砂者，滌濯之不精也；文理燥赤者，焙火之過熟也。夫造茶，先度日晷之長短，均功力之眾寡，會採擇之多少，使一日造成，恐茶過宿，則害色味。

鑒辨第六

茶之範度不同，如人之有首面〔註15〕也。膏稀者，其膚蹙以文；膏稠者，其理斂以實；即日成者，其色則青紫；越宿製造者，其色則慘黑。有肥凝如赤蠟者，末雖白，受湯則黃；有縝密如蒼玉者，末雖灰，受湯愈白。有光華外暴而中暗者，有明白內備而表質者，其首面之異同，難以概論。要之，色瑩徹而不駁，質縝繹而不浮，舉之則凝然，碾之則鏗然，可驗其為精品也。有得於言

〔註11〕斗品：品位最上者。
〔註12〕揀芽：中芽，中品。
〔註13〕白合：芽小外包兩葉大。
〔註14〕烏蒂：帶蒂頭。
〔註15〕「首面」他本錄為「面首」，似誤。

意之表者，可以心解。比又有貪利之民，購求外焙已採之芽，假以製造，碎已成之餅，易以範模。雖名氏採製似之，其膚理、色澤，何所逃於鑒賞哉。

白茶第七

白茶〔註16〕自為一種，與常茶不同。其條敷闡，其葉瑩薄。崖林之間，偶然生出，雖非人力所可致。正焙之有者不過四五家，生者不過一二株，所造止於二三銙〔註17〕而已。芽英不多，尤難蒸焙；湯火一失，則已變而為常品。須製造精微，運度得宜，則表裏昭澈，如玉之在璞，它無與倫也。淺焙亦有之，但品格不及。

羅碾第八

碾以銀為上，熟鐵次之。生鐵者，非淘揀槌磨所成，間有黑屑藏於隙穴，害茶之色尤甚。凡碾為製，槽欲深而峻，輪欲銳而薄。槽深而峻，則底有準而茶常聚；輪銳而薄，則運邊中而槽不戛。羅欲細而面緊，則絹不泥而常透。碾必力而速，不欲久，恐鐵之害色。羅必輕而平，不厭數，庶幾細青不耗。惟再羅，則入湯輕泛，粥面光凝，盡茶之〔註18〕色。

盞第九

盞色貴青黑，玉毫條達者為上〔註19〕，取其煥發茶彩色也。底必差深而微寬，底深，則茶宜〔註20〕立而易於取乳〔註21〕；寬則運筅旋徹，不礙擊拂。然須度茶之多少，用盞之大小。盞高茶少，則掩蔽茶色，茶多盞小，則受湯不盡。盞惟熱，則茶發立耐久。

筅第十

茶筅以觔竹老者為之，身欲厚重，筅欲疏勁，本欲壯而未必眇〔註22〕，當如劍脊之狀。蓋身厚重，則操之有力而易於運用；筅疏勁如劍脊，則擊拂雖過而浮沫不生。

〔註16〕白茶：北苑貢茶錄中名列第一。
〔註17〕銙：壓制餅茶的模具。
〔註18〕多本無此「之」字，此據國家圖書館本錄。
〔註19〕青黑且有細密白紋者，名「兔毫斑」，用以飲白色茶湯效果奇佳。
〔註20〕多本均為「直」，考上下文義，據國圖本為「宜」。
〔註21〕乳：以茶面所浮湯花。
〔註22〕眇〔miǎo〕：細小，微小。

瓶第十一

瓶宜金銀，小大之制，惟所裁給。注湯害利，獨瓶之口嘴而已。嘴之口差大而宛直，則注湯力緊而不散；嘴之末欲圓小而峻削，則用湯有節而不滴瀝。蓋湯力緊則發速有節，不滴瀝，則茶面不破。

杓第十二

杓之大小，當以可受一盞茶為量，過一盞則必歸其餘，不及則必取其不足。傾杓煩數，茶必冰矣。

水第十三

水以清輕甘潔為美，輕甘乃水之自然，獨為難得。古人第水，雖曰中泠、惠山為上，然人相去之遠近，似不常得。但當取山泉之清潔者。其次，則井水之常汲者為可用。若江河之水，則魚鱉之腥，泥濘之污，雖輕甘無取。凡用湯，以魚目、蟹眼連繹迸躍為度。過老，則以少新水投之，就火頃刻而後用。

點第十四

點茶不一。而調膏繼刻〔註23〕，以湯注之，手重筅輕，無粟文蟹眼者，調之靜麵點。蓋擊拂無力，茶不發立，水乳未浹，又復增湯，色澤不盡，英華淪散，茶無立作矣。有隨湯擊拂，手筅俱重，立文泛泛。謂之一發點。蓋用湯已故，指腕不圓，粥面未凝，茶力已盡，雲霧雖泛，水腳易生。妙於此者，量茶受湯，調如融膠。環注盞畔，勿使侵茶。勢不欲猛，先須攪動茶膏，漸加擊拂。手輕筅重，指繞腕旋，上下透徹，如酵蘗之起面。疏星皎月，粲然而生，則茶之根本立矣。

第二湯自茶面注之，周回一線，急注急止。茶面不動，擊指既力，色澤漸開，珠璣磊落。

三湯多寡如前，擊拂漸貴輕勻，同環旋復，表裏洞徹，粟文蟹眼，泛結雜起，茶之色十已得其六七。

四湯尚嗇，筅欲轉稍，寬而勿速，其真精〔註24〕華采，既已煥發，雲霧漸生。

〔註23〕調膏：調茶粉成黏膏狀，再注沸水成湯。
〔註24〕他本有云「清真」者。

五湯乃可少縱，筅欲輕勻而透達。如發立未盡，則擊以作之。發立已過，則拂以斂之。結濬靄，結凝雪，茶色盡矣。

六湯以觀立作，乳點勃結，則以筅著居，緩繞拂動而已。

七湯以分輕清重濁，相稀稠得中，可欲則止。乳霧洶湧，溢盞而起，周回凝〔註25〕而不動，謂之咬盞。宜勻〔註26〕其輕清浮合者飲之。《桐君錄》曰：「茗有餑，飲之宜人。」〔註27〕雖多不為過也。

味第十五

夫茶以味為上，香甘重滑，為味之全，惟北苑、壑源之品兼之。其味醇而乏風骨者，蒸壓太過也。茶槍，乃條之始萌者，木性酸；槍過長，則初甘重而終微澀。茶旗，乃葉之方敷者，葉味苦，旗過老，則初雖留舌而飲徹反甘矣。此則芽銙胯有之，若夫卓絕之品，真香靈味，自然不同。

香第十六

茶有真香，非龍麝可擬。要須蒸及熟而壓之，及乾而研，研細而造，則和美具足。入盞，則馨香四達，秋爽灑然。或蒸氣如桃仁夾雜〔註28〕，則其氣酸烈而惡。

色第十七

點茶之色，以純白為上真，青白為次，灰白次之，黃白又次之。天時得於上，人力盡於下，茶必純白。天時暴暄，芽萌狂長，採造留積，雖白而黃矣。青白者，蒸壓微生；灰白者，蒸壓過熟。壓膏不盡則色青暗，焙火太烈則色昏赤。

藏焙第十八

數焙則首面乾而香減，失焙則雜色剝而味散。要當新芽初生即焙，以去水陸風濕之氣。焙用熱火置爐中，以靜灰擁合七分，露火三分，亦以輕灰糝覆。良久，即置焙簍上，以逼散焙中潤氣。然後列茶於其中，盡展角焙之，未

〔註25〕諸本多有錄為「旋」者。
〔註26〕他本有錄為「均」者。
〔註27〕「桐君」為黃帝時名醫。陸羽《茶經・七之事》中有相應引文。
〔註28〕此蒸不熟時之敗味、雜味。

可蒙蔽，候火速徹覆之。火之多少，以焙之大小增減。探手爐中，火氣雖熱而不至逼人手者為良。時以手挼茶體，雖甚熱而無害，欲其火力通徹茶體爾。或曰：焙火如人體溫，但能燥茶皮膚而已，內之濕潤未盡，則復蒸暍矣。焙畢，即以用久竹漆器中緘藏之；陰潤勿開，如此終年再焙，色常如新。

品名第十九

名茶各以所產之地，如葉耕之平園、臺星巖，葉剛之高峰、青鳳髓，葉思純之大嵐，葉嶼之眉山，葉五崇林之羅漢山水，葉牙、葉堅之碎石窠、石臼窠（一作穴窠），葉瓊、葉輝之秀皮林，葉師復、葉貺之虎巖，葉椿之無雙巖芽，葉懋之老窠園，各擅其美〔註29〕，未嘗混淆，不可概舉。後相爭相鬻，互為剝竊，參錯無據。不知茶之美惡〔註30〕，在於製造之工拙而已，豈崗地之虛名所能增減哉！焙人之茶，固有前優而後劣者，昔負而今勝者，是亦園地之不常也。

外焙第二十

世稱外焙〔註31〕之茶，矕小而色駁〔註32〕，體好而味淡。方之正焙，昭然可別。近之好事者，篋笥之中，往往半之蓄外焙之品。蓋外焙之家，久而益工，製造之妙，咸取則於壑源，效像規模，摹外為正。殊不知，其矕雖等而蔑風骨，色澤雖潤而無藏蓄，體雖實而膏理乏縝密乏理，味雖重而澀滯乏香，〔註33〕何所逃乎外焙哉！雖然，有外焙者，有淺焙者。蓋淺焙之茶，去壑源為未遠，製之能工，則色亦瑩白，擊拂有度，則體亦立湯，惟甘重香滑之味，稍遠於正焙耳。至於外焙，則迥然可辨。其有甚者，又至於採柿葉、桴欖之萌，相雜而造。味雖與茶相類，點時隱隱有輕絮泛然，茶面粟文不生，乃其驗也。桑苧翁曰：「雜以卉莽，飲之成病。」〔註34〕可不細鑒而熟辨之？

〔註29〕「美」字他本多作「門」。
〔註30〕此句餘本多做「曾不思茶之美惡」。
〔註31〕外焙：非官方的民間製茶處。
〔註32〕矕小，瘦小；色駁，色差。皆因技藝欠次所致。
〔註33〕「體雖實而縝密乏理，味雖重而澀滯乏香」句他本為「體雖實而膏理乏縝密之文，味雖重而澀滯乏馨香之美」。
〔註34〕此句為茶經語，「桑苧翁」乃陸羽別號。

03 茶錄

〔宋〕蔡襄

題解

　　此作以文淵閣《四庫全書》子部·譜錄類第 844 冊《茶錄》為底本，同時也參照《說郛》卷九十三，《全芳備祖集·後集》卷二十八、《欽定古今圖書集成·經濟彙編·食貨典》卷二八九。蔡襄（1012～1067），字君謨，福建仙遊人，茶道大家，著名書家。慶曆年間任福建轉運使，負責監製北苑貢茶，創製小團茶。《茶錄》分上下篇，上篇談茶之採造煎點，下篇談茶器。《茶錄》既簡且精，蔡襄還曾抄之以小楷，一時競成書家、茶家倣仿之作。此中所謂禪茶者，乃因其文最精採造煎點技藝，最通上品茶器精工，尚趣、尚雅、尚精，正符合當代禪茶的人生意趣追求。

序

　　朝奉郎右正言同修起居注〔註1〕臣蔡襄上進：臣前因奏事，伏蒙陛下諭臣先任福建轉運使日，所進上品龍茶最為精好。臣退念草木之微，首辱陛下知鑒，若處之得地，則能盡其材。昔陸羽《茶經》，不第建安之品；丁謂茶圖〔註2〕，獨論採造之本，至於烹試，曾未有聞。臣輒條數事，簡而易明，勒成二篇，名曰《茶錄》。伏惟清閒之宴，或賜觀採，臣不勝惶懼，榮幸之至！僅序。

〔註 1〕起居注，專門記錄帝王言行的典冊。
〔註 2〕丁渭（966～1037），字謂之，江蘇蘇州人，曾任福建漕使，創製大龍風團餅茶。

上篇　論茶

色

茶色貴白。而餅茶多以珍膏油其面，故有青黃紫黑之異。善別茶者，正如相工之眕人氣色也〔註3〕，隱然察之於內。以肉理潤者為上，既已末之，黃白者受水昏重，青白者受水鮮明，故建安人斗試〔註4〕，以青白勝黃白。

香

茶有真香。而入貢者微以龍腦和膏，欲助其香。建安民間試茶，皆不入香，恐奪其真。若烹點之際，又雜珍果香草，其奪益甚，正當不用。

味

茶味主於甘滑。惟北苑鳳凰山連屬諸焙所產者味佳。隔溪諸山，雖及時加意製作，色味皆重，莫能及也。又有水泉不甘能損茶味。前世之論水品者〔註5〕以此。

藏茶

茶宜箬葉而畏香藥〔註6〕，喜溫燥而忌濕冷。故收藏之家，以箬葉封裹入焙中，兩三日一次，用火常如人體溫溫，則御濕潤。若火多，則茶焦不可食。

炙茶

茶或經年，則香色味皆陳。於淨器中以沸湯漬之，刮去膏油一兩重乃止，以鈐〔註7〕箝之，微火炙乾，然後碎碾。若當年新茶，則不用此說。

碾茶

碾茶先以淨紙密裹捶碎，然後熟碾。其大要，旋碾則色白，或經宿，則色已昏矣。

羅茶

羅細則茶浮，粗則水浮。

〔註3〕相工：占相者。眕：邪視。
〔註4〕建安：約今福建建甌縣，境有建溪、鳳凰山等，所產「北苑貢茶」名於世，斗試：品評高下。
〔註5〕指唐代張又新之《煎茶水記》。
〔註6〕箬〔ruò〕葉：柔嫩香草類。茶葉染性極強，畏香料等。
〔註7〕鈐〔qián〕：炙茶器具。

候湯〔註8〕

候湯最難。未熟則沫浮，過熟則茶沉，前世謂之蟹眼者，過熟湯也。沉瓶中煮之不可辯，故曰候湯最難。

熁盞〔註9〕

凡欲點茶，先須熁盞令熱，冷則茶不浮。

點茶

茶少湯多，則雲腳散〔註10〕；湯少茶多，則粥面聚〔註11〕。鈔茶一錢匕，先注湯，調令極勻，又添注之，環回擊拂。湯上盞可四分則止，視其面色鮮白，著盞無水痕為絕佳。建安鬥試，以水痕先者為負，耐久者為勝，故較勝負之說，曰相去一水兩水〔註12〕。

下篇 論茶器

茶焙

茶焙，編竹為之，裹以箬葉。蓋其上，以收火也。隔其中，以有容也。納火其下，去茶尺許，常溫溫然，所以養茶色香味也。

茶籠

茶不入焙者，宜密封，裹以箬，籠盛之，置高處，不近濕氣。

砧椎

砧椎，蓋以碎茶。砧以木為之；椎或金或鐵，取於便用。

茶鈐

茶鈐，屈金鐵為之，用以炙茶。

茶碾

茶碾，以銀或鐵為之。黃金性柔，銅及喻石皆能生鉎，不入用。

〔註8〕候湯：點茶時適當掌握煎水度，以求不老不嫩。
〔註9〕熁〔xié〕盞：洗燙茶盞。
〔註10〕雲腳散：茶少水多時，茶末漂浮凌亂。
〔註11〕粥面聚：水少茶多時，茶葉過濃稠。
〔註12〕相去一水兩水：鬥茶時先見水痕一次兩次。

茶羅

茶羅以絕細為佳。羅底用蜀東川鵝溪畫絹之密者，投湯中揉洗以羃之〔註13〕。

茶盞

茶色白，宜黑盞，建安所造者，紺黑，紋如兔毫〔註14〕，其坯微厚，熁之久熱難冷，最為要用。出他處者，或薄或色紫，皆不及也。其青白盞，鬥試家自不用。

茶匙

茶匙要重，擊拂有力。黃金為上，人間以銀鐵為之。竹者輕，建茶不取。

湯瓶

瓶要小者，易候湯，又點茶注湯有準。黃金為上，人間以銀鐵或瓷石為之。

後序

臣皇祐中修起居注，奏事仁宗皇帝，屢承天問，以建安貢茶並所以試茶之狀。臣謂論茶雖禁中語，無事於密，造《茶錄》二篇上進。後知福州，為掌書記竊去藏稿〔註15〕，不復能記。知懷安縣樊紀購得之，遂以刊勒行於好事者，然多外謬。臣追念先帝顧遇之恩，攬本流涕，輒加正定，書之於石〔註16〕，以永其傳。治平元年五月二十六日，三司使給事中臣蔡襄謹記。

〔註13〕 羃：覆蓋。
〔註14〕 此為「黑釉兔毫杯」，高貴稀有，多皇家專用。
〔註15〕 竊去藏稿：云原稿被竊。
〔註16〕 蔡襄乃書法大家，以真楷小書《茶錄》。宋治平元年（1064），樊紀將蔡襄所書刻石傳世。

04 茶譜

〔明〕朱權

題解

　　此處所錄《茶譜》以明代梅純編《藝海滙函》抄本為底本，參照陳彬藩主編《中國茶文化經典》以及朱自振、沈冬梅、曾勤主編《中國古代茶書集成》等校本而成，朱權（1378～1448），朱元璋第十七子，自號涵盧子、丹丘先生。洪武二十四年（1391）封寧王，諡號獻，故稱寧獻王。以現今眼光來看，此《茶譜》與同類茶書相比併無特別過人之處，且所採擷的內容多有相同。錄於此處的主要原因，其一是此《茶譜》為明朝早期茶書，對中國茶文化而言可說是承先啟後，其中盡見明朝茶道基本理論和價值取向。其二，朱權對烹茶之法、品飲之器有較為精詳的論述。其三，文中清泉活火、修養之道、自然之性、設香攜爐、飄汲清泉等事，盡顯禪家茶趣；而鍾山八功德水、蘇州虎丘山下水、盧山石橋潭水、盧山頂天地之水、揚州大明井、天台西南峰瀑布等名地名水，更是深處佛禪名山。總體上，此作是一部相對體系化的茶道著作，對傳統上層士大夫之茶趣禪意取向把握得極為精到。諸如此類者，均可熟讀玩味，或直接引入當代禪茶文化系統，以作為禪茶文化建構的重要素材與理論資源。

序

　　挺然而秀，鬱然而茂，森然而列者，北園之茶也。泠然而清、鏘然而聲，涓然而流者，南澗之水也。塊然而立，晬然而溫，鏗然而鳴者，東山之石也。臞〔註1〕然而酸，兀然而傲，擴然而狂者，渠也。渠以東山之石，擊灼然之火。

〔註1〕臞〔qú〕：清瘦。

以南澗之水，烹北園之茶。自非吃茶漢，則當握拳布袖，莫敢伸也！本是林下一家生活，傲物玩世之事，豈白丁可共語哉？予嘗舉白眼而望青天，汲清泉而烹活火，自謂與天語，以擴心志之大。符水火以副內練之功，得非遊心於茶灶，又將有裨於修養之道矣，豈惟清哉？涵盧子臞仙〔註2〕書。

　　茶之為物，可以助詩興而雲山頓色，可以伏睡魔而天地忘形，可以倍清談而萬象驚寒，茶之功大矣！其名有五：曰茶、曰檟、曰蔎、曰茗、曰荈。一云早取為茶，晚取為茗。食之能利大腸，去積熱，化痰下氣，醒睡，解酒，消食，除煩去膩，助興爽神。得春陽之首，占萬木之魁。始於晉，興於宋。惟陸羽得品茶之妙，著《茶經》三篇。蔡襄著《茶錄》二篇。蓋羽多尚奇古，製之為末，以膏為餅。至仁宗時，而立龍團、鳳團、月團之名，雜以諸香，飾以金彩，不無奪其真味。然天地生物，各遂其性，莫若葉茶，烹而啜之，以遂其自然之性也。

　　予故取烹茶之法，末茶之具。崇新改易，自成一家。為雲海餐霞服日之士，共樂斯事也。雖然會茶而立器具，不過延客款話而已。大抵亦有其說焉。凡鸞儔鶴侶，騷人羽客，皆能志絕塵境，棲神物外，不伍於世流，不污於時俗。或會於泉石之間，或處於松竹之下，或對皓月清風，或坐明窗靜牖。乃與客清談款話，探虛玄而參造化，清心神而出塵表。命一童子設香案攜茶爐於前，一童子出茶具，以瓢汲清泉注於瓶而炊之。然後碾茶為末，置於磨令細，以羅羅之，候將如蟹眼，量客眾寡，投數匕入於巨甌，候茶出相宜，以茶筅攎令沫不浮，乃成雲頭雨腳，分於啜甌，置之竹架，童子捧獻於前。主起，舉甌奉客曰：「為君以瀉清臆。」客起接，舉甌曰：「非此不足以破孤悶。」乃復坐。飲畢，童子接甌而退。話久情長，禮陳再三，遂出琴棋。故山谷曰「金谷看花莫謾煎」是也。盧仝吃七碗、老蘇不禁三碗，予以一甌，足可通仙靈矣。使二老有知，亦為之大笑。其他聞之，莫不謂之迂闊。

品茶第一

　　於穀雨前，採一槍一旗者製之為末，無得膏為餅。雜以諸香，失其自然之性，奪其真味。大抵味清甘而香，久而回味，能爽神者為上。獨山東蒙山石蘚茶，味入仙品，不入凡卉。雖世固不可無茶，然茶性涼，有疾者不宜多飲。

〔註2〕臞〔qú〕仙：身體清瘦而精神矍鑠。朱權自號。

收茶第二

　　茶宜蒻〔註3〕葉而收。喜溫燥而忌濕冷。入於焙中。焙用木為之，上隔盛茶，下隔置火，仍用蒻葉蓋其上，以收火器。兩三日一次，常如人體溫，溫則御濕潤以養茶。若火多則茶焦。不入焙者。宜以蒻籠密封之，盛置高處。或經年香、味皆陳，宜以沸湯漬之，而香味愈佳。凡收天香茶，於桂花盛開時，天色晴明，日午取收，不奪茶味。然收有法，非法則不宜。

點茶第三

　　凡欲點茶、先須熁盞。盞冷則茶沉，茶少則雲腳散，湯多則粥面聚。以一匕投盞內，先注湯少許調勻，旋添入，環回擊拂。湯上盞可七分則止，著盞無水痕為妙。今人以果品為換茶，莫若梅、桂、茉莉三花最佳。可將蓓蕾數枚投於甌內罨〔註4〕之。少傾，其花自開。甌未至唇，香氣盈鼻矣。

薰香茶法第四

　　百花有香者皆可。當花盛開時，以紙糊竹籠兩隔，上層置茶，下層置花，宜密封固，經宿開換舊花。如此數日，其茶自有香氣可愛。有不用花，用龍腦薰者亦可。

茶爐第五

　　與煉丹神鼎同制。通高七寸，徑四寸，腳高三寸，風穴高一寸。上用鐵隔。腹深三寸五分，瀉銅為之，近世罕得。予以瀉銀坩鍋瓷為之，尤妙。襻〔註5〕高一尺七寸半。把手用藤紮，兩傍用鉤，掛以茶帚、茶筅、炊筒、水濾於上。

茶灶第六

　　古無此制，予於林下置之。燒成瓦器如灶樣，下層高尺五為灶臺，上層高九寸，長尺五，寬一尺，傍刊以詩詞詠茶之語。前開二火門，灶面開二穴以置瓶。頑石置前，便炊者之坐。予得一翁，年八十猶童，痴憨奇古，不知其姓名，亦不知何許人也。衣以鶴氅〔註6〕，繫以麻條，履以草履，背駝而頸跓，

〔註3〕蒻〔ruò〕葉：嫩葉。
〔註4〕罨〔yǎn〕：本義為捕鳥網，此處引申為掩、蓋。
〔註5〕襻〔pàn〕：套、扣之類。
〔註6〕氅〔chǎng〕：用鳥羽製成的外套。

有雙髻於頂。其形類一「菊」字，遂以菊翁名之。每令炊灶以供茶，其清致倍宜。

茶磨第七

磨以青礞石〔註7〕為之。取其化談去熱故也。其他石則無益於茶。

茶碾第八

茶碾，古以金、銀、銅、鐵為之，皆能生鉎。今以青礞石最佳。

茶羅第九

茶羅，徑五寸，以紗為之。細則茶浮，粗則水浮。

茶架第十

茶架，今人多用木，雕鏤藻飾，尚於華麗。予製以斑竹、紫竹，最清。

茶匙第十一

茶匙要用擊拂有力，古人以黃金為上，今人以銀、銅為之。竹者輕，予嘗以椰殼為之，最佳。後得一瞽者，無雙目，善能以竹為匙，凡數百枚，其大小則一，可以為奇。特取其異於凡匙，雖黃金亦不為貴也。

茶筅第十二

茶筅，截竹為之，廣、贛製作最佳。長五寸許，匙茶入甌，注湯筅之，候浪花浮成雲頭、雨腳乃止。

茶甌第十三

茶甌，古人多用建安所出者，取其松紋兔毫為奇。今淦窯所出者與建盞同，但注茶，色不清亮，莫若饒瓷為上，注茶則清白可愛。

茶瓶第十四

瓶要小者，易候湯，又點茶湯有準。古人多用鐵，謂之罍。罍，宋人惡其

〔註7〕青礞〔méng〕石：李時珍《本草綱目・石部》有錄：「江北諸山多有青礞石，以旴山者為佳，氣甘鹹，無毒，性下行，消食，治驚癇。王隱君湯衡嘗用之。」

生鉎，以黃金為上，以銀次之。今予以瓷石為之。通高五寸，腹高三寸，項長二寸，嘴長七寸。凡候湯不可太過，未熟則沫浮，過熟則茶沉。

煎湯法第十五

用炭之有焰者謂之活火。當使湯無妄沸。初如魚眼散佈，中如泉湧連珠，終則騰波鼓浪，水氣全消。此三沸之法，非活火不能成也。

品水第十六

臞仙曰：青城山老人村杞泉水第一，鍾山八功德水第二，洪崖丹潭水第三，竹根泉水第四。

或云：山水上，江水次，井水下。伯芻以揚子江心水第一，惠山石泉第二，虎丘石泉第三，丹陽井第四，大明井第五，松江第六，淮水第七。

又曰：盧山康王洞簾水第一，常州無錫惠山石泉第二，蘄州蘭溪石下水第三，硤州扇子硤下石窟泄水第四，蘇州虎丘山下水第五，盧山石橋潭水第六，揚子江中冷水第七，洪州西山瀑布第八，唐州桐柏山淮水源第九，盧山頂天池之水第十，潤州丹陽井第十一，揚州大明井第十二，漢江金州上流中冷水第十三，歸州玉虛洞香溪第十四，商州武關西穀水第十五，蘇州吳松江第十六，天台西南峰瀑布第十七，郴州圓泉第十八，嚴州桐廬江嚴陵灘水第十九，雪水第二十。

05 茶譜

〔明〕錢椿年著　顧元慶刪校

題解

　　此《茶譜》錄於全國圖書館文獻縮放複製中心《中國古代茶道秘本五十種》第二冊，書中標明作者為顧元慶。然據文中顧元慶序言可知，此本《茶譜》乃其好友錢椿年所著，只因顧氏讀之嫌繁，遂刪繁就簡。故而其原作者應是錢椿年，顧元慶是刪校者。錢椿年，具體生卒年不詳，字賓桂，人稱友蘭翁，江蘇常熟人，其《茶譜》約撰於 1530 年。顧元慶（1487～1565），字大有，號大石山人。江蘇蘇州人，明代茶學家。此《茶譜》內容也不外乎是採造藏取煎點，不過，較之朱權《茶譜》，此作於煎點之處更加精細，實可深味神奇，於琢磨禪茶之間侯茶湯，辨茶品，鍛茶心，體茶性。

序

　　余性嗜茗，弱冠時識吳心遠於陽羨，識過養拙於琴川。二公極於茗事者也，授余收焙烹點法，頗為簡易。及閱唐宋《茶譜》《茶錄》諸書，法用熟碾細羅，為末為餅，所謂小龍團，尤為珍重。故當時有「金易得而龍餅不易得」之語。嗚呼，豈士人而能為此哉。頃見友蘭翁所集《茶譜》，其法於二公頗合。但收採古今篇什太繁，甚失譜意。餘暇日刪校，仍附王友石〔註1〕竹爐並分封六事於後，當與有玉川之癖者共之也。吳郡顧元慶序。〔註2〕

〔註 1〕王友石，即王紱（1362～1416），字孟端，號友石生，自號九龍山人，明代書畫家，無錫人。

〔註 2〕他本亦有標注「嘉靖二十年撰」者。

茶略第一

茶者，南方嘉木，自一尺、二尺至數十尺。其巴峽有兩人抱者，伐而掇之。樹如瓜蘆，葉如梔子，花如白薔薇，實如栟櫚，蒂如丁香，根如胡桃。

茶品第二

茶之產於天下多矣，若劍南有蒙頂石花，湖州有顧渚紫筍，峽州有碧潤明月，邛州有火井思安，渠江有薄片，巴東有真香，福州有柏岩，洪州有白露。常之陽羨，婺之舉岩，丫山之陽坡，龍安之騎火，黔陽之都儒高株，瀘川之納溪梅嶺之數者，其名皆著。品第之，則石花最上，紫筍次之。又次則碧潤明月之類是也。惜皆不可致耳。

藝茶第三

藝茶欲茂，法如種瓜，三歲可採。陽崖陰林，紫者為上，綠者次之。

採茶第四

團黃有一旗二槍之號，言一葉二芽也。凡早取為茶，晚取為荈，穀雨前後收者為佳。粗細皆可用，惟在採摘之時，天色晴明，炒焙適中，盛貯如法。

藏茶第五

茶宜蒻葉，而畏香藥。喜溫燥，而忌冷濕。故收藏之家，以蒻葉封裹入焙中，兩三日一次。用火當如人體溫，溫則御濕潤。若火多，則茶焦不可食。

製茶諸法第六

橙茶。將橙皮切作細絲一觔〔註3〕，以好茶五觔焙乾，入橙絲間和，用密麻布襯墊火箱，置茶於上烘熱。淨綿被罨之三兩時，隨用建連紙袋封裹。仍以被罨焙乾收用。

蓮花茶。於日未出時，將半含蓮花撥開，放細茶一撮，納滿蕊中，以麻皮略繫〔註4〕，令其經宿。次早摘花。傾出茶葉，用建紙包茶焙乾。再如前法，又將茶葉入別蕊中。如此者數次，取其焙乾收用，不勝香美。

〔註3〕觔〔jīn〕：同「斤」。
〔註4〕繫〔zhí〕：栓、捆。

木樨、茉莉、玫瑰、薔薇、蘭蕙、橘花、梔子、木香、梅花皆可作茶。諸花開時，摘其半含半放、蕊之香氣全者，量其茶葉多少，摘花為茶。花多則太香而脫茶韻，花少則不香而不盡美。三停茶葉一停花始稱。假如木樨花，須去其枝蒂及塵垢蟲蟻，用磁罐一層茶、一層花投間至滿。紙箬縶固，入鍋重湯煮之，取出待冷。用紙封裹，置火上焙乾收用。諸花仿此。

煎茶四要第七

一擇水

凡水泉不甘，能損茶味之嚴，故古人擇水最為切要。山水上、江水次、井水下。山水乳泉漫流者為上，瀑湧湍激勿食，食久令人有頸疾。江水取去人遠者，井水取汲多者。如蟹黃混濁、鹹苦者皆勿用。

二洗茶

凡烹茶，先以熱湯洗茶葉，去其塵垢、冷氣，烹之則美。

三候湯

凡茶，須緩火炙，活火煎。活火，謂炭火之有焰者。當使湯無妄沸，庶可養茶。始則魚目散佈，微微有聲；中則四邊泉湧，累累連珠；終則騰波鼓浪，水氣全消，謂之老湯。三沸之法，非活火不能成也。

凡茶少湯多則雲腳散，湯少茶多則乳面聚。〔註5〕

四擇品

凡瓶，要小者，易候湯，又點茶注湯有應。若瓶大，啜存停久，味過則不佳矣。茶銚、茶瓶，銀錫為上，瓷石次之。

茶色白，宜黑盞。建安所造者，紺黑紋如兔毫，其坯微厚，熁之久熱難冷，最為要用。出他處者，或薄或色異，皆不及也。

點茶三要第八

一滌器

茶瓶、茶盞、茶匙生鉎，致損茶味，必須先時洗潔則美。

〔註5〕此句見蔡襄《茶錄》，諸家引為至理，蓋其常識如此，且文句精雅絕美。然所謂多少，並無定量，視飲者之體質、喜好而已。

二熁盞

凡點茶，先須熁盞，令熱則茶面聚乳，冷則茶色不浮。

三擇果

茶有真香，有佳味，有正色。烹點之際，不宜以珍果香草雜之。奪其香者，松子、柑橙、杏仁、蓮心、木香、梅花、茉莉、薔薇、木樨之類是也。奪其味者，牛乳、番桃、荔枝、圓眼、水梨、枇杷之類是也。奪其色者，柿餅、膠棗、火桃、楊梅、橙橘之類是也。凡飲佳茶，去果方覺清絕，雜之則無辨矣。若必曰所宜，核桃、榛子、瓜仁、棗仁、菱米、欖仁、栗子、雞頭、銀杏、山藥、筍乾、芝麻、莒蒿、萵苣、芹菜之類，精製或可用也。

茶效第九

人飲真茶，能止渴消食，除痰少睡，利水道，明目益思，（出《本草拾遺》）除煩去膩。人固不可一日無茶，然或有忌而不飲。每食已，輒以濃茶漱口，煩味既去而脾胃自清。凡肉之在齒間者，得茶漱滌之，乃盡消縮，不覺脫去，不煩剌挑也。而齒性便苦，緣此漸堅密，蠹毒自己矣。然率用中下茶。（出蘇文）

附王友石竹爐並分封六事〔註6〕

苦節君銘

肖形天地，匪冶匪陶。心存活火，聲帶湘濤。一滴甘露，滌我詩腸。清風兩腋，洞然八荒。

戊戌秋八月望日錫山盛顒著。

茶具六事，分封悉貯於此，侍從苦節君於泉石山齋亭館間，執事者故以行省名之。按茶經有一源、二具、三造、四器、五煮、六飲、七事、八出、九略、十圖之說，夫器雖居四，不可以不備，闕之則九者皆荒，而茶廢矣。得是，以管攝眾，器固無一闕。況兼以惠麓之泉，陽羨之茶。烏乎廢哉。陸鴻漸所謂都籃者，此其足與款識。以湘筠編製，因見圖譜，故不暇論。

甲申春三月穀雨日，惠麓茶仙盛虞〔註7〕識。六事分封見後。

〔註6〕序言所謂「仍附王友石竹爐並分封六事於後」。
〔註7〕前文為「盛顒」。

建城

茶宜密裹，故以葉籠盛之，宜於高閣，不宜濕氣，恐失真味也。古人因以用火，依時焙之。常如人體溫，溫則御濕潤。今稱建城。按《茶錄》云：建安民間以茶為尚，故據地以城封之。

雲屯

泉汲於雲根，取其潔也。欲全香液之腴，故以石子同貯瓶缶中，用供烹煮。水泉不甘者能損茶味，前世之論，必以惠山泉宜之。今名雲屯，蓋雲即泉也。得貯其所，雖與列職諸君同事而獨屯於斯，豈不清高絕俗而自貴哉。

烏府

炭之為物，貌玄性剛。遇〔註8〕火則威靈氣焰，赫然可畏。觸之者腐，犯之者焦，殆猶憲司行部，而奸宄無狀者，望風自靡。苦節君得此，甚利於用也，況其別號烏銀，故特表章。其所藏之具，曰烏府，不亦宜哉。

水曹

茶之真味，蘊諸槍旗之中，必浣之以水而後發也。既復加之以水，投之以泉則陽噓陰噏，自然交戍而馨香之氣溢於鼎矣。故凡苦節君器物用事之餘，未免有殘瀝微垢，皆賴水沃盥〔註9〕。名其器曰水曹，如人之濯於盤水，則垢除體潔，而有日新之功，豈不有關於世教也耶。

器局

商象（古石鼎也）、歸潔（竹筅帚也）、分盈（勺也，即茶經水則，每二升計茶一兩）、遞火（銅火斗也）、降紅（銅火箸也）、執權（準茶秤也，每茶一兩計水二升）、團風（湘竹扇也）、漉塵（洗茶籃也）、靜沸（竹架，即茶經支腹也）、注春（磁壺也）、運鋒（劖果刀也）、甘鈍（木砧墩也）、啜香（建盞也）、撩雲（竹茶匙也）、納敬（竹茶囊也）、受污（拭抹布也）。

右茶具十六事，收貯於器局，供役苦節君者，故立名管之。蓋欲統歸於一，以其素有貞雅操而自能守之也。

品司

古者茶有品香而入貢者，微以龍腦和膏，欲助其香，反失其真。煮而膻

〔註8〕他本有錄為「過」者。
〔註9〕盥〔guàn〕：有盛水米等的器具，洗滌等義。

鼎腥甌，點雜棗橘蔥薑，奪其真味者尤甚。今茶產於陽羨，山中珍重一時，煎法又得趙州之傳。雖欲啜時，入以筍、欖、瓜仁、芹蒿之屬，則清而且佳。因命湘君設司檢束，而前之所忌真味者，不敢窺其門矣。

《茶譜》後序

　　大石山人顧元慶，不知何許人也，久之知為吾郡王天雨社中友。王固博雅好古士也，其所交盡當世賢豪，非其人雖軒冕黼黻〔註10〕，不欲掛眉睫間。天雨至晚歲，益厭棄市俗，乃築室於陽山之陰，日惟與顧嶽二山人結泉石之盟。顧即元慶，嶽名岱，別號漳余，尤善繪事，而書法頗出入米南宮，吳之隱君子也。三人者，吾知其二，可以卜其一矣。今觀所述《茶譜》，苟非泥淖一世者，必不能勉強措一詞。吾讀其書，亦可以想見其為人矣。用置案頭，以備嘉賞。歸安茅一相撰。

〔註10〕黼黻〔fǔ fú〕：此處指華美禮服。

06　茗笈

〔明〕屠本畯〔註1〕

題解

　　此論典錄於明代毛晉編、國家圖書館藏之毛氏汲古閣善本《山居小玩十種》第三冊，約明末（1621～1644）發行。《茗笈》作者屠本畯，字田叔，又字幽叟，號漢陂，晚年自稱憨先生、乖龍丈人，生卒年不詳，浙江鄞縣人，主要活動於明萬曆年間（1573～1620）。此作分十六章，卷首有「三序四品」，實可視為禪茶文化之重要論典。一者，此作自成體例。每章之首先立主題「贊」語，次以《茶經》《茶錄》《茶箋》等茶典相應內容作為佐證、延伸，最終再以「評」結束。如此頗有「六經注我」的主體性，已非簡單反覆輯錄前人所撰。二者，此作十六章所談的溯源、得地、乘時、揆製、藏茗、品泉、候火、定湯、點瀹、辨器、申忌、防濫、戒淆、相宜、衡鑒、玄賞，為茶道之核心內容，屠氏編錄，較為精當，有極強實用性，可做為當代禪茶文化建構之重要參考。三者，《茗笈》中不乏禪茶元素及內容，多有談及僧、茶、禪趣者。故錄於此處，藉以充實當代禪茶。

序

序一

　　清士之精華，莫如詩，而清士之緒餘，則有掃地、焚香、煮茶三者。焚香、掃地，余不敢讓，而至於茶，則恒推轂吾友聞隱鱗氏，如推轂隱鱗之詩。

〔註1〕畯〔jùn〕。

蓋隱鱗高標幽韻，迥出塵表於斯二者，吾無間然，其在縉紳，惟幽叟先生與隱鱗同其臭味。隱鱗嗜茶，幽叟之於茶也，不甚嗜，然深能究茶之理、契茶之趣，自陸氏《茶經》而下，有片語及茶者，皆旁蒐博訂，輯為《茗笈》，以傳同好。其間採製之宜、收藏之法、飲啜之方，與夫鑒別品第之精，當可謂陸氏功臣矣。余謂幽叟宦中詩，多取材齊梁，而其林下諸作，無不力追老杜。少陵之後，有稱詩史者，惟幽叟。而季疵之後稱茶史者，矣惟幽叟。隱鱗有幽叟，似不得專其美矣。兩君皆吾越人，余因謂茶之與泉，猶生才，何地無佳者。第託諸通都要路者，取名易，而僻在一隅者，起名難。吾鄉泉若它山，茶若朱溪，以其產於海隅，知之者遂鮮。世有具贊皇之日，玉川之量，不遠千里可也。

庚戌上巳日，社弟薛岡題。

序二

屠幽叟先生，昔轉運閩海衙齋中，閴〔註2〕若僧寮。予過從，輒具茗碗，相對品騭古人文章詞賦，不及其他。茗盡而談未竟，必令童子數燃鼎繼之，率以為常。而先生亦賞予雅通茗事，喜與語且喜與啜。凡天下奇茗異品，無不烹試定其優劣，意豁如也。及先生擢守辰陽，掛冠歸隱鑒湖，益以享點為事。鉛槧之暇，著為《茗笈》十六篇，本陸羽之文為經，探諸家之說為傳，又自為評贊以美之。文典事清，足為山林公案，先生其泉石膏肓者耶？予與先生別十五載，而謝在杭自燕歸，出《茗笈》讀之，清風逸興，宛然在目，乃謀諸守公喻使君梓之郡齋，以廣同好。善夫陸華亭有言曰：此一味非眠雲跂石人未易領略，可為幽叟實錄云。

萬曆辛亥年秋日，晉安徐㶿興公書。

序三

不佞生也惷，無所嗜好，獨於茗不能忘情。偶探友人，聞隱鱗架上，得諸家論茶書，有會於心，採其雋永者，著於篇，名曰《茗笈》。大都以《茶經》為經，自《茶譜》迄《茶箋》列為傳，人各為政，不相沿襲。彼創一義，而此釋之，甲送一難，而乙駁之，奇奇正正，靡所不有。政如《春秋》為經而案之，《左氏》《公》《穀》為傳而斷之，是非予奪，豁心胸而快志意。間有所評，小子不敏，奚敢多讓矣！然書以筆刪簡當為工，詞華麗則為尚。而器用之精

〔註2〕閴〔qù〕：此處為幽靜義。傳為「闃」的訛字。

良，賞鑒之貴重，我則未之或暇也。蓋有含英吐華，收奇覓秘者，在書凡二篇，附以贊評。幽叟序。

南山有茶，美茗笈也。醒心之膏液，砭俗之鼓吹。是故詠之。

一章

南山有茶，天雲卿只。

采采人文，笈笥盈只。

二章

有經有譜，有記有品。

寮錄解箋，說評斯盡。

三章

溯原得地，乘時揉製。

藏茗勳高，品泉論細。

四章

候火定湯，點瀹辯器。

亦有雅人，惟申嚴忌。

五章

既防糜濫，又戒混淆。

相度時宜，乃忘至勞。

六章

我狙東山，高岡捃拾。

衡鑒玄賞，咸登於笈。

七章

予本憨人，坐草觀化。

趙茶未悟，許瓢欲掛。

八章

滄浪水清，未可濯纓。

旋汲旋瀹，以注茶經。

九章

蘭香泛甌，靈泉在卣。

惟喜詠茶，罔解頌酒。

十章

竹里韻士，松下高僧。

汲甘露水，禮古先生。

南山有茶十章，章四句。〔註3〕

品藻

品一

昔人精茗事，自蓺還而採、而製、而藏、而瀹、而泉，必躬為料理。又得家童潔慎者專司之則可。余家食指繁，不能給饔餐。赤腳蒼頭，僅供薪水；性雖嗜茶，精則無暇。偶得佳者，又泉品中下，火候多舛，雖胡靴與霜荷等，余貧不足道。即貴顯家力能製佳茗，而委之僮婢，烹瀹不盡如法。故知非幽人閒士，披雲漱石者，未易及此。夫季疵著《茶經》，為開山祖。嗣後競相祖述，屠幽叟先生擷取而評贊之，命曰《茗笈》，於茗事庶幾終條理者。昔人苦名山不能遍涉，託之於臥遊；余於茗事倣之，日置此笈於棐几上，伊吾之暇，神倦口枯，輒一披玩，不覺習習清風兩腋間矣。（王嗣奭）

品二

予讁歸過，幽叟出《茗笈》相視。凡陸季疵《茶經》、諸家箋疏，暨幽叟所為評贊，直是一種異書。按《神農食經》：「茗久服，令人有力悅志。」周公《爾雅》：「檟，苦茶。」而伊尹為《湯說》，至味不及茗，《周禮》漿人供王六飲，不及茗。厥後，杜毓《荈賦》，傅巽《七誨》，間一及之。而原之《騷》、乘之《發》、植之《啟》、統之《契》，草木之佳者，採擷幾盡，竟獨遺茗何歟？因知古人不盡用茗，盡用茗自季疵始。一切世味，葷臊甘脆，爭染指垂涎。此物面孔嚴冷，絕無和氣，稍稍沾脣漬口，輒便唾去，疇則嗜之。咄咄幽叟，世有知味，必嘗茗，並嗜此笈，遇俗物，茗不堪與酪為奴，此笈政可覆醬瓿也。（范汝梓）

品三

夫茗，靈芽真筍，露液霜華，淺之滌煩消渴，妙至換骨輕身。藉非陸氏肇指於前，蔡宋數家遞闡於後，鮮不犯《經》所謂九難也者。幽叟屠先生搜剔諸書，標贊繫評，曰《茗笈》云。嗜茶者持循收藏，按法烹點，不將望先生為

〔註3〕章目原在詩後，此將之列為詩題。

丹丘子、黃山君之儔耶？要非畫脂鏤冰，費日損功者可擬耳。予斷除腥穢有年，頗得清淨趣味，比獲受讀，甚愜素心。」（陳瑛）

品四

幽叟著《茗笈》，自陸季疵《茶經》而外，採輯定品，快人心目，如坐玉壺冰啖哀仲梨也者。幽叟吐納風流，似張緒；終日無鄙言，似溫太真；跡胃區中，心超物外。而餘臭偶同，不覺針水契耳。夫贊皇辨水，積師辨茶，精心奇鑒，足傳千古，幽叟庶乎近之。試相與松間竹下，置烏皮幾，焚博山爐魏，惠山泉，挹諸茗莽而飲之，便自羲皇上人不遠。（屠玉衡）

第一溯源章

贊曰：「世有仙芽，消穎捐忿。安得登枝，而忘其本。」

茶者，南方之嘉木。其樹如瓜蘆，葉如梔子，花如白薔薇，實如栟櫚，蕊如丁香，根如胡桃。其名一曰茶，二曰檟，三曰蔎，四曰茗，五曰荈。山南以陝州上，襄州、荊州次，衡州下，金州、梁州又下。淮南以光州上，義陽郡、舒州次，壽州下，蘄州、黃州又下。浙西以湖州上，常州次，宣州、睦州、歙州下，潤州、蘇州又下。劍南以彭州上，錦州、蜀州、邛州次，雅州、瀘州下，眉州、漢州又下。浙東以越州上，明州、婺州次，台州下。黔中生恩州、播州、費州、夷州、江南生鄂州、袁州、吉州。嶺南生福州、建州、韶州、象州。其恩、播、費、夷、鄂、袁、吉、福、建、韶、象十一州未詳。往往得之，其味極佳。（陸羽《茶經》）

按：唐時產茶地，僅僅如季疵所稱。而今之虎丘、羅岕、天池、顧渚、松羅、龍井、雁宕、武夷、靈山、大盤、日鑄、朱溪諸名茶，無一與焉。乃知靈草在在有之，但培植不嘉，或疏採製耳。（羅廩《茶解》）

吳楚山谷間，氣清地靈，草木穎挺，多孕茶荈。大率右於武夷者為白乳，甲於吳興者為紫筍；產禹穴者，以天章顯茂，錢塘者以徑山稀。至於續盧之岩，雲衡之麓，雅山著於無歇，蒙頂傳於岷蜀，角立差勝，毛舉實繁。（葉清臣《煮茶泉品》）

唐人首稱陽羨，宋人最重建州。於今貢茶，兩地獨多，陽羨僅有其名，建州亦非上品，惟武夷雨前最勝。近日所尚者為長興之羅岕，疑即古顧渚紫筍。然岕故有數處，今惟洞山最佳。姚伯道云：「明月之峽，厥有佳茗，韻致清遠，滋味甘香，足稱仙品。」其在顧渚，亦有佳者，今但以水口茶名之，全

與岕別矣。若歙之松羅，吳之虎邱，杭之龍井，並可與岕及顧頡。郭次甫極稱黃山，黃山亦在歙，去松羅遠甚。往時士人皆重天池，然飲之略多，令人脹滿。浙之產曰雁宕、大盤、金華、日鑄，皆與武夷相伯仲。錢唐諸山產茶甚多，南山盡佳，北山稍劣。武夷之外，有泉州之清源，倘以好手製之，亦是武夷亞匹，惜多焦枯，令人意盡。楚之產曰寶慶，滇之產曰五華，皆表表有名，在鴈茶之上。其他名山所產，當不止此。或余未知，或名未著，故不及論。（許次紓《茶疏》）

評曰：「昔人以陸羽飲茶，比於后稷樹穀，然哉。及觀韓翃《謝賜茶啟》云：『吳主禮賢，方聞置茗，晉人愛客，纔有分茶。』則知開創之功，雖不始於桑苧，而製茶自出至季疵，而始備矣。嗣後名山之產靈草漸繁，人工之巧佳名日著，皆以季疵為墨守，即謂開山之祖可也。其蔡君謨而下，為傳燈之士。」

第二得地章

贊曰：「燁燁靈荈。託根高岡。吸風飲露，負陰向陽。」

上者生爛石，中者生礫壤，下者生黃土。野者上，園者次，陰山坡谷者，不堪採掇。（《茶經》）

產茶處，山之夕陽，勝於朝陽。廟後山西向故稱佳，總不如洞山南向受陽氣，特專稱仙品。（熊明遇《岕山茶記》）

茶地南向為佳，向陰者遂劣。故一山之中，美惡相懸。（《茶解》）

茶產平地，受土氣多，故其質濁。岕茗產千高山，渾是風露清虛之氣，故為可尚。（《岕（岕）茶記》）

茶固不宜雜以惡木，惟桂、梅、辛夷、玉蘭、玫瑰、蒼松翠竹與之間植，足以蔽覆霜雪，掩映秋陽。其下可植芳蘭、幽菊清芬之物。最忌菜畦相逼，不免滲瀝滓厥清真。（《茶解》）

評曰：「瘠土民朘，沃土民厚；城市民囂而漓，山鄉民樸而陋齒；居晉而黃，項處齊而瘦，人猶如此，豈惟茗哉！」

第三乘時章

贊曰：「乘時待時，不衍不崩。小人所援，君子所憑。」

採茶在二月、三月、四月之間，茶之筍者，生爛石沃土，長四五寸，若薇厥始抽，凌露採焉。茶之芽者，發於藂薄之上，有三枝、四枝、五枝者，選其中枝穎拔者採焉。（《茶經》）

清明太早，立夏太遲，穀雨前後，其時適中。若再遲一二日，待其氣力完足，香烈尤倍，易於收藏。(《茶疏》)

茶以初出雨前者佳，惟羅岕立夏開園。吳中所貴梗秭，葉厚有蕭箬之氣，還是夏前六七日，如雀舌者佳，最不易得。(《岕山茶記》)

岕茶非夏前不摘，初試摘者，謂之開園。採自正夏，謂之春茶；其地稍寒，故須得此，又不當以太遲病之。往時無秋日摘者，近乃有之；七八月重摘一番，謂之早春，其品甚佳，不嫌少薄。他山射利，多摘梅茶，(梅雨時摘，故曰梅茶。)梅茶苦澀且傷秋，摘佳產戒之。(《茶疏》)

凌露無雲，採候之上；霽日融和，採候之次；積雨重陰，不知其可。(刑士襄《茶說》)

評曰：「桑苧芋翁製茶之聖者歟！《茶經》一出，則千載以來，採製之期，舉無能違其時日而紛更之者。羅高君謂：『知深斯鑒別精好篤斯修制力，可以贊又桑苧翁之烈矣。』」

第四章揆製章

贊曰：「爾造爾制，有矱有矩。度也惟良，於斯信汝。」

其日有雨不採，晴有雲不採，晴，採之、蒸之、搗之、拍之、焙之、穿之、封之、茶之乾矣。(《茶經》)

斷茶以甲不以指，以甲則速斷不柔，以指則多濕易損(宋子安《東溪試茶錄》)

其茶初摘，香氣未透，必借火力以發其香。然茶性不耐勞，炒不宜久，多取入鐺，則手力不勻。久於鐺中，過熟而香散矣。炒茶之鐺，最嫌新鐵，須預取一鐺，毋得別作他用。(一說惟常煮飯者佳，既無鐵腥，亦無脂膩。)炒茶之薪，僅可樹枝，不用幹葉；幹則火力猛熾，葉則易焰易滅。鐺必磨洗瑩潔，旋摘旋炒。一鐺之內，僅用四兩，先用文火炒軟，次加武火催之。手加木指，急急炒轉，以半熟為度，微侯香發，是其侯也。(《茶疏》)

茶初摘時，須揀去枝梗老葉，惟取嫩葉；又須去尖與柄，恐其易焦，此松羅法也。炒時須一人從傍扇之，以祛熱氣，否則黃，色香味俱減。予所親試；扇者色翠，不扇色黃。炒起出鐺時，置大磁盆中，仍須急扇，令熱氣稍退，以手重揉之，再散入鐺，文火炒乾，入焙蓋揉，則其津上浮點時，香味易出。田子藝以生曬，不炒不採者為佳，亦末之試耳。(聞龍《茶箋》)

火烈香清，鐺寒神倦；火烈生焦，柴疏失翠。久延則過熟，速起卻還生；熟則犯黃，生則著黑。帶白點者無妨，絕焦點者最勝。（張源《茶錄》）

《經》云：「焙鑿池深二尺、闊一尺五寸、長一丈，上作短牆，高二尺，泥之以木，構於焙上。編木兩層，高一尺，以焙茶。茶之半乾升下棚，全乾升上棚，愚謂今人不必全用此法。予嘗構一焙室，高不踰尋，方不及丈，縱廣正等；四圍及頂，綿紙密糊、無小罅隙，置三四火缺，於中安新竹篩，於缸內預洗新麻布一片以襯之；散所炒茶於篩上，闔戶而焙，上面不可覆蓋，蓋茶葉尚潤，一覆則氣悶、奄黃，須焙二三時，候潤氣盡，然後覆以竹箕，焙極乾出缸，待冷入器收藏。後再焙亦用此法，色香與味不致大減。」（《茶箋》）

茶之妙。在乎始造之精，藏之得法，點之得宜。優劣定乎始鐺，清濁繫乎末火。（《茶錄》）

諸名茶法多用炒。惟羅岕宜於蒸焙，味真蘊藉，世競珍之，即顧渚、陽羨、密邇、洞山不復仿此。想此法偏宜於岕，未可概施他茗。而《經》已云「蒸之、焙之」，則所從來遠矣。（《茶箋》）

評曰：「必得色全，惟須用扇；必全香味，當時炒焙。此評茶之準繩，傳茶之衣鉢。」

第五藏茗章

贊曰：「茶有仙德，幾微是防。如保赤子，云胡不臧。」

育以木製之，以竹編之，以紙糊之。中有隔、上有覆、下有林、傍有門，掩一扇。中置一器，貯爐燠火，令蘊蘊然，江南梅雨，焚之以火。（《茶經》）

藏茶宜箬葉，而畏香藥；喜溫燥，而忌冷濕。收藏時先用青箬，以竹絲編之，置罌四周，焙茶俟冷。貯器中以生炭火煅過，烈日中暴之，令滅亂插茶中。封固罌口，覆以新磚，置高爽近人處。黴天雨候，切忌發覆，須於晴明，取少許別貯小缾。空缺處，即以箬填滿，封置如故，方為可久。或夏至後一焙，或秋分後一焙。（《岕茶記》）

切弗臨風近火，臨風易冷，近火先黃。（《茶錄》）

凡貯茶之器，始終貯茶，不得移為他用。（《茶解》）

吳人絕重岕茶，往往雜以黃黑箬，大是闕事。余每藏茶，必令樵青。入山採竹，箭箬拭淨，烘乾，護罌四周；半用剪碎，拌入茶中。經年發覆，青翠如新。（《茶箋》）

置頓之所，須在時時坐臥之處。逼近人氣，則常溫不寒。必在板房，不宜土室；板房溫燥，土室則蒸。又宜透風，勿置幽隱之處，尤易蒸濕。(《茶錄》)

評曰：「羅生言茶酒二事，至今日可稱精絕，前無古人，此可與深知者道耳。夫茶酒超前代希有之精品，羅生創前人未發之玄談，吾尤詫夫厄談名酒者十九，清談佳茗者十一。」

第六品泉章

贊曰：「仁智之性，山水樂深。載斟清泚，以滌煩襟。」

山水上，江水中，井水下。山水，擇乳泉，石地漫流者上，其瀑湧湍漱勿食，令人有頸疾。又多別流於山谷者，澄浸不泄，自火天至霜郊以前，或潛龍蓄毒於其間，飲者可決之以流其惡，使新泉涓涓然，酌之。其江水，取去人遠者。(《茶經》)

山宣氣以養萬物，氣宣則脈長。故曰：「山水上。泉水不難於清而難於寒，其瀨峻流駛而清、畾奧積陰而寒者，亦非佳品。」(田藝衡《煮泉小品》)

江，公也，眾水共入其中也。水共則味雜，故曰：「江水次之，其水取去人遠者。」蓋去人遠，則澄深而無蕩漾之漓耳。」(《小品》)

余少得溫氏所著《茶說》，嘗識其水泉之目有二十焉。會西走巴峽，經蝦蟆窟；北憩蕪城，汲蜀岡井；東遊故都，絕揚子江；留丹陽，酌觀音泉；過無錫；斟惠山水；粉槍末今旗，蘇蘭薪桂。且鼎且缶、以飲以啜，莫不淪氣滌慮，蠲病析酲，怯鄙吝之生心，招神明而還觀信乎？物類之得宜，臭味之所感，幽人之嘉尚，前賢之精鑒，不可及矣。(《煮茶泉品》)

山頂泉清而輕。山下泉清而重。石中泉清而甘，砂中泉清而冽，土中泉清而白。流於黃石為佳，瀉出青石無用，流動愈於安靜，負陰勝於向陽。(《茶錄》)

山厚者泉厚，山奇者泉奇，山清者泉清，山幽者泉幽，皆佳品也。不厚則薄，不奇則蠢，不清則濁，不幽則喧，必無用矣。(《小品》)

泉不甘能損茶味，前代之論水品者以此。(蔡襄《茶譜》)

吾鄉四陣皆山，泉水在在有之，然皆淡而不甘；獨所謂它泉者，其源出自四明潺湲洞，歷大蘭小皎諸名岫，回溪百折，幽澗千支，沿洄漫衍，不捨晝夜。唐鄞令王公元偉築埭它山，以分注江河，自洞抵埭，不下三數百里。水色蔚藍，素砂白石，粼粼見底。清寒甘滑，甲於郡中。余愧不能為浮家泛宅，送

老於斯，每一臨泛浹旬忘返，攜茗就烹，珍鮮特甚。洵源泉之最勝，甌犠之上味矣。以僻在海陬，圖經是漏，故又新之記罔聞，季疵之杓莫及，遂不得與谷簾諸泉齒譽。猶飛遁吉人，滅影貞士，直將逃名世外，亦且永託知稀矣。(《茶箋》)

山泉稍遠，接竹引之，承之以奇石，貯之以淨缸，其聲淙淙可愛，移水取石，子雖養其味，亦可澄水。(《小品》)

甘泉旋汲，用之斯良丙舍在城，夫豈易得？故宜多汲，貯以大甕，但忌新器，為其火氣未退。易於敗水，亦易生蟲。久用則善，最嫌他用。水性忌木，松杉為甚，木桶貯水，其害滋甚，絜瓶為佳耳。(《茶疏》)

烹茶須甘泉，次梅水；梅雨如膏，萬物賴以滋養，其味獨甘，梅後便不堪飲。大甕滿貯，投伏龍肝一塊，即灶中心乾土也，乘熱投之。(《茶解》)

烹茶水之功居六，無泉則用天水，秋雨為上，梅雨次之。秋雨冽而白，梅雨醇而白。雪水五穀之精也，色不能白。養水須置石子於甕，不惟益水而白石清泉會心亦不在遠。(《煑茶記》)

貯水甕須置陰庭，覆以沙帛，使承星露則英華不散，靈氣常存。假令壓以木石，封以紙箬，暴於日中，則外耗其神，內閉其氣，水神敝矣。(《茶解》)

評曰：「《茶記》言養水置石子於甕，不惟益水而白石清泉會心不遠。夫石子須取其水中，表裏瑩澈者佳。白如截肪，赤如雞冠，藍如螺黛，黃如蒸栗，黑如玄漆，錦紋五色，輝映甕中，徙倚其側，應接不暇，非但益水也。」

第七候火章

贊曰：「君子觀火，有要有倫；得心應手，存乎其人。」

其火用炭，曾經燔炙。為脂膩所及，及膏木敗器不用，古人識勞薪之味信哉。(《茶經》)

火必以堅木炭為上，然本性未盡，尚有餘煙，煙氣入湯，湯必無用。故先燒令紅，去其煙焰，兼取性力猛熾，水乃易沸。既紅之後，方授水器，乃急扇之，愈速愈妙，毋令手停，停過之湯，寧棄而再烹。(《茶疏》)

爐火通紅，茶銚始上，扇起要輕疾，待湯有聲，稍稍重疾，斯文武火之候也。若過乎文，則水性柔，柔則水為茶降；過於武則火性烈，烈則茶為水製，皆不足於中和，非茶家之要旨。(《茶錄》)

評曰：「蘇廙《仙芽傳》載湯十六云：『調茶在湯之淑慝，而湯最忌煙，燃柴一枝，濃煙滿室，安有湯耶？又安有茶耶？』可謂確論。田子藝以松實松枝為雅者，乃一時興到之言，不知大繆茶理。」

第八定湯章

贊曰：「茶之殿最，待湯建勳。誰其秉衡，跂石眠雲。」

其沸如魚目，微有聲，為一沸；緣邊如湧泉連珠，為二沸；騰波鼓浪，為三沸；已上水老，不可食也。凡酌，置諸碗，令沫餑均。沫餑，湯之華也。華之薄者曰沫，厚者曰餑，細輕者曰華；如棗花漂漂然於環池之上，又如迴潭曲渚青萍之始生，又如晴天爽朗有浮雲鱗然。其沫者若綠錢浮於渭水，又如菊英墮於尊俎之中。餑者以滓煮之，及沸則重華累沫，皓皓然若積雪耳。(《茶經》)

水入銚便須急煮，候有松聲，即去蓋以消息其老嫩。蟹眼之後，水有微濤，是為當時；大濤鼎沸，旋至無聲，是為過時；過時老湯，決不堪用。(《茶疏》)

沸速則鮮嫩風逸，沸遲則老熟昏鈍。(《茶疏》)

湯有大三辯：一曰形辯、二曰聲辯、三曰氣〔註4〕辯。形為內辯，聲為外辯，氣為捷辯。如蝦眼蟹眼，魚目連珠，皆為萌湯；直至湧沸，如騰波鼓浪，水氣全消，方是純熟。如初聲、轉聲、振聲、駭聲、皆為萌湯；直至無聲，方為純熟。如氣浮一縷、二縷、三縷，及縷亂不分，氤氳亂繞，皆為萌湯；直至氣直沖貫，方是純熟。蔡君謨因古人製茶，碾磨作餅，則見沸而茶神便發，此用嫩而不用老也。今時製茶，不假羅碾，全具元體，湯須純熟，元神始發也。(《茶錄》)

余友李南金云：《茶經》以魚目、湧泉、連珠，為煮水之節。然近世瀹茶，鮮以鼎鍑；用瓶煮水，難以候視，則當以聲辯一沸、二沸、三沸之節。又陸氏之法，以末就茶鍑，故以第二沸為合量。而下末若以今湯就茶甌瀹之，則當用背二涉三之際為合量，乃為聲辯之。詩云：「砌蟲唧唧萬蟬催，忽有千車捆載來，聽得松風並澗水，急呼縹色綠磁杯。」其論固已精矣。然瀹茶之法，湯欲嫩而不欲老；蓋湯嫩則茶味甘，老則過苦矣。若聲如松風澗水而遽瀹之，豈不過於老而苦哉？惟移瓶去火，少待其沸，止而瀹之，然後湯適中而茶味甘，此南金之所未講者也。因補一詩云：「松風桂雨到來初，急引銅瓶離竹爐，待得聲聞俱寂後，一瓶春雪勝醍醐。」(羅大經《鶴林玉露》)

〔註4〕「氣」原為「捷」。此處按前後表義及習慣稱法錄為「氣」。

李南金謂當用背二涉三之際為合量，此真賞鑒家言。而羅鶴林懼湯老，欲於松風澗水後，移瓶去火。少待沸止而瀹之，此語亦未中款。殊不知湯既老矣，雖去火何救哉？（《茶解》）

評曰：「《茶經》定湯，三沸而貴當時。《茶錄》定沸，三辯而畏萌湯。夫湯貴適中，萌之與熟，皆在所棄。初無關於茶之芽餅也，今通人所論尚嫩。《茶錄》所貴在老，無乃闊於事情耶。羅鶴林之談，又別出兩家外矣。羅高君因而駁之，今姑存諸說。」

第九點瀹章

贊曰：「伊公作羹，陸氏製茶。天錫甘露，媚我仙芽。」

未曾汲水，先備茶具，必潔必燥。瀹時壺蓋必仰置，磁盂勿覆案上，漆氣食氣皆能敗茶。（《茶疏》）

茶注宜小不宜大。小則香氣氤氳，大則易於散漫。若自斟酌，愈小愈佳，容水半升者，量投茶五分，其餘以是增減。（《茶疏》）

投茶有序，無失其宜。先茶後湯曰下投，湯半下茶，復以湯滿曰中投，先湯後茶曰上投，春秋中投，夏上投，冬下投。（《茶錄》）

握茶手中，俟湯入壺，隨手投茶，定其浮沉。然後瀉啜，則乳嫩清滑，馥郁鼻端，病可令起，疲可令爽。（《茶疏》）

曬不宜早，飲不宜遲。曬早則茶神未發，飲遲則妙馥先消。（《茶錄》）

一壺之茶，只堪再巡。初巡鮮美，再巡甘醇，三巡意欲盡矣。余嘗與客戲論；初巡為婷婷嫋嫋十三餘，再巡。為碧玉破瓜年，三巡以來綠葉成陰矣。所以茶注宜小，小則再巡，已終寧使餘芬剩馥，尚留葉中，猶堪飯後供啜嗽之用。（《茶疏》）

終南僧亮公，從天池來，餉余佳茗，授余烹點法甚細。予嘗受法於陽羨士人，大率先火候、次侯湯，所謂蟹眼、魚目，參沸沫浮沉以驗生熟者，法皆同。而僧所烹，點絕味清乳面不黟，是真入清淨味中三昧者。要之，此一味非眠雲跂石人，未易領略。余方避俗、雅意棲禪，安知不因是悟入趙州耶？（陸樹聲《茶寮記》）

評曰：「凡事俱可委人，第責成效而已。惟瀹茗須躬自執勞，瀹茗而不躬執，欲湯之良，無有是處。」

第十辯器章

贊曰：「精行惟人，精良惟器。毋以不潔，敗乃公事。」

鍑（音釜）以生鐵為之。洪州以瓷，萊州以石，瓷與石皆雅器也，性非堅實，難可持久。用銀為之至潔，但涉於侈麗。雅則雅矣，潔亦潔矣，若用之恒，而卒歸於銀也。（《茶經》）

山林隱逸，水銚用銀，尚不易得，何況鍑乎？若用之恒，而卒歸於鐵也。（《茶箋》）

貴欠金銀，賤惡銅鐵，則磁瓶有足取焉。幽人逸士品色尤宜，然慎勿與誇珍衒豪者道。（蘇廙《仙芽傳》）

金乃水母，錫備剛柔，味不鹹澀，作銚最良。制必穿心，令火氣易透。（《茶錄》）

茶壺往時尚龔，春近日時；大彬所製大為時人所重，蓋是觕砂、正取砂無土氣耳。（《茶疏》）

茶注、茶銚、茶甌、最宜蕩滌燥潔。修事甫畢，餘瀝殘葉必盡去之。如或少存，奪香敗味。每日晨興，必以沸湯滌過，用極熟麻布向內拭乾，以竹編架覆而庋之燥處，烹時取用。（《茶疏》）

茶具滌畢，覆於竹架，俟其自乾為佳。其拭巾只宜拭外，切忌拭內。蓋布帨雖潔，一經人手，極易作氣，縱器不乾，亦無大害。（《茶箋》）

茶甌以白磁為上，藍者次之。（《茶錄》）

人必各手一甌，毋勞傳送。再巡之後，清水滌之。（《茶疏》）

茶盒以貯茶，用錫為之，從大壜中分出，若用盡時再取。（《茶錄》）

茶爐或瓦或竹，大小與湯銚稱。（《茶解》）

評曰：「鍑宜鐵，爐宜銅，瓦竹易壞，湯銚宜錫與砂，甌則但取圓潔白磁而已，然宜少。若必用柴，汝、宣、成則貧，士何所取辨哉。許然明之論，於是乎迂矣。」

第十一申忌章

贊曰：「宵人蠻蠻，腥穢不戒。犯我忌制，至今為嘅。」

採茶製茶，最忌手汗膻氣、口臭多涕不潔之人，及月信婦人。又忌酒氣，蓋茶、酒性不相入，故製茶人切忌沾醉。（《茶解》）

茶性淫，易於染著，無論腥穢及有氣息之物，不宜近，即名香亦不宜近。
（《茶解》）

茶性畏紙；紙於水中，成受水氣多，紙裹一夕，隨紙作氣盡矣。雖再焙之，
少頃即潤。鴈宕諸山，首坐此病，紙帖貽遠，安得復佳。（《茶疏》）

吳興姚叔度言：「茶葉多焙一次，則香味隨減一次。」予驗之，良然。但
於始焙極燥，多用炭箸，如法封固。即梅雨連旬，燥固自若，惟開壜頻取，所
以生潤，不得不再焙耳。自四五月至八月，極宜致謹。九月以後，天氣漸肅，
便可解嚴矣。雖然能不弛懈，尤妙尤妙。（《茶箋》）

不宜用惡木、敝器、銅匙、銅銚、木桶、柴薪，麩炭、觕童、惡婢、不潔
巾帨，及各色果實香藥。（《茶錄》）

不宜近陰室、廚房、市喧、小兒啼、野性人、童奴相鬨、酷熱齋舍。（《茶
疏》）

評曰：「茶猶人也，習於善則善，習於惡則惡。聖人致嚴，於習染有以也，
墨子悲絲，在所染之。」

第十二防濫章

贊曰：「客有霞氣，人如玉姿。不泛不施，我輩是宜。」

茶性儉不宜廣，則其味黯淡。且如一滿碗，啜半而味寡，況其廣乎？夫
珍鮮馥烈者，廣其碗數三，次之者碗數五。若坐客數至五，行三碗；至七，行
五碗；若六人以下，不約碗數，但闕一人而已，其雋永補所闕人。（《茶經》）

按《經》云，第二沸留熱以貯之，以備育華救沸之用者，名曰雋永。五人
則行三碗，七人則行五碗，若遇六人但闕其一，正得五人，即行三碗，以雋永
補所闕人，故不必別約碗數。（《茶箋》）

飲茶以客少為貴，客眾則喧，喧則雅趣乏矣。獨啜曰幽，二客曰勝，三
四曰趣，五六曰泛，七八曰施。（《茶錄》）

煎茶，燒香總是清事，不妨躬自執勞。對客談諧，豈能親蒞？宜兩童司
之。器必晨滌，手令時盥，爪須淨剔，火宜常宿。（《茶疏》）

三人以上，止熱一爐。如五六人，便當兩鼎爐。用一童，湯方調適，若令
兼作，恐有參差。（《茶疏》）

煮茶而飲非其人，猶汲乳泉以灌蒿，猶飲者一吸而盡，不暇辯味，俗莫
甚焉。（《小品》）

若巨器屢巡，滿中瀉飲，待停少溫或求濃苦，何異農匠作勞，但資口腹，何論品賞，何知風味乎？（《茶疏》）

評曰：「飲茶防濫，厥戒惟嚴，其或客乍傾蓋，朋偶消煩，賓待解醒，則玄賞之外別有攸施矣。此皆排當於閫政，請勿弁髦乎茶榜。」

第十三戒淆章

贊曰：「珍果名花，匪我族類；敢告司存，亟宜屏置。」

茶有九難：一曰造、二曰別、三曰器、四曰火、五曰水、六曰炙、七曰末、八曰煮、九曰飲。陰採夜焙，非造也；嚼味嗅香，非別也；膻鼎腥甌，非器也；膏薪庖炭，非火也；飛湍壅潦，非水也；外熟內生，非炙也；碧粉漂塵，非末也；操艱攪遽，非煮也；夏與冬廢，非飲也。（《茶經》）

茶用葱、薑、棗、橘皮、茱萸、薄荷等煮之，百沸或揚令滑，或煮出沫，斯溝瀆間棄水耳。（《茶經》）

茶有真香而入貢者，微以龍腦和膏欲助其香。建安民間，試茶皆不入香，恐奪其真，若烹點之際，又雜珍果香草，其奪益甚，正當不用。（《茶譜》）

夫茶中著料，碗中著果，譬如玉貌加脂，峨眉羞黛，翻累本色。（《茶說》）

評曰：「花之拌茶也，果之投茗也，為累已久，惟其相沿，似須斟酌，有難概施矣。今署約曰：不解點茶之儔，而缺花果之供者，厥咎慳；久參玄賞之科，而瞶老嫩之沸者，厥咎怠。慳與怠於汝乎有譴。」

第十四相宜章

贊曰：「宜寒宜暑，既遊既處。伴我獨醒，為君數舉。」

茶之為用，味至寒，為飲最宜精行儉德之人。若熱渴、凝悶、腦痛、目澀、四肢煩、百節不舒，聊四五啜，與醍醐甘露抗衡也。（《茶經》）

《神農食經》：茶茗，久服，人有力悅志。（《茶經》）

《華陀食論》：苦茶，久食，益意思。（《茶經》）

煎茶非漫浪，要須人品與茶相得，故其法往往傳於高流隱逸，有煙霞泉石、磊塊胸次者。（陸樹聲《煎茶七類》）〔註4〕

茶候涼臺淨室，曲几明窗。僧寮道院，松風竹月，晏坐行吟，清談把卷。（《七類》）

〔註4〕《煎茶七類》實非陸樹聲所撰，僅是附錄在陸氏《茶寮記》後罷了，具體見本書《煎茶七類》一文注。

山堂夜坐，汲泉煮茗。至水火相戰，如聽松濤；傾瀉入杯，雲光灩瀲，此時幽趣，故難與俗人言矣。（《茶解》）

凡士人登臨山水，必命壺觴。若茗碗薰爐置而不問，是徒豪舉耳。余特置遊裝精茗。名香同行，異室茶甖、銚鉒、甌洗、盆巾；附以香奩、小爐、香囊、匙筋。（《茶疏》）

評曰：「家緯真清語云：『茶熟香清，有客到門可喜；鳥啼花落無人，亦自悠然。』可想其致也。」

第十五衡鑒章

贊曰：「肉食者鄙，藿食者躁。色味香品，衡鑒三妙。」

茶有千萬狀，如胡人靴者，蹙縮然；犎牛臆者，廉襜然；浮雲出山者，輪囷然；輕飆拂水者，涵澹然。有如陶家之子，羅膏土以水澄泚之，又如新治地者，遇暴雨流潦之所涇，此皆茶之精腴，有如竹籜者，枝幹堅實，艱於蒸搗。故其形籭簁然；有如霜荷者，莖葉凋沮，易其狀態，故厥狀萎悴然，此皆茶之瘠老者也。陽崖陰林紫者上、綠者次；筍者上、芽者次；葉卷上、葉舒者次。（《茶經》）

茶通仙，靈然有妙理。（《茶解序》）

其旨歸於色香味，其道歸於精燥潔。（《茶錄序》）

茶之色重、味重、香重者，俱非上品。松羅香重，六安味苦，而香與松羅同。天池亦有草萊氣，龍井如之。至雲霧則色重而味濃矣。嘗啜虎丘茶，色白而香似嬰兒肉，真精絕。（《岕茶記》）

茶色白、味甘鮮、香氣撲鼻，乃為精品。茶之精者，淡亦白，濃亦白；初潑白，久貯亦白，味甘色自，其香自溢，三者得則俱得也。近來好事者，或慮其色重，一注之水，投茶數片。味固不足，香亦窘然。終不免水厄之誚，雖然尤貴擇水。香以蘭花上，蠶荳花次。（《茶解》）

茶色貴白，然白亦不難。泉清瓶潔，葉少水洗。旋烹旋啜，其色自白。然真味抑鬱，徒為目食耳。若取青綠，則天池松蘿，及岕之最下者，雖冬月，色亦如苔衣，何足為妙？莫若余所收洞山茶，自穀雨後五日者，以湯薄瀚壺良久，其色如玉，至冬則嫩綠。味甘、色淡、韻清、氣醇，亦作嬰兒肉香，而芝芬浮蕩，則虎丘所無也。（《岕茶記》）

評曰：「熊君品茶，旨在言外。如釋氏所謂水中鹽味，非無非有，非深於茶者，必不能道。當今非但能言人，不可得；正索解人，亦不可得。」

第十六玄賞章

　　贊曰：「談席玄衿，吟壇逸思；品藻風流，山家清事。」

　　其色緗也，其馨也，其味甘檟也，啜苦咽甘茶也。（《茶經》）

　　《試茶歌》曰：「木蘭墜露香微似，瑤草臨波色不如。」又曰：「欲知花乳清泠味，須是眠雲跂石人。」（劉禹錫）

　　飲泉覺爽，啜茗忘喧，謂非膏粱紈綺可語。爰著《煮泉小品》，與枕石漱流者商焉。（《小品》）

　　茶侶：翰卿墨客、緇衣、羽士、逸老、散人，或軒冕之徒，超軼味世者。（《七類》）

　　茶如佳人，此論甚妙，但恐不宜山林間耳。蘇子瞻詩云「從來佳茗似佳人」是也。若欲稱之山林，當如毛女麻姑，自然仙豐道骨，不浼煙霞；若夫桃臉柳腰，亟宜屏諸銷金帳中，毋令污我泉石。（《小品》）

　　竟陵大師積公嗜茶，非羽供事不鄉口。羽出遊江湖四五載，師絕於茶味。代宗聞之，召入內供奉，命宮人善者烹以餉師，師一啜而罷。帝疑其詐，私訪羽召入，翼日賜師齋，密令羽供茶，師捧甌，喜動顏色，且賞且啜曰：「此茶有若漸兒所為者。」帝由是歎師知茶，出羽相見。（董逌跋《陸羽點茶圖》）

　　建安能仁院，有茶生石縫間。僧採造得八餅，號「石岩白」。以四餅遺蔡君謨。以四餅遣人走京師遺王禹玉。歲餘，蔡被召還，闕訪禹玉，禹玉命子弟於茶笥中選精品餉蔡，蔡持杯未嘗，輒曰：「此絕似能仁『石岩白』，公何以得之？」禹玉未信，索貼驗之始服。（《類林》）

　　東坡云：「蔡君謨嗜茶，老病不能飲。日烹而玩之，可發來者之一笑也。」孰知千載之下，有同病焉。余嘗有詩云：「年老耽彌甚，脾寒量不勝。」去烹而玩之者，幾希矣。因憶老友周文甫，自少至老，茗碗薰爐，無時暫廢；飲茶日有定期，旦明、晏食、隅中、餔時、下舂、黃昏，凡六舉。而客至，烹點不與焉。壽八十五無疾而卒。非宿植清福，烏能畢世安享？視矧而不能飲者，所得不既多乎。嘗畜一龔春壺，摩挲寶愛，不啻掌珠。用之既久，外類紫玉，內如碧雲。真奇物也，後以殉葬。（《茶箋》）

　　評曰：「人論茶葉之香，未知茶花之香。余往歲過友大雷山中，正值花開。童子摘以為供，幽香清越，絕自可人，惜非甌中物耳。乃予著《餅史》，月表插茗花，為齋中清玩，而高濂《瓶史》亦載茗花，足以助吾玄賞。」（昨有友從山中來，因談茗花可以點茶、極有風致，第未試耳。姑存其說以質諸好事者。）

07 茶說

〔明〕黃龍德

題解

　　此文摘錄於全國圖書館文獻縮放複製中心《中國古代茶道秘本五十種》第一冊。黃龍德，字驤溟，生平等概不可考，僅知約明代 1630 年前後人。《茶說》的基本體制和內容也與諸多茶書一樣，在茶趣、茶味的視野下總論分論茶之種植、採造、品飲、茶具、茶侶、收藏等。具體之處，尤重採造煎煮火候，講究色香味及茶器。而於茶侶，則認為：「茶灶疏煙，松濤盈耳，獨烹獨啜，故自有一種樂趣。又不若與高人論道，詞客聊詩，黃冠談玄，緇衣講禪，知己論心。」另外，對於茶的品飲環境也談到：「僧房道院，飲何清也。」認為應追求茶事的清、潔、淨、雅、精等。這些觀點的提出，較為精簡和具有系統性。遺憾的是很少有人加以深入研究、實踐運用以及大量宣傳，否則便可深知中國茶道文化中的意境、構架，向來是非常清晰和具有體系性的。故錄於此，以作為禪茶論典之一葉。

序

　　茶為清賞，其來尚矣。自陸羽著《茶經》，文字遂繁。為譜，為錄，以及詩歌詠贊，雲連霞舉，奚啻五車。眉山氏有言：「窮一物之理，則可盡南山之竹。」其斯之謂歟。黃子驤溟著《茶說》十章，論國朝茶政；程幼興搜補逸典，以豔其傳。鬥雅試奇，各臻其選，文蕰句麗，秀如春煙。讀之神爽，儼若吸風露而羽化清涼矣。書成，屬予忝訂，付之剞劂〔註1〕。夫鴻浙之《經》也以唐，道輔之《品》也以宋，驤溟之《說》、幼興之《補》也以明。

〔註 1〕剞劂〔jī jué〕：雕版，刻書。

三代異治，茶政亦差，譬寅丑殊建，烏得無文。噫，君子之立言也，寓事而論其理，後人法之，是謂不朽，豈可以一物而小之哉！

歲乙卯，天都逸叟胡之衍題於棲霞之試茶亭。

總論

茶事之興，始於唐而盛於宋。讀陸羽《茶經》及黃儒《品茶要錄》，其中時代遞遷，製各有異。唐則熟碾細羅，宋為龍團金餅。鬥巧炫華，窮其制而求耀於世，茶性之真，不無為之穿鑿矣。若夫明興，騷人詞客，賢士大夫，莫不以此相為玄賞。至於曰採造，曰烹點，較之唐宋大相徑庭。彼以繁難勝，此以簡易勝，昔以蒸碾為工，今以炒製為工。然其色之鮮白，味之雋永，無假於穿鑿。是其制不法唐宋之法，而法更精奇，有古人思慮所不到。而今始精備茶事，至此即陸羽復起，視其巧製，啜其清英，未有不爽然為之舞蹈者。故述國朝《茶說》十章，以補宋黃儒《茶錄》之後。

一之產

茶之所產，無處不有。而品之高下，鴻漸載之甚詳。然所詳者，為昔日之佳品矣，而今則更有佳者焉。若吳中虎丘者上，羅岕者次之，而天池、龍井、伏龍則又次之。新安松蘿者上，朗源滄溪次之，而黃山磻溪則又次之。彼武夷、雲霧、雁蕩、靈山諸茗，悉為今時之佳品。至金陵攝山所產，其品甚佳，僅僅數株，然不能多得。其餘杭浙等產，皆冒虎丘天池之名，宣池等產，盡假松蘿之號。此亂真之品，不足珍賞者也。其真虎丘，色猶玉露，而泛時香味若將放之橙花。此茶之所以為美。真松蘿出自僧大方所製，烹之色若綠筠，香若蘭蕙，味若甘露，雖經日而色香味競如初，烹而終不易。若泛時少頃而昏黑者，即為宣池偽品矣，試者不可不辨。又有六安之品，盡為僧房道院所珍賞，而文人墨士則絕口不談矣。

二之造

採茶應於清明之後，穀雨之前。俟其曙色將開，霧露未散之頃，每株視其中枝穎秀者取之。採至盈籃即歸，將芽薄鋪於地，命多工挑其筋脈，去其蒂杪。蓋存杪則易焦，留蒂則色赤故也。先將釜燒熱，每芽四兩作一次下釜，炒去草氣，以手急撥不停。睹其將熟，就釜內輕手揉卷，取起鋪於箕上，用扇扇冷。俟炒至十餘釜，總覆炒之。旋炒旋冷，如此五次。其茶碧綠，形如蠶

鉤，斯成佳品。若出釜時而不以扇，其色未有不變者。又秋後所採之茶，名曰秋露白，初冬所採，名曰小陽春。其名既佳，其味亦美，製精不亞於春茗。若待日午陰雨之候，採不以時，造不如法，藏中熱氣相蒸，功力不遍，經宿後製，其葉會黃，品斯下矣。是茶之為物，一草木耳。其製作精微，火候之妙，有毫釐千里之差，非紙筆所能載者。故羽云：「茶之臧否，存乎口訣。」〔註2〕斯言信矣。

三之色

茶色以白、以綠為佳，或黃或黑，失其神韻者，芽葉受薈之病也。善別茶者，若相士之視人氣色，輕清者上，重濁者下，了然在目，無容逃匿。若唐宋之茶，既經碾羅，復經蒸模，其色雖佳，決無今時之美。

四之香

茶有真香，無容矯揉。炒造時草氣既去，香氣方全，在炒造得法耳。烹點之時，所謂坐久不知香在室，開窗時有蝶飛來。如是光景，此茶之真香也。少加造作，便失本真。遐想龍團金餅，雖極靡麗，安有如是清美。

五之味

茶貴甘潤，不貴苦澀，惟松蘿、虎丘所產者極佳，他產皆不及也。亦須烹點得應，若初烹輒飲，其味未出，而有水氣。泛久後嘗，其味失鮮，而有湯氣。試者先以水半注器中，次投茶入，然後溝注。視其茶湯相合，雲腳漸開，乳花溝面。少啜則清香芬美，稍益潤滑而味長，不覺甘露頓生於華池。或水火失候，器具不潔，真味因之而損，雖松蘿諸佳品，既遭此厄，亦不能獨全其天，至若一飲而盡，不可與言味矣。

六之湯

湯者，茶之司命，故候湯最難。未熟則茶浮於上，謂之嬰兒湯，而香則不能出。過熟則茶沉於下，謂之百壽湯，而味則多滯。善候湯者，必活火急扇，水面若乳珠，其聲若松濤，此正湯候也。余友吳潤卿，隱居秦淮，適情茶政，品泉有又新之奇，候湯得鴻漸之妙，可謂當今之絕技者也。

〔註2〕《茶經‧三之造》原句為「茶之否臧，存於口訣」。

七之具

器具精潔，茶愈為之生色。用以金銀，雖云美麗，然貧賤之士未必能具也。若今時姑蘇之錫注，時大彬之砂壺，汴梁之湯銚，湘妃竹之茶灶，宜成窯之茶盞，高人詞客，賢士大夫，莫不為之珍重。即唐宋以來，茶具之精，未必有如斯之雅致。

八之侶

茶灶疏煙，松濤盈耳，獨烹獨啜，故自有一種樂趣。又不若與高人論道，詞客聊詩，黃冠談玄，緇衣講禪，知己論心，散人說鬼之為愈也。對此佳賓，躬為茗事，七碗下嚥而兩腋清風頓起矣。較之獨啜，更覺神怡。

九之飲

飲不以時為廢興，亦不以候為可否，無往而不得其應。若明窗淨几，花噴柳舒，飲於春也。涼亭水閣，松風蘿月，飲於夏也。金風玉露，蕉畔桐蔭，飲於秋也。暖閣紅爐，梅開雪積，飲於冬也。僧房道院，飲何清也。山林泉石，飲何幽也。焚香鼓琴，飲何雅也。試水鬥茗，飲何雄也。夢回卷把，飲何美也。古鼎金甌，飲之富貴者也。瓷瓶窯盞，飲之清高者也。較之呼盧浮白之飲，更勝一籌。即有甕中百斛金陵春，當不易吾爐頭七碗松茗。若夏興冬廢，醒棄醉索，此不知茗事者，不可與言飲也。

十之藏

茶性喜燥而惡濕，最難收藏。藏茶之家，每遇梅時，即以箬裹〔註3〕之，其色未有不變者，由濕氣入於內而藏之不得法也。雖用火時時溫焙，而免於失色者鮮矣。是善藏者亦茶之急務，不可忽也。今藏茶當於未入梅時，將瓶預先烘暖，貯茶於中，加箬於上，仍用厚紙封固於外。次將大甕一隻，下鋪穀灰一層，將瓶倒列於上，再用穀灰埋之。層灰層瓶，甕口封固，貯於樓閣，濕氣不能入內。雖經黃梅，取出泛之，其色香味猶如新茗而色不變。藏茶之法，無愈於此。

〔註 3〕原本錄為「裹」，當作「裹」字。二者形近。

08 茶錄

〔明〕馮時可

題解

　　此文錄於陳夢雷輯《欽定古今圖書集成·經濟彙編·食貨典》第二百九十卷茶部匯考。作者馮時可（1540～？），字符成，號文所，先後任過廣東按察司僉事、雲南布政司參議、湖廣布政司參政、貴州布政司參政。與邢侗、王稚登、李維楨、董其昌被譽為晚明文學「中興五子」。撰有《雨航雜錄》《左氏討》《左氏釋》諸集。此文名雖曰《茶錄》，實際上僅是《茶錄》之總序，正文已不存。不過，此處依然編錄為禪茶論典。原因之一，古今茶書之序言往往由心而發，能見作者之高論，此處雖無《茶錄》正文材料，但據此序依然可見馮氏之茶道理念。之二，此中有庵所、老衲、佛禪等禪茶名相。之三，可作為未來搜尋《茶錄》原文之基本線索。總言之，此錄小中見大，可於禪茶理論有所裨補。

茶錄遺文

　　茶，一名檟，又名蔎，名茗，名荈。檟，苦茶也。蔎則西蜀語，茗則晚取者。《本草》：「荈甘檟苦。」羽《經》則稱：「檟甘荈苦。」茶尊為經，自陸羽始。羽《經》稱：「茶味至寒，採不時，造不精，雜以卉莽，飲之成疾，若採造得宜，便與醍醐甘露抗衡。」故知茶全貴採造。蘇州茶飲遍天下，專以採造勝耳。徽郡向無茶，近出松蘿茶，最為時尚。是茶始比丘大方，大方居虎丘最久，得採造法。其後於徽之松蘿結庵，採諸山茶，於庵焙製，遠邇爭市，價倏翔湧，人因稱松蘿茶，實非松蘿所出也。是茶比天池茶稍粗，而氣甚香，味更

清，然於虎丘能稱仲，不能伯也。松郡佘山，亦有茶與天池無異，顧採造不如。近有比丘來，以虎丘法製之，味與松蘿等。老衲亟逐之曰：「無為此山開膻徑而置火坑。」蓋佛以名為五欲之一，名媒利，利媒禍，物且難容，況人乎。

鴻漸伎倆磊塊，著是《茶經》，蓋以逃名也。示人以處其小，無志於大也。意亦與韓康市藥事相同，不知者，乃謂其宿名。夫羽惡用名，彼用名者，且經六經，而經茶乎。張步兵有云：「使我有身後名，不如生前一杯酒。」夫一杯酒之可以逃名也，又惡知一杯茶之欲以逃名也。〔註1〕

芘莉，一曰篳筤，茶籠也。犧木，勺也，瓢也。永嘉中，餘姚人虞洪入瀑布山採茗，遇一修真道士云：「吾丹丘子，祈子他日，甌犧之餘，乞相遺也。」故知神仙之貴茶久矣。

《茶經》用水，以山為上，江為中，井為下。山勿太高，勿多石，勿太荒遠，蓋潛龍巨虺所蓄毒多於斯也。又其瀑湧湍激者，氣最悍，食之令頸疾，惠泉最宜人，無前患耳。

江水取去人遠者，並取汲多者。其沸如魚目，微有聲為一沸；緣邊如湧泉連珠為二沸；騰波鼓浪為三沸。過此，水老不可食也。沫餑，湯之華也。華之薄者曰沫，厚者曰餑，皆《茶經》中語。〔註2〕大抵畜水惡其停，煮水惡其老，皆於陰陽不適，故不宜人耳。

〔註1〕逃名，無心於名，反而最終名於世。須知以茶淨心，心淨則靈，故所作所為，莫非適度，莫非合道。

〔註2〕後世茶書，大多以《茶經》體制、題材、表述、句義等為參照而展開。這無可厚非，茶之一事，《茶經》所述確實完備。然而時代變遷，且《茶經》未必天下鉅細皆錄，切警惕入乎其內而不知出外。

09 茶錄

〔明〕張源

題解

　　此作錄於明喻政輯《茶書》第一冊第二種，原名為《張伯淵茶錄》萬曆41年刊本。同時也參考朱自振、沈冬梅、曾勤主編的《中國古代茶書集成》，上海文化出版社2010年版。作者張源，字伯淵，號樵海山人，洞庭西山人，生平事蹟無考，約主要活動於萬曆間，身份極有可能是民間布衣。據目前文獻推考，張源才華橫溢，一生多流連於山水之間，烹泉煮茶，此《茶錄》便是他實踐與理論提升的產物。《茶錄》古刊本僅見喻政《茶書》本。該書流入高麗後，被僧人草衣更名為《茶神傳》，廣為流傳。《茶錄》所談內容，當然也不外採造沖泡、茶器品飲等，但其所不同者也很明顯，直接談到了「茶道」層面：「造時精，藏時燥，泡時潔。精、燥、潔，茶道盡矣。」可說盡見茶道神髓，已不同於其餘諸多茶書的相互抄襲和反覆輯錄。中國明確有茶以來，歷代茶文化實踐活動極為廣泛普遍，然而任何一個時代，茶道理論上要前進一步卻非易事，此《茶錄》即屬於理論上的拓展亮點，故錄之以佐當代禪茶實踐與研究。

引

　　洞庭張樵海山人，志甘恬澹，性合幽棲，號稱隱君子。其隱於山谷間，無所事事，日習誦諸子百家言。每博覽之暇，汲泉煮茗，以自愉快。無間寒暑，歷三十年，疲精殫思，不究茶之指歸不已。故所諸《茶錄》，得茶中三味。余乞歸十載，夙有茶癖，得君百千言，可謂纖悉具備。其知者以為茶，不知者亦以為茶。山人盍付之剞劂氏，即王蒙、盧全復起，不能易也。吳江顧大典題。

採茶第一

採茶之候，貴及其時，太早則味不全，遲則神散。以穀雨前五日為上，後五日次之，再五日又次之。茶芽紫者為上，面皺者次之，團葉又次之，光面如篠葉者最下。徹夜無雲，浥露採者為上，日中採者次之。陰雨中不宜採。產穀中者為上，竹下者次之，爛石中者又次之，黃砂中者又次之。

造茶第二

新採，揀去老葉及枝梗碎屑。鍋廣二尺四寸。將茶一斤半焙之，候鍋極熱，始下茶。急炒，火不可緩。待熟方退火，撤入篩中，輕團那數遍，復下鍋中。漸漸減火，焙乾為度。中有玄微，難以言顯。火候均停，色香全美，玄微未究，神味俱疲。

辨茶第三

茶之妙，在乎始造之精，藏之得法，泡之得宜。優劣定乎始鍋，清濁繫乎末火。火烈香清，鍋寒神倦。火猛生焦，柴疏失翠。久延則過熟，早起卻還生。熟則犯黃，生則著黑。順那則甘，逆那則澀。帶白點者無妨，絕焦點者最勝。

藏茶第四

造茶始乾，先盛舊盒中，外以紙封口。過三日，俟其性復，復以微火焙極乾，待冷，貯壇中。輕輕築實，以箬襯緊。將花筍箬及紙數重封紮壇口，上以火煨磚冷定壓之，置茶育中。切勿臨風近火。臨風易冷，近火先黃。

火候第五

烹茶旨要，火候為先。爐火通紅，茶瓢始上。扇起要輕疾，輕聲稍稍重疾，斯文武之候也。過於文則水性柔，柔則水為茶降；過於武則火性烈，烈則茶為水製。皆不足於中和，非茶家要旨也。

湯辨第六

湯有三大辨十五小辨：一曰形辨，二曰聲辨，三曰氣辨。形為內辨，聲為外辨，氣為捷辨。如蝦眼、蟹眼、魚眼連珠，皆為萌湯，直至湧沸如騰波鼓浪，水氣全消，方是純熟。如初聲、轉聲、振聲、驟聲，皆為萌湯，直至無

聲，方是純熟。如氣浮一縷、二縷、三四縷，及縷亂不分、氤氳亂繞，皆為萌湯，直至氣直沖貫，方是純熟。

湯用老嫩第七

蔡君謨湯用嫩而不用老，蓋因古人製茶造則必碾，碾則必磨，磨則必羅，則茶為飄塵飛粉矣。於是和劑印作龍鳳團，則見湯而茶神便浮，此用嫩而不用老也。今時製茶，不暇羅磨，全具元體。此湯須純熟，元神始發也。故曰湯須五沸，茶奏三奇。

泡法第八

探湯純熟，便取起。先注少許壺中，祛蕩冷氣傾出，然後投茶。茶多寡宜酌，不可過中失正，茶重則味苦香沉，水勝則色清氣寡。兩壺後，又用冷水蕩滌，使壺涼潔。不則減茶香矣。罐熟則茶神不健，壺清則水性常靈。稍俟茶水沖用，然後分釃布飲。釃不宜早，飲不宜遲。早則茶神未發，遲則妙馥先消。

投茶第九

投茶有序，毋失其宜。先茶後湯，曰下投。湯半下茶，復以湯滿，曰中投。先湯後茶，曰上投。春秋中投，夏上投，冬下投。

飲茶第十

飲茶以客少為貴，客眾則喧，喧則雅趣乏矣。獨啜曰神，二客曰勝，三四曰趣，五六曰泛，七八曰施。〔註1〕

香第十一

茶有真香，有蘭香，有清香，有純香。表裏如一曰純香，不生不熟曰清香，火候均停曰蘭香，雨前神具曰真香。更有含香、漏香、浮香、問香、此皆不正之氣。

〔註1〕各有其勝。獨品，二三五人品，乃至市井鬧亂中品，還不是因人心境好惡而定品級！禪茶之精髓，最在平等，見境見心。

色第十二

茶以青翠為勝，濤以藍白為佳。黃黑紅昏，俱不入品。雪濤為上，翠濤為中，黃濤為下。新泉活火，煮茗玄工，玉茗冰濤，當杯絕技。

味第十三

味以甘潤為上，苦澀為下。

點染失真第十四

茶自有真香，有真色，有真味。一經點染，便失其真。如水中著鹹，茶中著料，碗中著果，皆失真也。

茶變不可用第十五

茶始造則青翠，收藏不法，一變至綠，再變至黃，三變至黑，四變至白。食之則寒胃，甚至瘠氣成積。

品泉第十六

茶者水之神，水者茶之體。非真水莫顯其神，非精茶曷窺其體。山頂泉清而輕，山下泉清而重，石中泉清而甘，砂中泉清而冽，土中泉淡而白。流於黃石為佳，瀉出青石無用。流動者愈於安靜，負陰者勝於向陽。真源無味，真水無香。

井水不宜茶第十七

《茶經》云：「山水上，江水次，井水最下矣。」第一方不近江，山卒無泉水。惟當多積梅雨，其味甘和，乃長養萬物之水。雪水雖清，性感重陰，寒人脾胃，不宜多積。

貯水第十八

貯水甕須置陰庭中，覆以紗帛，使承星露之氣，則英靈不散，神氣常存。假令壓以木石，封以紙箬，曝於日下，則外耗其神，內閉其氣，水神敝矣。飲茶惟貴乎茶鮮水靈，茶失其鮮，水失其靈，則與溝渠水何異！

茶具第十九

桑苧翁煮茶用銀瓢，謂過於奢侈。後用瓷器，又不能持久。卒歸於銀。

愚意銀者宜貯朱樓華屋，若山齋茅舍，惟用錫瓢，亦無損於香、色、味也。但銅鐵忌之。

茶盞第二十

盞以雪白者為上，藍白者不損茶色，次之。

拭盞布第二十一

飲茶前後，俱用細麻布拭盞，其他易穢，不宜用。

分茶盒第二十二

以錫為之。從大壇中分用，用盡再取。

茶道第二十三

造時精，藏時燥，泡時潔。精、燥、潔，茶道盡〔註2〕矣。

〔註 2〕此處不是「茶道」言說的最早出處，但卻應是最早的系統性茶道提法。

10 茶解

〔明〕羅廩

題解

　　此作錄於喻政《茶書》第八冊第一種,萬曆41年刊本,又據全國圖書館文獻縮放複製中心《中國古代茶道秘本五十種》第一冊本校訂。羅廩(1537～1620),字高君,慈谿人。生平不詳。撰有《茶解》一卷。羅廩在《茶解總論》中自述:「余自兒時,性喜茶。顧名品不易得,得亦不常有,乃周遊產茶之地,採其法制,參互考訂,深有所會。遂於中隱山陽,栽植培灌,茲且十年。」此文分為總論、原、藝、採、製、藏、烹、水、禁、器。從古以來,儘管諸茶學者所論內容不出如上幾方面,但茶事乃是一個龐大系統,不同產地、不同工藝、不同飲者,如此等等,均會產生不一樣的茶道內涵。此《茶解》乃屬撰寫較為精良者,可以會通禪茶,用心研讀。

序

　　羅高君性嗜茶,於茶理有懸解。讀書中隱山,手著一編曰《茶解》,云書凡十目,一之原,其茶所出自;二之品,其茶色、味、香;三之程,其藝植高低;四之定,其採摘時候;五之撷,其法制焙炒;六之辨,其收藏晾燥;七之評,其點瀹緩急;八之明,其水泉甘冽;九之禁,其酒果腥穢;十之約,其器皿精粗。為滌凡若干,而茶勳於是乎勒銘矣。其論審而確也,其詞簡而覈〔註1〕也。以斯解茶,非眠雲跂石人不能領略。高君自述曰:「山堂夜坐,

---

〔註1〕覈〔hé〕:核實、確切。

汲泉烹茗，至水火相戰，儼聽松濤，傾泄入杯，雲光瀲灩。此時幽趣，未易與俗人嚴者，其致可挹矣。」初，予得《茶經》《茶譜》《茶疏》《泉品》等書，今於《茶解》而合璧之，讀者口津津，而聽者風習習，渴悶既涓，榮憲〔註2〕斯暢。予友聞隱鱗，性通茶靈，早有季疵之癖，晚悟禪機，正對趙州之鋒，方與裒〔註3〕輯《茗笈》，持此示之，隱鱗印可，曰：「斯人足以為政於山林矣。」萬曆己酉歲端陽日友人屠本畯撰。

總論

茶通仙靈，久服能令升舉。〔註4〕然蘊有妙理，非深知篤好不能得其當。蓋知深斯鑒別精，篤好斯修製力。余自兒時，性喜茶，顧名品不易得，得亦不常有。乃周遊產茶之地，採其法製，參互考訂，深有所會。遂於中隱山陽，栽植培灌，茲且十年。春夏之交，手為摘製。聊足供齋頭烹啜，論其品格，當雁行虎丘。因思制度有古人意慮所不到，而今始精備者，如席地團扇，以冊易卷，以墨易漆之類，未易枚舉。即茶之一節，唐宋間研膏蠟面，京挺龍團，或至把握纖微，值錢數十萬，亦珍重哉。而碾造愈工，茶性愈失，矧雜以香物乎！曾不若今人止精於炒焙，不損本真，故桑苧《茶經》，第可想其風致，奉為開山，其春碾羅，則諸法殊不足仿。余嘗謂茶酒二事，至今日可稱精妙，前無古人，此亦可與深知者道耳。

一原

鴻漸志茶之出，曰山南、淮南、劍南、浙東、黔州、嶺南諸地。而唐宋所稱，則建州、洪州、穆州、惠州、綿州、福州、雅州、南康、婺州、宣城、饒池、蜀州、潭州、彭州、袁州、龍安、涪州、建安、岳州。而紹興進茶自宋范文虎始。

余邑貢茶，亦自南宋季，至今南山有茶局、茶曹、茶園之名，不一而止。蓋古多園中植茶，沿至我朝，貢茶為累。茶園盡廢，第取山中野茶，聊且塞責，而茶品遂不得與陽羨、天池相抗矣。余按唐宋產茶地，董董如前所稱，而今之虎丘、羅芥、天池、顧渚、松蘿、龍井、雁蕩、武夷、靈山、大盤、日鑄

〔註2〕憲〔xiàn〕：即憲。
〔註3〕裒〔póu〕：集，輯。
〔註4〕側重於飲茶後的輕鬆感。輕鬆、輕盈，則更易契入更深一層的內在體驗，乃至於所謂的仙靈。

諸有名之茶，無一與焉。乃知靈草在在有之，但人不知培植，或疏於制度耳。嗟嗟，宇宙大矣！

《經》云，一茶、二檟、三蔎、四茗、五荈，精粗不同，總之皆茶也。而至如嶺南之苦㽮、玄岳之騫林葉、蒙陰之石蘚，又各為一類，不堪入口。（《研北志》云：「交趾㽮茶如綠苔，味辛烈，而不言其苦惡，要非知茶者。」）

茶，六書作荼，《爾雅》《本草》《漢書》，荼陵俱作荼。《爾雅注》云「樹如梔子」是已。而謂冬生葉，可煮作羹飲，其故難曉。

二品

茶須色香味三美具備，色以白為上，青綠次之，黃為下。香如蘭為上，如蠶豆花次之，味以甘為上，苦澀斯下矣。

茶色貴白。白而味覺甘鮮，香氣撲鼻，乃為精品。蓋茶之精者，淡固白，濃亦白，初潑白，久貯亦白。味足而色白，其香自溢，三者得則俱得也。近好事家，或慮其色重，一注之水，投茶數片，味既不足，香亦杳然，終不免水厄之誚耳。雖然，尤貴擇水。

茶難於香而燥，燥之一字，唯真芥茶足以當之。故雖過飲，亦自快人。重而濕者，天池也。茶之燥濕，由於土性，不繫人事。

茶須徐啜，若一吸而盡，連進數杯，全不辨味，何異傭作。盧仝七碗亦興到之言，未是實事。山堂夜坐，手烹蠶茗，至水火相戰，儼聽松濤，傾瀉人甌，雲光縹渺，一段幽趣，故難與俗人言。

三藝

種茶地宜高燥而沃，土沃則產茶自佳。《經》云：「生爛石者上，多土者下；野者上，園者次。」恐不然。

秋社後摘茶子，水浮，取沉者。略曬去濕潤，沙拌藏竹簍中，勿令凍損。俟春旺時種之。茶喜叢生，先治地平正，行間疏密，縱橫各二尺許。每一坑下子一掬，覆以焦土，不宜太厚，次年分植，三年便可摘取。

茶地斜坡為佳，聚水向陰之處，茶品遂劣。故一山之中，美惡相懸，至吾四明海內外諸山，如補陀〔註5〕、川山、朱溪等處，皆產茶，而色香味俱無足取者。以地近海，海風鹹而烈，人面受之，不免憔悴而黑，況靈草乎。

〔註5〕「補陀」在慈谿，非浙江「普陀」。

茶根土實，草木雜生則不茂。春時薙草，秋夏間鋤掘三四遍，則次年抽茶更盛。茶地覺力薄，當培以焦土。治焦土法，下置亂草，上覆以土，用火燒過。每茶根傍掘一小坑，培以升許。須記方所，以便次年培壅。晴晝鋤過，可用米泔澆之。

茶園不宜雜以惡木，惟桂、梅、辛夷、玉蘭、蒼松、翠竹之類，與之間植，亦足以蔽覆霜雪，掩映秋陽。其下可蒔芳蘭、幽菊及諸清芬之品，最忌與菜畦相逼，不免穢污滲漉，滓厥清真。

四採

雨中採摘，則茶不香。須晴晝採，當時焙。遲則色味香俱減矣。故穀雨前後，最怕陰雨，陰雨寧不採。久雨初霽，亦須隔一兩日方可。不然，必不香美。採必期於穀雨者，以太早則氣未足，稍遲則氣散。入夏則氣暴而味苦澀矣。

採茶入簞，不宜見風日，恐耗其真液。亦不得置漆器及瓷器內。

五製

炒茶，鐺宜熱；焙，鐺宜溫。凡炒止可一握，候鐺微炙手，置茶鐺中，札札有聲，急手炒勻。出之箕上，薄攤用扇扇冷，略加揉挼。再略炒，入文火鐺焙乾，色如翡翠。若出鐺不扇，不免變色。

茶葉新鮮，膏液具足。初用武火急炒，以發其香，然火亦不宜太烈。最忌炒製半乾，不於鐺中焙燥而厚罨籠內，慢火烘炙。

茶炒熟後，必須揉挼[註6]，揉挼則脂膏熔液，少許入湯，味無不全。

鐺不嫌熟，磨擦光淨，反覺滑脫。若新鐺則鐵氣暴烈，茶易焦黑。又若年久銹蝕之鐺，即加磋磨亦不堪用。

炒茶用手，不惟勻適，亦足驗鐺之冷熱。

薪用巨杆，初不易燃，既不易熄，難於調適。易燃易熄，無逾松絲，冬日藏積，臨時取用。

茶葉不大苦澀，惟梗苦澀而黃，且帶草氣。去其梗，則味自清澈，此松蘿、天池法也。余謂及時急採急焙，即連梗亦不甚為害。大都頭茶可連梗，入夏便須擇去。

[註6] 挼〔ruó〕：用力揉搓。

松蘿茶，出休寧松蘿山，僧大方所創造。其法，將茶摘去筋脈，銀銚妙製。今各山悉仿其法。真偽亦難辨別。

茶無蒸法，惟岕茶用蒸。余嘗欲取真岕，用炒焙法製之，不知當作何狀。近聞好事者亦稍稍變其初製矣。

六藏

藏茶宜燥又宜涼，濕則味變而香失，熱則味苦而色黃。蔡君謨云：「茶喜溫。」此語有疵。大都藏茶宜高樓，宜大甕。包口用青箬，甕宜覆，不宜仰，覆則諸氣不入。晴燥天，以小瓶分貯用，又貯茶之器，必始終貯茶，不得移為他用。小瓶不宜多用青箬，箬氣盛亦能奪茶香。

七烹

名茶宜瀹以名泉。先令火熾，始置湯壺，急扇令湧沸，則湯嫩而茶色亦嫩。《茶經》云：「如魚目微有聲為一沸，沿邊如湧泉連珠為二沸，騰波鼓浪為三沸，過此則湯老，不堪用。」李南金謂：「當用背二涉三之際為合量。」此真賞鑒家言。而羅大經懼湯過老，欲於松濤澗水後，移瓶去火，少待沸止而瀹之。不知湯既老矣，雖去火何救耶？此語亦未中竅。

岕茶用熱湯洗過擠乾。沸湯烹點，緣其氣厚，不洗則味色過濃，香亦不發耳。自餘名茶，俱不必洗。

八水

古人品水，不特烹時所須，先用以製團餅，即古人亦非遍歷宇內，盡嘗諸水，品其次第，亦據所習見者耳。甘泉偶出於窮鄉僻境，土人或藉以飲牛滌器，誰能省識。即余所歷地，甘泉往往有之，如象川蓬萊院後，有丹井焉，晶瑩甘厚，不必瀹茶，亦堪飲酌。蓋水不難於甘，而難於厚，亦猶之酒不難於清香美冽，而難於淡。水厚酒淡，亦不易解。若余中隱山泉，止可與虎跑甘露作對，較之惠泉，不免徑庭。大凡名泉，多從石中迸出，得石髓故佳。沙潭為次，出於泥者多不中用。宋人取井水，不知井水止可炊飯作羹，瀹茗必不妙，抑山井耳。

瀹茗必用山泉，次梅水。梅雨如膏，萬物賴以滋長，其味獨甘。(《仇池筆記》)云：時雨甘滑，瀣茶煮藥，美而有益。梅後便劣，至雷雨最毒，令人霍亂。秋雨冬雨，俱能損人，雪水尤不宜，令肌肉銷鑠。

梅水須多置器，於空庭中取之，並入大甕，投伏龍肝兩許包，藏月餘汲用，至益人。伏龍肝，灶心中乾土也。

武林南高峰下有三泉，虎跑居最，甘露亞之，真珠不失下劣，亦龍井之匹耳。許然明，武林人，品水不言甘露，何耶？甘露寺在虎跑左，泉居寺殿角，山徑甚僻，遊人罕至，豈然明未經其地乎。

黃河水，自西北建瓶而東，支流雜聚，何所不有舟次！無名泉，聊取克用可耳。謂其源從天來，不減惠泉，未是定論。

《開元遺事》紀逸人王休，每至冬時，取冰敲其精瑩者，煮建茶以奉客，亦太多事。〔註7〕

九禁

採茶製茶，最忌手汗、羶氣、口臭、多涕、多沫不潔之人及月信婦人。

茶酒性不相入，故茶最忌酒氣，製茶之人不宜沾醉。

茶性淫，易於染著，無論腥穢及有氣之物，不得與之近，即名香亦不宜相雜。

茶內投以果核及鹽、椒、薑、橙等物，皆茶厄也。茶採製得法，自有天香，不可方儗。蔡君謨云：蓮花、木犀、茉莉、玫瑰、薔薇、蕙蘭、梅花種種皆可拌茶，且云重湯煮焙收用。似於茶理不甚曉暢。至倪雲林點茶用糖，則尤為可笑。

十器

罩：以竹篾為之，用以採茶，須緊密，不令透風。

灶：置鐺二，一炒一焙，火分文武。

箕：大小各數個，小者盈尺，用以出茶；大者二尺，用以攤茶，揉捼其上，並細篾為之。

扇：茶出箕中，用以扇冷，或藤，或箬，或蒲。

籠：茶從鐺中焙燥，復於此中再總焙入甕，勿用紙襯。

帨：用新麻布，洗至潔。懸之茶室，時時拭手。

甕：用以藏茶，須內外有油水者。預滌淨曬乾以待。

爐：用以烹泉，或瓦或竹，大小要與湯壺稱。

〔註7〕羅廩真乃清醒茶人，不拘執。

注：以時大彬手製粗沙燒缸色者為妙，其次錫。

壺：內所受多寡，要與注子稱。或錫或瓦，或汴梁擺錫銚。

甌：以小為佳，不必求古，只宣、成、靖窯足矣。

夾：以竹為之，長六寸。如食箸而尖其末，注中瀹過茶葉，用此夾出。

11 茶疏

〔明〕許次紓

題解

　　此本《茶疏》錄於陳繼儒《寶顏堂秘笈》普集，上海文明書局 1922 年印行本。原收錄名為《陳眉公訂正然明先生茶疏一卷》，明許次紓撰。許次紓（1549～1604），字然明，號南華，錢塘人，明朝學者。因有殘疾，許氏未走仕途，轉為布衣學者，著述甚豐。其《茶疏》論產茶採摘炒焙烹點諸事，凡三十六條，被後人評為「深得茗柯至理」「與陸羽《茶經》相表裏」。錄此《茶疏》，一為作參考文獻。《茶疏》在歷代茶論中較有代表性，其書並不只是簡述茶事或抄錄古人，而是融匯了深厚的茶道內涵。二為吸收採造煎品乃至茶具經驗。《茶疏》對綠茶產製、炒青曬青的記述較為詳細，尤其是產茶、採製更是精絕。三為《茶疏》可作採造藏取、茶飲器具、茶趣茶道之參考。此作於上述各方面論述較有心得，可與禪茶之味相互印證。四為借鑒其日常茶飲文化。《茶疏》最突出的一個貢獻，是促進了後人對茶葉日常品飲內涵的理解。在編者看來，許次紓甚至將飲茶、品茶提升到了人生一大要事之高度：凡出遊時，「士人登山臨水，必命壺觴」，「出遊遠地，茶不可少。」而且，還談到了宜飲不宜飲之養生：「茶宜常飲，不宜多飲。常飲則心肺清涼，煩鬱頓釋。多飲則微傷脾腎，或泄或寒。蓋脾土原潤，腎又水鄉，宜燥宜溫，多或非利也。古人飲水飲湯，後人始易以茶，即飲湯之意。但令色香味備，意已獨至，何必過多，反失清洌乎。且茶葉過多，亦損脾腎，與過飲同病。俗人知戒多飲，而不知慎多費，余故備論之。」至於日用頓置，又說：「日用所需，貯小罌中，箬包苧繫，亦勿見風。宜即置之案頭，勿頓巾箱書簏，

尤忌與食器同處。並香藥則染香藥，並海味則染海味，其他以類而推。不過一夕，黃矣變矣。」完全將茶道化入生活。五為《茶疏》所談茶事氛圍，多關乎禪茶之味。直至今日，飲茶氛圍也還是茶館、茶室等努力營造的重要元素。茶室的設置安排，也常見注入茂林修竹、流水禪意，多潔淨清雅，《茶疏》的理念及影子隨處可見。

茶疏序

陸羽品茶，以吾鄉顧渚所產為冠，而明月峽尤其所最佳者也。余闢小園其中，歲取茶租自判，童而白首，始得臻其玄詣。武林許然明，餘石交也，亦有嗜茶之癖。每茶期，必命駕造余齋頭，汲金沙、玉竇二泉，細啜而探討品騭之。余罄生平習試自秘之訣，悉以相授。故然明得茶理最精，歸而著《茶疏》一帙，余未之知也。然明化三年所矣，余每持茗碗，不能無期牙之感。丁未春，許才甫攜然明《茶疏》見示，且徵於夢。然明存日著述甚富，獨以清事託之故人，豈其神情所注，亦欲自附於《茶經》不朽歟？昔鞏民陶瓷肖鴻漸像，沽茗者必祀而沃之。余亦欲貌然明於篇端，俾讀其書者，並挹其豐神可也。

萬曆丁未春日，吳興友弟姚紹憲識明月峽中。

小引

吾邑許然明，擅聲詞場舊矣，丙申之歲，余與然明遊龍泓，假宿僧舍者浹旬。日品茶嘗水，抵掌道古。僧人以春茗相佐，竹爐沸聲，時與空山松濤響答，致足樂也。然明喟然曰：「阮嗣宗以步兵廚貯酒三百斛，求為步兵校尉，余當削髮為龍泓僧人矣。」嗣此經年，然明以所著《茶疏》視余，余讀一過，香生齒頰，宛然龍泓品茶嘗水之致也。余謂然明曰：「鴻漸《茶經》，寥寥千古，此流堪為鴻漸益友，吾文詞則在漢魏間，鴻漸當北面矣。」然明曰：「聊以志吾嗜痂之癖，寧欲為鴻漸功匠也。」越十年，而然明修文地下，余慨其著述零落，不勝人琴亡俱之感。一夕夢然明謂余曰：「欲以《茶疏》災木，業以累子。」余遂然覺而思龍泓品茶嘗水時，遂絕千古，山陽在念，淚淫淫濕枕席也。夫然明著述富矣，《茶疏》其九鼎一臠耳，何獨以此見夢。豈然明生平所癖，精爽成屬，又以余為臭味也，遂從九京相託耶？因授剞劂以謝然明，其所撰有《小品室》《蕩櫛齋》集，友人若貞父諸君方謀鋟之。

丁未夏日，社弟許世奇才甫撰。

茶道三十六綱〔註1〕

產茶

天下名山，必產靈草。江南地暖，故獨宜茶。大江以北，則稱六安，然六安乃其郡名，其實產霍山縣之大蜀山也。茶生最多，名品亦振。河南、山、陝人皆用之。南方謂其能消垢膩，去積滯，亦共寶愛。顧彼山中不善製造，就於食鐺大薪炒焙，未及出釜，業已焦枯，詎〔註2〕堪用哉。兼以竹造巨笥，乘熱便貯，雖有綠枝紫筍，輒就萎黃，僅供下食，奚堪品鬥。

江南之茶，唐人首稱陽羨，宋人最重建州，於今貢茶，兩地獨多。陽羨僅有其名，建茶亦非最上，惟有武夷雨前最勝。〔註3〕近日所尚者，為長興之羅岕，疑即古人顧渚此筍也。介於山中謂之岕，羅氏隱焉故名羅。然岕故有數處，今惟洞山最佳。姚伯道云：明月之峽，厥有佳茗，是名上乘。要之，採之以時，製之盡法，無不佳者。其韻致清遠，滋味甘香，清肺除煩，足稱仙品。此自一種也。若在顧渚，亦有佳者，人但以水口茶名之，全與岕別矣。若歙之松蘿、吳之虎丘、錢唐之龍井，香氣濃鬱，並可雁行與岕頡頏〔註4〕。往郭次甫〔註5〕亟稱黃山，黃山亦在歙中，然雲松蘿遠甚。往時士人皆貴天池。天池產者，飲之略多，令人脹滿。自余始下其品，向多非之。近來賞音者，始信余言矣。浙之產，又曰天台之雁宕，括蒼之大盤，東陽之金華，紹興之日鑄，皆與武夷相為伯仲。然雖有名茶，當曉藏製。製造不精，收藏無法，一行出山，香味色俱減。錢塘諸山，產茶甚多。南山盡佳，北山稍劣。北山勤於用糞，茶雖易茁，氣韻反薄。往時頗稱睦之鳩坑、四明之朱溪，今皆不得入品。武夷之外，有泉州之清源，倘以好手製之，亦是武夷亞匹。惜多焦枯，令人意盡。楚之產曰寶慶，滇之產曰五華〔註6〕，此皆表表有名，猶在雁茶之上。其

〔註1〕「茶道三十六綱」之題名為編者所加，原因之一為便於設置目錄、查詢；二為許次紓《茶疏》確可視為茶道之典範，有精工技藝，有茶道文化內涵；其三是較諸多茶論均將茶生活化、日常化。應多加關注，乃至應用於當代禪茶文化實踐推廣。

〔註2〕詎〔jù〕：難道，豈。

〔註3〕聲名茂盛和茶品最佳並不等同。就茶之染性來看，人所未到之處，往往極品存焉。故而時代不同，絕品屢屢頻出代換。而一旦人們認為某地某茶絕佳，則偽心貨利、揠苗助長等失其本性之事叢生。

〔註4〕頡頏〔xié háng〕：本義指鳥上下飛翔，後引申為雙方不相上下。

〔註5〕道士名，元末明初居大勞山。

〔註6〕或謂「五華茶」乃昆明五華山「五華寺」所產茶。然據考，滇類典籍中鮮見

他名山所產，當不止此。或余未知，或名未著，故不及論。

今古製法

古人製茶，尚龍團鳳餅，雜以香藥。蔡君謨諸公，皆精於茶理。居恒鬥茶，亦僅取上方珍品碾之，未聞新制。若漕司所進第一綱，名北苑試新者，乃雀舌、冰芽。所造一銙之直至四十萬錢，僅供數盂之啜，何其貴也。然冰芽先以水浸，已失真味，又和以名香，益奪其氣，不知何以能佳。不若近時製法，旋摘旋焙，香色俱全，尤蘊真味。

採摘

清明穀雨，摘茶之候也。清明太早，立夏太遲，穀雨前後，其時適中。若肯再遲一二日期，待其氣力完足，香烈尤倍，易於收藏。梅時不蒸，雖稍長大，故是嫩枝柔葉也。杭俗喜於盂中撮點〔註7〕，故貴極細。理煩散鬱，未可遽非。吳淞人極貴吾鄉龍井，肯以重價購雨前細者，狃〔註8〕於故常，未解妙理。岕中之人，非夏前不摘。初試摘者，謂之開園。採自正夏，謂之春茶。其地稍寒，故須待夏，此又不當以太遲病之。往日無有於秋日摘茶者，近乃有之。秋七八月，重摘一番，謂之早春。其品甚佳，不嫌少薄。他山射利，多摘梅茶。梅茶澀苦，止堪作下食，且傷秋摘，佳產戒之。

炒茶

生茶初摘，香氣未透，必借火力以發其香。然性不耐勞，炒不宜久。多取入鐺，則手力不勻，久於鐺中，過熟而香散矣。甚且枯焦，尚堪烹點。炒茶之器，最嫌新鐵。鐵腥一入，不復有香。尤忌脂膩，害甚於鐵，須豫取一鐺，專用炊飯。無得別作他用。炒茶之薪，僅可樹枝，不用乾葉。乾則火力猛熾，葉則易焰易滅。鐺必磨瑩，旋摘旋炒。一鐺之內，僅容四兩。先用文火焙軟，次加武火催之。手加木指，急急鈔轉，以半熟為度。微俟香發，是其候矣。急用小扇鈔置被籠，純綿大紙襯底，燥焙積多，候冷，入罐收藏。人力若多，數鐺數籠。人力即少，僅一鐺二鐺，亦須四五竹籠。蓋炒速而焙遲，燥濕不可相

「五華茶」之名，或不產，或產而極少且無聲名。明代傳往中原兼有薄名者，唯太華茶、感通茶、普茶，所謂「五華茶」極有可能是「太華茶」之誤，即實指當時昆明「太華山」（或云太華寺）所產茶。

〔註7〕他本亦記曰「百點」。

〔註8〕狃〔niǔ〕：因襲，拘泥。

混，混則在減香力。一葉稍焦，全鐺無用。然火雖忌猛，尤嫌鐺冷，則枝葉不柔。以意消息，最難最難。

岕中製法

岕之茶不炒，甑中蒸熟，然後烘焙。緣其摘遲，枝葉微老，炒亦不能使軟，徒枯碎耳。亦有一種極細炒岕，乃採之他山炒焙，以欺好奇者。彼中甚愛惜茶，決不忍乘嫩摘採，以傷樹本。余意他山所產，亦稍遲採之，待其長大，如岕中之法蒸之，似無不可。但未試嘗，不敢漫作。

收藏

收藏宜用瓷甕，大容一二十斤，四圍厚箬，中則貯茶，須極燥極新。專供此事，久乃愈佳，不必歲易。茶須築實，仍用厚箬填緊甕口，再加以箬。以真皮紙包之，以苧麻緊紮，壓以大新磚，〔註9〕勿令微風得入，可以接新。

置頓

茶惡濕而喜燥，畏寒而喜溫，忌蒸鬱而喜清涼，置頓之所，須在時時坐臥之處。逼近人氣，則常溫不寒。必在板房，不宜土室。板房則燥，土室則蒸。又要透風，勿置幽隱。幽隱之處，尤易蒸濕，兼恐有失點檢。其閣庋之方，宜磚底數層，四圍磚砌。形若火爐，愈大愈善，勿近土牆。頓甕其上，隨時取灶下火灰，候冷，簇於甕傍。半尺以外，仍隨時取灰火簇之，令裏灰常燥，一以避風，一以避濕。卻忌火氣入甕，則能黃茶。世人多用竹器貯茶，雖復多用箬護，然箬性峭勁，不甚伏貼，最難緊實，能無滲罅！風濕易侵，多故無益也。且不堪地爐中頓，萬萬不可。人有以竹器盛茶，置被籠中，用火即黃，除火即潤。忌之忌之！

取用

茶之所忌，上條備矣。然則陰雨之日，豈宜擅開。如欲取用，必候天氣晴明，融和高朗，然後開缶，庶無風侵。先用熱水濯手，麻帨〔註10〕拭燥。缶口內箬，別置燥處。另取小罌貯所取茶，量日幾何，以十日為限。去茶盈寸，則以寸箬補之，仍須碎剪。茶日漸少，箬日漸多，此其節也。焙燥築實，包紮如前。

〔註 9〕須取無新陳諸雜味者。
〔註10〕帨〔shuì〕：巾，帕。

包裹

茶性畏紙，紙於水中成，受水氣多也。紙裹一夕，隨紙作氣盡矣。雖火中焙出，少頃即潤。雁宕諸山，首坐此病。每以紙貼寄遠，安得復佳。

日用頓置

日用所需，貯小甖中，箬包苄紮，亦勿見風。宜即置之案頭，勿頓巾箱書簏，尤忌與食器同處。並香藥則染香藥，並海味則染海味，其他以類而推。不過一夕，黃矣變矣。

擇水

精茗蘊香，借水而發，無水不可與論茶也。古人品水，以金山中泠為第一泉，（第二〔註11〕）或曰廬山康王谷第一。廬山，余未之到，金山頂上井，亦恐非中泠古泉。陵谷變遷，已當湮沒。不然，何其漓薄不堪酌也？今時品水，必首惠泉，甘鮮膏腴，致足貴也。往三渡黃河，始憂其濁，舟人以法澄過，飲而甘之，尤宜煮茶，不下惠泉。黃河之水，來自天上，濁者土色也。澄之既淨，香味自發。余嘗言有名山則有佳茶，茲又言有名山必有佳泉。〔註12〕相提而論，恐非臆說。余所經行，吾兩浙、兩都、齊魯、楚粵、豫章、滇、黔，皆嘗稍涉其山川，味其水泉，發源長遠，而潭沚澄澈者，水必甘美。即江河溪澗之水，遇澄潭大澤，味鹹甘冽。唯波濤湍急，瀑布飛泉，或舟楫多處，則苦濁不堪。蓋云傷勞，豈其恒性。凡春夏水長則減，秋冬水落則美。

貯水

甘泉旋汲用之斯良，丙舍在城，夫豈易得。理宜多汲，貯大甕中，但忌新器，為其火氣未退，易於敗水，亦易生蟲。久用則善，最嫌他用。水性忌木，松杉為甚。木桶貯水，其害滋甚，挈瓶為佳耳。貯水甕口，厚箬泥固，用時旋開，泉水不易，以梅雨水代之。

舀水

舀水必用瓷甌。輕輕出甕，緩傾銚中。勿令淋漓甕內，致敗水味，切須記之。

〔註11〕諸本皆延錄「第二」二字，此處略加注明。考諸本對「第一泉」或金山中泠，或曰廬山康王谷之記錄，「第二」二字應是作者或後傳錄者之舛誤。
〔註12〕天地造化，山、水、茶，向來相依一體。

煮水器

金乃水母，錫備柔剛，味不鹹澀，作銚最良。銚中必穿其心，令透火氣，沸速則鮮嫩風逸，沸遲則老熟昏鈍，兼有湯氣。慎之慎之。茶滋於水，水藉乎器，湯成於火。四者相須，缺一則廢。

火候

火必以堅木炭為上。然木性未盡，尚有餘煙，煙氣入湯，湯必無用。故先燒令紅，去其煙焰，兼取性力猛熾，水乃易沸。既紅之後，乃授水器，仍急扇之，愈速愈妙，毋令停手。停過之湯，寧棄而再烹。

烹點

未曾汲水，先備茶具。必潔必燥，開口以待。蓋或仰入，或置瓷盂，勿竟覆之。案上漆氣食氣，皆能敗茶。先握茶手中，俟湯既入壺，隨手投茶湯。以蓋覆定。三呼吸時，次滿傾盂內，重投壺內，用以動盪香韻，兼色不沉滯。更三呼吸，頃以定其浮薄，然後瀉以供客，則乳嫩清滑，馥郁鼻端。病可令起，疲可令爽，吟壇發其逸思，談席滌其玄衿。

秤量

茶注宜小，不宜甚大。小則香氣氤氳，大則易於散漫。大約及半升，是為適可。獨自斟酌，愈小愈佳。容水半升者，最茶五分，其餘以是增減。

湯候

水一入銚，便須急煮。候有鬆聲，即去蓋，以消息〔註13〕其老嫩。蟹眼之後，水有微濤，是為當時，大濤鼎沸，旋至無聲，是為過時。過則湯老而香散，決不堪用。

甌注

茶甌，古取建窯兔毛花者，亦鬥碾茶用之宜耳。其在今日，純白為佳，兼貴於小。定窯最貴，不易得矣。宣、成、嘉靖，俱有名窯，近日仿造，間亦可用。次用真正回青，必揀圓整。勿用咫窳〔註14〕。茶注以不受他氣者為良，故首銀次錫。上品真錫，力大不減，慎勿雜以黑鉛。雖可清水，卻能奪味。其次內外有油瓷壺亦可，必如柴、汝、宣、成之類，然後為佳。然滾水驟澆，舊

〔註13〕消息：令之消去、平息。
〔註14〕咫窳〔zǐ yǔ〕：懶散懶惰。

瓷易裂，可惜也。近日饒州所造，極不堪用。往時龔春茶壺，近日時彬所製，大為時人寶惜。蓋皆以粗砂製之，正取砂無土氣耳。隨手造作，頗極精工，顧燒時必須火力極足，方可出窯。然火候少過，壺又多碎壞者，以是益加貴重。火力不到者，如以生砂注水，土氣滿鼻，不中用也。較之錫器，尚減三分。砂性微滲，又不用油，香不竄發，易冷易餿，僅堪供玩耳。其餘細砂，及造自他匠手者，質惡製劣，尤有土氣，絕能敗味，勿用勿用。

蕩滌

湯銚甌注，最宜燥潔。每日晨興，必以沸湯蕩滌，用極熟黃麻巾帨向內拭乾，以竹編架，覆而庋之燥處，烹時隨意取用。修事既畢，湯銚拭去餘瀝，仍覆原處。每注茶甫盡，隨以竹筋〔註15〕盡去殘葉，以需次用。甌中殘瀋，必傾去之，以俟再斟。如或存之，奪香敗味。人必一杯，毋勞傳遞，再巡之後，清水滌之為佳。

飲啜

一壺之茶，只堪再巡。初巡鮮美，再則甘醇，三巡意欲盡矣。余嘗與馮開之〔註16〕戲論茶候，以初巡為停停嬝嬝十三餘，再巡為碧玉破瓜年，三巡以來，綠葉成陰矣。〔註17〕開之大以為然。所以茶注欲小，小則再巡已終，寧使餘芬剩馥，尚留葉中，猶堪飯後供啜漱之用，未遂棄之可也。若巨器屢巡，滿中瀉飲，待停少溫，或求濃苦，何異農匠作勞。但需涓滴，何論品嘗，何知風味乎。

論客

賓朋雜沓，止堪交錯觥籌；乍會泛交，僅須常品酬酢。惟素心同調，彼此暢適，清言雄辯，脫略形骸，始可呼童簹火，酌水點湯。量客多少，為役之煩簡。三人以下，止若一爐，如五六人，便當兩鼎爐，用一童，湯方調適。若還兼作，恐有參差。客若眾多，姑且罷火，不妨中茶投果，出自內局。

茶所

小齋之外，別置茶寮。高燥明爽，勿令閉塞。壁邊列置兩爐，爐以小雪洞覆之。止開一面，用省灰塵騰散。寮前置一幾，以頓茶注茶盂，為臨時供

〔註15〕諸本多作「筋」，然似應為「筋」。
〔註16〕馮開之，即馮夢楨（1546～1605），萬曆五年進士，浙江秀水人。
〔註17〕此千古文人雅而狎者，動輒聲色犬馬為喻。

具，別置一幾，以頓他器。旁列一架，巾帨懸之，見用之時，即置房中。斟酌之後，旋加以蓋，毋受塵污，使損水力。炭宜遠置，勿令近爐，尤宜多辦宿乾易熾。爐少去壁，灰宜頻掃。總之，以慎火防爇〔註18〕，此為最急。

洗茶

岕茶摘自山麓，山多浮沙，隨雨輒下，即著於葉中。烹時不洗去沙土，最能敗茶。必先盥手令潔，次用半沸水，扇揚稍和，洗之。水不沸，則水氣不盡，反能敗茶，毋得過勞，以損其力。沙土既去，急於手中擠令極乾，另以深口瓷合貯之，抖散待用。洗必躬親，非可攝代。凡湯之冷熱，茶之燥濕，緩急之節，頓置之宜，以意消息，他人未必解事。

童子

煎茶燒香，總是清事，不妨躬自執勞。然對客談諧，豈能親蒞，宜教兩童司之。器必晨滌，手令時盥，爪可淨剔，火宜常宿，最宜飲之時，為舉火之候。又當先白主人，然後修事。酌過數行，亦宜少輟。果餌間供，別進濃瀋，不妨中品充之。蓋食飲相須，不可偏廢，甘醲雜陳，又誰能鑒賞也。舉酒命觴，理宜停罷，或鼻中出火，耳後生風，亦宜以甘露澆之。各取大盂，撮點雨前細玉，正自不俗。

飲時

心手閒適，披詠疲倦。意緒棼亂，聽歌聞曲。歌罷曲終，杜門避事。鼓琴看畫，夜深共語。明窗淨几，洞房阿閣。賓主款狎，佳客小姬。訪友初歸，風日晴和。輕陰微雨，小橋畫舫。茂林修竹，課花責鳥。荷亭避暑，小院焚香。酒闌人散，兒輩齋館。清幽寺院，名泉怪石。

宜輟

作字，觀劇，發書柬，大雨雪，長筵大席，翻閱卷帙，人事忙迫。及與上宜飲時相反事。〔註19〕

〔註18〕爇〔ruò〕：燒，焚。
〔註19〕相反亦可，當可。茶飲，器也，事也。按人之虛，可小啜，輕風細雨；可豪飲，灌溉身心。若拘於一事一時，必可必不可，便是人心自有塵垢拘束，茶道喪矣。須知古人乃或茶聖茶神之言，聊以增長見聞罷了，若細心者察之，古人今人、自他茶者之內心見執及性命層級等，無不了了分明。

不宜用

惡水，敝器，銅匙，銅銚，木桶，柴薪，粗童，惡婢，不潔巾帨，各色果實香藥。

不宜近

陰室，廚房，市喧，小兒啼，野性人，童奴相哄，酷熱齋舍。

良友

清風明月，紙賬楮衾。竹床石枕，名花琪樹。

出遊

士人登山臨水，必命壺觴。乃茗碗薰爐，置而不問，是徒遊於豪舉，未託素交也。余欲特製遊裝，備諸器具，精茗名香，同行異室。茶罌一，注二，銚一，小甌四，洗一，瓷合一，銅爐一，小麵洗一，巾副之，附以香奩、小爐、香囊、匕筯〔註20〕，此為半肩。薄甕貯水三十斤，為半肩足矣。

權宜

出遊遠地，茶不可少。恐地產不佳，而人鮮好事，不得不隨身自將。瓦器重難，又不得不寄貯竹箬。茶甫出甕焙之。竹器曬乾，以箬厚貼，實茶其中。所到之處，即先焙新好瓦瓶，出茶焙燥，貯之瓶中。雖風味不無少減而氣力味尚存。若舟航出入，及非車馬修途，仍及瓦缶，毋得但利輕齎，致損靈質。

虎林水

杭兩山之水，以虎跑泉為上。芳冽甘腴，極可貴重，佳者乃在香積廚中上泉，故有土氣，人不能辨。其次若龍井、珍珠、錫杖、韜光、幽淙、靈峰，皆有佳泉，堪供汲煮。及諸山溪潤澄流，並可斟酌，獨水樂一洞，跌盪過來，味遂漓薄。玉泉往時頗佳，近以紙局壞之矣。

宜節

茶宜常飲，不宜多飲。常飲則心肺清涼，煩鬱頓釋。多飲則微傷脾腎，或泄或寒。蓋脾土原潤，腎又水鄉，宜燥宜溫，多或非利也。古人飲水飲湯，後人始易以茶，即飲湯之意。但令色香味備，意已獨至，何必過多，反失清冽

〔註20〕筯〔zhù〕：亦同箸。

乎。且茶葉過多，亦損脾腎，與過飲同病。俗人知戒多飲，而不知慎多費，余故備論之。

辨訛

古人論茶，必首蒙頂。蒙頂山，蜀雅州山也，往常產，今不復有。即有之，彼中夷人專之，不復出山。蜀中尚不得，何能至中原江南也！〔註21〕今人囊盛如石耳，來自山東者，乃蒙陰山石苔，全無茶氣，但微甜耳，妄謂蒙山茶。茶必木石，石衣得為茶乎？

考本

茶不移本，植必子生。古人結婚，必以茶為禮，取其不移植子之意也。今人猶名其禮曰下茶。南中夷人定親，必不可無，但有多寡。禮失而求諸野，今求之夷矣。

余齋居無事，頗有鴻漸之癖。又桑苧翁所至，必以筆床茶灶自隨，而友人有同好者，數謂余宜有論著，以備一家，貽之好事，故次而論之。倘有同心，尚箴余之闕，葺而補之，用告成書，甚所望也。次紓再識。

〔註21〕古今一同。

12 長物香茗論 [註1]

〔明〕文震亨

題解

　　此論收錄於文震亨《長物志》卷十二，見文淵閣《四庫全書》子部·雜家類，第 872 冊。此論原本是合論香、茗二物，但鑒於古典文獻中合論香茗且精當者不多，兼之香、茗從來共被僧俗當做雅好，諸家品茗時也多焚香取靜，故而全文錄取，名之曰《長物香茗論》。以香悟道，古已有之，例如《維摩詰經》所描繪的香積佛國，便可聞香而證道，是以禪家多酷愛香玩，用以輔助禪修。此論特別描述了伽南、龍涎香、沉香、片速香、唵叭香、角香、甜香、黃黑香餅、安息香、暖閣芸香、蒼術數種名香，並介紹了辨識之法。至於「論茶」，則是先總評諸名家、各名茶，而後細論虎丘天池、岕茶、六合、松蘿、龍井、天目數種，繼而又論述了如何煮茶及辨識、維護茶器，乃至煮茶之炭火等。總體而言，此論屬於典型的儒士或在家眾香茗法。不過，雖不見禪之一字，但其韻味實際與禪相通；而且，所舉的某些香茗事，如伽南、龍涎香、唵叭香、虎丘、天池、松蘿、龍井、天目、供春、茶魔等，本身就是含有佛家元素或與佛禪交互共生者。是以此論屬於茶道語境中的雅趣精玩，可多加關注。

〔註 1〕此論從文震亨《長物志》卷十二「香茗」中摘出，故冠以《長物茶論》之名。《長物志》卷十二「香茗」一節，見文淵閣《四庫全書》子部·雜家類，第872 冊，第 86 頁。

香茗序〔註2〕

香茗之用，其利最溥。物外高隱，坐語道德，可以清心悅神。初陽薄暝，興味蕭騷，可以暢懷舒嘯。晴窗拓帖，揮塵閒吟，篝燈夜讀，可以遠闢睡魔。青衣紅袖，密語談私，可以助情。熱意坐雨，閉窗飯餘散步，可以遣寂除煩。醉筵醒客，夜語蓬窗，長嘯空樓，冰弦戛指，可以佐歡解渴。品之最優者，以沉香岕茶為首，第焚煮有法，必貞夫韻士乃能究心耳。志香茗第十二。

香一〔註3〕

伽南

一名奇藍，又名琪瑚，有糖結、金絲二種。糖結面黑若漆，堅若玉鋸，開上有油，若糖者最貴。金絲色黃，上有線若金者次之。此香不可焚，焚之微有膻氣。大者有重十五六斤，以雕盤承之，滿室皆香，真為奇物。小者以製扇墜、數珠，夏月佩之，可以避穢。居常以錫合盛蜜養之，合分二格，下格置蜜，上格穿數孔，如龍眼大，置香，使蜜氣上通，則經久不枯。沉水等香亦然。

龍涎香

蘇門荅刺國有龍涎嶼，群龍交臥，其上遺沫入水，取以為香。浮水為上，滲沙者次之，魚食腹中，刺出如斗者又次之。彼國亦甚珍貴。

沉香

質重，劈開如墨色者佳。沉取沉水，然好速亦能沉。以隔火炙過，取焦者別置一器，焚以薰衣被。曾見世廟有水磨雕刻龍鳳者，大二寸許。蓋醮壇中物，此僅可供玩。

片速香

鯽魚片，雉雞斑者佳，以重實為美，價不甚高，有偽為者，當辨。

唵叭香

香膩甚，著衣袂可經日不散，然不宜獨用，當同沉水共焚之。一名黑香，以軟淨色明、手指可撚為丸者為妙。都中有唵叭餅，別以他香和之，不甚佳。

〔註2〕原文僅「香茗」二字，此處加一「序」字以明其序言之實。
〔註3〕原文「香」「名」分散表述，此處統一分類且加上綱目「香一」「茗二」，以便於查閱。

角香

俗名牙香，以麵有黑爛色、黃紋直透者為佳黃熟，純白不烘焙者為生香。此皆常用之物，當覓佳者。但既不用，隔火亦須輕置爐中，庶香氣微出，不作煙火氣。

甜香

宣德年製，清遠味幽可愛。黑罎如漆，白底上有燒造年月，有錫罩蓋罐子者絕佳。芙蓉梅花皆其遺制，近京師製者亦佳。

黃黑香餅

恭順侯家所造，大如錢者妙甚，香肆所製小者及印各色花巧者，皆可用，然非幽齋所宜，宜以置閨閣。

安息香

都中有數種，總名安息。月麟聚仙，沉速為上，沉速有雙料者極佳，內府別有龍掛香，倒掛焚之，其架甚可玩，若蘭香、萬春、百花等皆不堪用。

暖閣芸香

暖閣有黃黑二種芸香，短束出周府者佳，然僅以備，種類不堪用也。

蒼術

歲時及梅雨鬱蒸，當間一焚之。出句容茅山、細梗者佳。真者亦艱得。

茗二

品茶

古今論茶事者，無慮數十家，若鴻漸之經，君謨之錄，可謂盡善。然其時法用熟碾為丸、為挺故，所稱有龍鳳團、小龍團、密雲龍、瑞雲、翔龍，至宣和間，始以茶色白者為貴。漕臣鄭可聞始創為銀絲冰芽，以茶剔葉取心，清泉漬之，去龍腦諸香，惟新胯小龍蜿蜒其上，稱龍團勝雪。當時以為不更之法。而我朝所尚又不同，其烹試之法亦與前人異，然簡便異常，天趣悉備，可謂盡茶之真味矣。至於洗茶、候湯、擇器，皆各有法，寧特侈言烏府、雲屯、苦節、建城等目而已哉！

虎丘、天池

最號精絕，為天下冠。惜不多產，又為官司所據，寂寞山家得一壺兩壺便為奇品，然其味實亞於岕、天池。出龍池一帶者佳，出南山一帶者最早，微帶草氣。

岕

浙之長興者佳，價亦甚高，今所最重，荊溪稍下。採茶不必太細，細則芽初萌而味欠足，不必太青，青則茶已老而味欠嫩。惟成梗蒂葉綠色而團厚者為上，不宜以日曬，炭火焙過，扇冷，以箬葉襯罌貯高處，蓋茶最喜溫燥而忌冷濕也。

六合

宜入藥品，但不善炒，不能發香而味苦，茶之本性實佳。

松蘿

十數畝外皆非真松蘿，茶山中亦僅有一二家。炒法甚精，近有山僧手焙者更妙。真者在洞山之下，天池之上。新安人最重之，兩都曲中亦尚此，以易於烹煮且香烈故耳。

龍井、天目

山中早寒，冬來多雪，故茶之萌芽較晚，採焙得法亦可與天池並。

洗茶

先以滾湯，候少溫，洗茶去其塵垢，以定碗盛之。俟冷點茶，則香氣自發。

候湯

緩火炙，活火煎，活火謂炭火之有焰者。始如魚目為一沸，緣邊泉湧為二沸，奔濤濺沫為三沸。若薪火方交，水釜才熾，急取旋傾，水氣未消，謂之嫩；若水踰十沸，湯已失性，謂之老。皆不能發茶香。

滌器

茶瓶、茶盞不潔，皆損茶味，須先時洗滌，淨布拭之，以備用。

茶洗

以砂為之，制如碗式，上下二層。上層底穿數孔，用洗茶，沙垢悉從孔中流出，最便。

茶爐湯瓶

有姜鑄銅饕餮獸面火爐及純素者，有銅鑄如鼎彝者，皆可用湯瓶。鉛者為上，錫者次之，銅者不可用。形如竹筒者，既不漏火，又易點注。瓷瓶雖不奪湯氣，然不適用，亦不雅觀。

茶壺

壺以砂者為上，蓋既不奪香，又無熟湯氣。供春最貴，第形不雅，亦無差小者。時大賓所製又太小，若得受水半升而形制古潔者，取以注茶更為適用，其提梁臥瓜，雙桃扇面，八棱細花夾錫茶替青花白地諸俗式者，俱不可用。錫壺有趙良璧者亦佳，然宜冬月間用。近時吳中歸錫、嘉禾黃錫價皆最高，然製小而俗，金銀俱不入品。

茶盞

宣廟有尖足茶盞，料精式雅，質厚難冷，潔白如玉，可試茶色，盞中第一。世廟有壇盞中有茶湯果酒，後有金籙大醮壇，用等字者亦佳，他如白定等窯藏為玩器，不宜日用，蓋點茶須燴盞，令熱則茶面聚乳，舊窯器燴熱則易損，不可不知。又有一種名崔公窯，差大可置果實，果亦僅可用榛松、新筍、雞豆、蓮實，不奪香味者。他如柑橙、茉莉、木樨之類，斷不可用。

擇炭

湯最惡煙，非炭不可，落葉竹篠、樹梢松子之類，雖為雅談，實不可用。又如暴炭膏薪、濃煙蔽室，更為茶魔。炭以長興茶山出者，名金炭，大小最適用，以麩火引之，可稱湯友。

13 茶考

〔明〕陳師

題解

　　此本《茶考》錄於喻政《茶書》智部，萬曆四十一年（1613）喻政刊且序，即後世所謂《茶書全集》乙本，現藏於南京圖書館。陳師，具體生卒年不詳，字思貞，錢塘人，嘉靖三十一年（1553）舉人，官至永昌（舊雲南保山）知府，康熙年間《杭州府志·循吏志》中有傳，著有《覽古評語》《禪寄筆談》等。《茶考》文短義約，主題在談蒙茶、一旗一槍、飲茶、烹茶、撮泡等。此類內容，前人多已暢談盡淨。但《茶考》所言，勝在精細，甚至還談及泡茶養生、茶入腎經、寺僧烹茶等，如此禪茶道韻，盡可引入禪茶玩味。

正文

　　陸龜蒙自云嗜茶，作《品茶》一書，繼《茶經》《茶訣》之後。自注云：《茶經》陸季疵撰，即陸羽也。羽字鴻漸，季疵或其別字也。《茶訣》今不傳，及覽《事類賦》，多引《茶訣》。此書間有之，未廣也。

　　世以山東蒙陰縣山所生石蘚，謂之蒙茶，土夫亦珍重之，味亦頗佳，殊不知形已非茶，不可煮，又乏香氣，《茶經》所不載也。蒙頂茶出四川雅州，即古蒙山郡。其《圖經》云：「蒙頂有茶，受陽氣之全，故茶芳香。」《方輿》《一統志》「土產」俱載之。《晁氏客話》亦言出自雅州。李德裕丞相入蜀，得蒙餅，沃於湯瓶之上，移時盡化，以驗其真。文彥博《謝人惠蒙茶》云：「舊譜最稱蒙頂味，露芽雲液勝醍醐。」蔡襄有歌曰：「露芽錯落一番新。」吳中復亦有詩云：我聞蒙頂之巔多秀嶺，惡草不生生淑茗。」今少有者，蓋地既

—131—

遠，而蒙山有五峰，其最高曰上清，方產此茶。且時有瑞雲影見，虎豹龍蛇居之，人跡罕到，不易取。《茶經》品之於次者，蓋東蒙出，非此也。

世傳烹茶有一橫一豎，而細嫩於湯中者，謂之旗槍茶。《麈史》謂之始生而嫩者為一槍，浸大而展為一旗，〔註1〕過此則不堪矣。葉清臣著《茶述》曰「粉槍末旗」，蓋以初生如針而有白毫，故曰粉槍，後大則如旗矣。此與世傳之說不同，亦如《麈史》之意，皆在取列也。不知歐陽公《新茶詩》曰「鄙哉穀雨槍與旗」，王荊公又曰「新茗齋中試一旗」，則似不取也。或者二公以雀舌為旗槍耳。不知雀舌乃茶之下品。今人認作旗槍，非是。故沈存中詩云：「誰把嫩香名雀舌，定應北客未曾嘗。不知靈草天然異，一夜春風一寸長。」或二公又有別論。又觀東坡詩云：「揀芽分雀舌，賜茗出龍團。」終未若前詩評品之當也。

予性喜飲酒，而不能多，不過五七行，性終便嗜茶，隨地咀其味。且有知予而見貽者，大較天池為上，性香軟而色青可愛，與龍井亦不相下。雅州蒙茶不可易致矣，若東甌之雁山次之，赤城之大盤次之。毗陵之羅楷又次之，味雖可而葉粗，非萌芽倫也。宣城陽坡茶，杜牧稱為佳品，恐不能出天池、龍舌之右。古睦茶葉租而味苦，閩茶香細而性硬。蓋茶隨處有之，擅名即魁也。

烹茶之法，唯蘇吳得之。以佳茗入磁瓶火煎，酌量火候，以數沸蟹眼為節，如淡金黃色，香味清馥，過此而色赤，不佳矣。故前人詩云：「採時須是雨前品，煎處當來肘後方。」古人重煎法如此。若貯茶之法，收時用淨布鋪薰籠內，置茗於布上，覆籠蓋，以微火焙之，火烈則燥。俟極乾，晾冷，以新磁罐，又以新箬葉剪寸半許，雜茶葉實其中，封固。五月八月濕潤時，仍如前法烘焙一次，則香色永不變。然此須清齋自料理，非不解事蒼頭婢子可塞責也。

杭俗烹茶，用細茗置茶甌，以沸湯點之，名為撮泡。北客多哂之，予亦不滿。一則味不盡出，一則泡一次而不用，亦費而可惜，殊失古人蟹眼鷓鴣斑之意。況雜以他果，亦有不相入者。味平淡者差可，如薰梅、鹹筍、醃桂、櫻桃之類，尤不相宜。蓋鹹能入腎，引茶入腎經，消腎，此本草所載，又豈獨失茶真味哉！予每至山寺，有解事僧烹茶如吳中，置磁壺二小甌於案，全不用果奉客，隨意啜之。可謂知味而雅致者矣。

〔註1〕《麈史》，北宋王得臣著，卷中有「閩人謂茶芽未展為槍，展則為旗」語。

附衛承芳題跋

　　永昌太守錢唐陳思貞，少有書淫，老而彌篤。跳脫郡組，市隱通都，門無雜賓，家無長物，時乎懸磬，亦復晏如。口誦耳聞，目睹足履，有會心嘅志處，臚列手存，久而成卷。凡數十種，率膾炙人間。晚有茲編，愈出愈奇，豈中郎帳中所能秘也。

　　萬曆癸巳玄月，蜀衛承芳題。

14 續茶經

〔清〕陸廷燦

題解

　　陸廷燦所撰《續茶經》，錄於文淵閣《四庫全書》子部·譜錄類·飲饌之屬，第 844 冊。此書內容並非原創，而是陸廷燦採擷歷代可見茶書，仿照陸羽《茶經》體制編為十章，又附茶法一卷而成，最終得其全本約七萬餘言，乃歷代茶書中規模最巨者，可視為對歷代茶書的一種總錄、總結。歷代刊本中，刊錄者多因陸氏所引文獻繁瑣而僅列取首尾句，是以篇幅大減。如今，許多較為古老的茶書早已佚失或僅存書目，而本為摘錄的《續茶經》中反倒保存了不少珍貴文獻信息，故此處儘量錄出全書引文，以便於查閱參詢。整體上看，此書雖非專門的禪茶文獻，但仍含有不少涉及禪門茶事的內容。例如，卷一茶之源中便談到了「禪茶」興起之初的情況：「《封氏聞見記》云：茶，南人好飲之。北人初不多飲，開元中，太山靈巖寺有降魔師大興禪教，學禪務於不寐，又不夕食，皆許飲茶。人自懷挾，到處煮飲，從此轉相仿傚，遂成風俗，起自鄒齊滄棣，漸至京邑城市，多開店鋪。」此外，其後還有多處寺院、茶僧、佛茶等相關內容。此書體制較全較大，《四庫全書總目提要》中評論此書：「自唐以後閱數百載，產茶之地，製茶之法，業已歷代不同，即烹煮器具亦古今多異，故陸羽所述，其書雖古而其法多不可行於今，廷燦一一訂定補輯，頗切實用，而徵引繁富。」實際上，筆者所錄的其餘諸多篇目，《續茶經》中已有提及，甚至還有部分或全文引錄。然而視此書之全，始終還是不忍刪節、捨去而予以編收。基於上述，當前研究禪茶者，完全可將之當做一種大型茶書目錄，按圖索驥，搜尋更多的精彩禪茶內容。至於陸廷燦其人，字慢

亭，嘉定人，曾任崇安知縣（現武夷市），因有茶區為官之便利，故能於採茶、蒸茶、試湯、候火等茶事多有投入，且頗得其法；乃至還能綜合調動各類茶界資源，撰成此書。有一點需要說明，陸廷燦所編引諸文，或因版本差異，或因隨機增減，又或因編錄有誤，多處細節與當前各通行本會存在不同，而此處主要按陸廷燦編錄不予改動，僅略加注明。

凡例

《茶經》著自唐桑苧翁，迄今千有餘載，不獨製作各殊而烹飲迥異，即出產之處，亦多不同。余性嗜茶，承乏崇安，適係武夷產茶之地。值制府滿公，鄭重進獻，究悉源流，每以茶事下詢，查閱諸書，於武夷之外，每多見聞，因思採集為《續茶經》之舉。曩以簿書鞅掌，有志未遑。及蒙量移，奉文赴部，以多病家居，翻閱舊稿，不忍委棄，爰為序次第。恐學術久荒，見聞疏漏，為識者所鄙，謹質之高明，幸有以教之，幸甚！

《茶經》之後，有《茶記》及《茶譜》《茶錄》《茶論》《茶疏》《茶解》等書，不可枚舉，而其書亦多湮沒無傳。茲特採所見各書，依《茶經》之例，分之源、之具、之造、之器、之煮、之飲、之事、之出、之略、之圖。至其圖，無傳不敢臆補，以茶具、茶器圖足之。

《茶經》所載，皆初唐以前之書，今自唐宋元明以至本朝，凡有緒論，皆行採錄。有其書在前而《茶經》未錄者，亦行補入。

《茶經》原本止三卷，恐續者太繁，是以諸書所見，止摘要分錄。

各書所引相同者，不取重複。偶有議論各殊者，姑兩存之，以俟論定。至歷代詩文暨當代名公鉅卿著述甚多，因訪《茶經》之例，不敢備錄，容俟另編以為外集。

原本《茶經》另列卷首。

歷代茶法附後。

一之源

許慎《說文》〔註1〕：茗，茶芽也。

〔註1〕許慎（約58～147），字叔重，東漢汝南召陵（現屬河南）人，所著《說文解字》簡稱《說文》，乃我國第一部按部首編排的字典，正文共14篇，敘目一篇，共計部首540個，所釋單字9353個。

王褒〔註2〕《僮約》前云「烹鱉烹茶」，後云「武陽買茶」。（注：前為苦菜，後為茗。）

張華〔註3〕《博物志》：飲真茶，令人少眠。

《詩疏》〔註4〕：椒，樹似茱萸，蜀人作茶，吳人作茗，皆合。煮其葉以為香。

《唐書・陸羽傳》：羽嗜茶，著《經》三篇，言茶之源、之具、之造、之器、之煮、之飲、之事、之出、之略、之圖尤備，天下益知飲茶矣。

《唐六典》〔註5〕：金英、綠片，皆茶名也。

《李太白集・贈族姪僧中孚玉泉仙人掌茶序》：余聞荊州玉泉寺近青溪諸山，山洞往往有乳窟，窟多玉泉交流。中有白蝙蝠，大如鴉。按《仙經》：「蝙蝠，一名仙鼠。千歲之後，體白如雪。棲則倒懸，蓋飲乳水而長生也。」其水邊，處處有茗草羅生，枝葉如碧玉。惟玉泉真公常採而飲之，年八十餘歲，顏色如桃花。而此茗清香滑熟，異於他茗，所以能還童振枯，扶人壽也。余遊金陵，見宗僧中孚示余茶數十片，卷然重疊，其狀如掌，號為仙人掌茶。蓋新出乎玉泉之山，曠古未覯。因持之見貽，兼贈詩，要余答之，遂有此作。俾後之高僧大隱，知仙人掌茶發於中孚禪子及青蓮居士李白也。

《皮日休集・茶中雜詠詩序》〔註6〕：自周以降，及於國朝茶事，竟陵子陸季疵言之詳矣。然季疵以前稱茗飲者，必渾以烹之，與夫瀹蔬而啜者無異也。季疵之始為《經》三卷，由是分其源，制其具，教其造，設其器，命其煮。俾飲之者除痟而去癘，雖疾醫之未若也。其為利也，於人豈小哉？余始得季疵書，以為備矣，後又獲其《顧渚山記》二篇，其中多茶事；後又太原溫從雲、武威段碼之各補茶事十數節，並存於方冊。茶之事由周而至於今，竟無纖遺矣。

〔註2〕王褒，字子淵，西漢文學家，四川資陽人，有《甘泉》賦、《洞簫賦》等傳世，主要活動於漢宣帝（公元前73～前49）時期。

〔註3〕張華（232～300），字茂先，河北省固安人。西晉時曾任太常博士、佐著作郎、長史兼中書郎等職，官至司空。著有志怪小說集《博物志》等，八王之亂時被趙王司馬倫殺害，夷三族。

〔註4〕《詩疏》，即三國時吳國陸璣著《毛詩草木鳥獸蟲魚疏》。

〔註5〕《唐六典》：全稱《大唐六典》，唐玄宗時官修，張說、張九齡等人編纂，為我國現存最早行政法典。

〔註6〕皮日休（約838～902），字襲美、逸少，號鹿門子，湖北天門人，曾任太常博士。傳有《皮日休集》《皮氏鹿門家鈔》等。

《封氏聞見記》〔註7〕：茶，南人好飲之，北人初不多飲。開元中，泰山〔註8〕靈巖寺有降魔師，大興禪教。學禪務於不寐，又不夕食，皆許飲茶。人自懷挾，到處煮飲。從此轉相仿傚，遂成風俗。起自鄒、齊、滄、棣，〔註9〕漸至京邑，城市多開店鋪，煎茶賣之，不問道俗，投錢取飲。其茶自江淮而來，色額甚多。

《唐韻》：茶字，自中唐始變作茶。

裴汶〔註10〕《茶述》：茶，起於東晉，盛於今朝。其性精清，其味浩潔，其用滌煩，其功致和。參百品而不混，越眾飲而獨高。烹之鼎水，和以虎形，人人服之，永永不厭。得之則安，不得則病。彼芝術黃精，徒雲上藥，致效在數十年後，且多禁忌，非此倫也。或曰多飲令人體虛病風。余曰不然。夫物能祛邪，必能輔正，安有蠲逐聚病而靡裨太和哉？〔註11〕今宇內為土貢實眾，

〔註7〕《封氏聞見記》：唐代封演撰，筆記小說，計十卷。其卷六中所記茶事如下：茶，早採者為茶，晚採者為茗。《本草》云：「止渴，令人不眠。」南人好飲之，北人初不多飲。開元中，太山靈巖寺有降魔師大興禪教，學禪務於不寐，又不夕食，皆恃其飲茶。人自懷挾，到處煮飲。從此轉相仿傚，逐成風俗。起自鄒、齊、滄、棣，漸至京邑。城市多開店鋪，煎茶賣之，不問道俗，投錢取飲。其茶自江淮而來，舟車相繼，所在山積，色類甚多。楚人陸鴻漸為《茶論》，說茶之功效並煎茶炙茶之法，造茶具二十四事，以都統籠貯之。遠近傾慕，好事者家藏一副。有常伯熊者，又因鴻漸之論廣潤色之。於是茶道大行，王公朝士無不飲者。御史大夫李季卿宣慰江南，至臨懷縣館，或言伯熊善茶者，李公請為之。伯熊著黃衫、戴烏紗帽，手執茶器，口通茶名，區分指點，左右刮目。茶熟，李公為歠兩杯而止。既到江外，又言鴻漸能茶者，李公復請為之。鴻漸身衣野服，隨茶具而入。既坐，教攤如伯熊故事。李公心鄙之，茶畢，命奴子取錢三十文酬煎茶博士。鴻漸遊江介，通狎勝流，及此羞愧，復著《毀茶論》。伯熊飲茶過度，遂患風氣，晚節亦不勸人多飲也。吳主孫皓每宴群臣，皆令盡醉。韋昭飲酒不多，皓密使茶茗以自代。晉時謝安詣陸納，納無所供辦，設茶果而已。按此，古人亦飲茶耳，但不如今人溺之甚，窮日盡夜，殆成風俗。始自中地，流於塞外。往年回鶻入朝，大驅名馬，市茶而歸，亦足怪焉。《續搜神記》云：「有人因病能飲茗一斛二斗，有客歡飲過五升，遂吐一物，形如牛肺。置柈中，以茗澆之，一斛二斗。客云此名茗瘕。」

〔註8〕原作為「太山」。

〔註9〕鄒、齊、滄、棣：分別位於今山東鄒平縣一帶、山東北部和河北東南部、河北滄州一帶和山東濱州一帶。

〔註10〕裴汶：古時茶坊間奉陸羽為茶神，常將裴汶、盧仝配享兩側。

〔註11〕因人而異，茶有性寒、性溫、性熱者，性寒如普洱生茶、苦丁茶、龍井、碧螺春，性溫如各種白茶、武夷岩茶、半發酵紅茶，性熱如普洱陳茶，當然，凡此種種分類並不絕對，視產地、採造、存藏等而有差異。如體虛寒者飲性寒茶，自然「多飲令人體虛病風」，故飲茶應依據平衡之道，視情況而定。

而顧渚、蘄陽、蒙山為上，其次則壽陽、義興、碧澗、灉湖、衡山。最下有鄱
陽、浮梁。今者其精無以尚焉，得其粗者，則下里兆庶，甌碗紛糅；頃刻未
得，則胃腑病生矣。人嗜之若此者，西晉以前無聞焉。至精之味或遺也。因作
《茶述》。

宋徽宗《大觀茶論》：茶之為物，擅甌閩〔註12〕之秀氣，鍾山川之靈稟，
祛襟滌滯，致清導和，則非庸人孺子可得而知矣。沖淡閒潔，韻高致靜，則非
遑遽之時可得而好尚矣。

而本朝之興，歲修建溪〔註13〕之貢，龍團鳳餅，〔註14〕名冠天下，而壑
源〔註15〕之品，亦自此而盛。延及於今，百廢俱舉，海內晏然，垂拱密勿，
幸致無為。縉紳之士，韋布之流，沐浴膏澤，薰陶德化，盛以雅尚相推，從事
茗飲。故近歲以來，採擇之精，製作之工，品第之勝，烹點之妙，莫不盛造其
極。

嗚呼！至治之世，豈惟人得以盡其材，而草木之靈者，亦得以盡其用矣。
偶因暇日，研究精微，所得之妙，後人有不知為利害者，敘本末二十篇，號曰
《茶論》。一曰地產，二曰天時，三曰採擇，四曰蒸壓，五曰製造，六曰鑒別，
七曰白茶，八曰羅碾，九曰盞，十曰筅，十一曰瓶，十二曰杓，十三曰水，十
四曰點，十五曰味，十六曰香，十七曰色，十八曰藏，十九曰品，二十曰外
焙。〔註16〕

名茶各以所產之地，如葉耕之平園、臺星岩，葉剛之高峰青鳳髓，葉思
純之大風，葉嶼之屑山，葉五崇林之羅漢上水桑芽，葉堅之碎石窠、石臼窠
（一作穴窠）。葉瓊、葉輝之秀皮林，葉師復、師貺之虎岩，葉椿之無雙岩芽，
葉懋之老窠園，各擅其美，未嘗混淆，不可概舉。焙人之茶，固有前優後劣、
昔負今勝者，是以園地之不常也。

丁謂〔註17〕《進新茶表》：右件物產異金沙，名非紫筍。江邊地暖，方呈

〔註12〕甌，浙南東甌；閩，福建閩越。
〔註13〕建溪：福建閩江北源，由南浦溪、崇陽溪、松溪合流而成，流經武夷山茶區，
　　　　後遂以「建溪」代指當地之茶。
〔註14〕龍團鳳餅：即宋朝貢茶龍鳳團茶。初產於建安北苑。
〔註15〕壑源：屬今福建建甌。
〔註16〕以上為趙佶《大觀茶論》中的二十綱目。
〔註17〕丁謂（966～1037），字謂之、公言，江蘇長洲縣（今蘇州）人。宋真宗時代
　　　　曾任參知政事、樞密使、平章政事，是中國茶文化中由粗向精過渡過程中的
　　　　核心人物。

「彼茁」之形，闕下春寒，已發「其甘」之味。有以少為貴者，焉敢韞而藏諸。見謂新茶，實遵舊例。

蔡襄《進茶錄表》：臣前因奏事，伏蒙陛下諭，臣先任福建運使日，所進上品龍茶，最為精好。臣退念草木之微，首辱陛下知鑒，若處之得地，則能盡其材。昔陸羽《茶經》，不第建安之品；丁謂《茶圖》，獨論採造之本。至烹煎之法，曾未有聞。臣輒條數事，簡而易明，勒成二篇，名曰《茶錄》。伏惟清閒之宴，或賜觀採，臣不勝榮幸。

歐陽修《歸田錄》〔註18〕：茶之品，莫貴於龍鳳，謂之團茶，凡八餅重一斤。慶曆中，蔡君謨始造小片龍茶以進，其品精絕，謂之小團，凡二十餅重一斤，其價值金二兩。然金可有，而茶不可得。每因南郊致齋，中書、樞密院各賜一餅，四人分之。宮人往往縷金花於其上，蓋其貴重如此。

趙汝礪《北苑別錄》：「草木至夜益，故欲導生長之氣，以滲雨露之澤。茶於每歲六月興工，虛其本，培其末，滋蔓之草，遏鬱之木，悉用除之，政所以導生長之氣而滲雨露之澤也。此之謂開畬。惟桐木則留焉。桐木之性與茶相宜，而又茶至冬則畏寒，桐木望秋而先落，茶至夏而畏日，桐木至春而漸茂。理亦然也。」

王辟之《澠水燕談》〔註19〕：建茶盛於江南，近歲製作尤精，龍團最為上品，一斤八餅。慶曆中，蔡君謨為福建運使，始造小團，以充歲貢，一斤二十餅，所謂上品龍茶者也。仁宗尤所珍惜，雖宰相未嘗輒賜，惟郊禮致齋之夕，兩府各四人，共賜一餅。宮人剪金為龍鳳花貼其上。八人分蓄之，以為奇玩，不敢自試，有佳客，出為傳玩。歐陽文忠公云：「茶為物之至精，而小團又其精者也。」嘉祐中，小團初出時也。今小團易得，何至如此多貴。

周煇《清波雜志》〔註20〕：自熙寧後，始貢密雲龍。每歲頭綱修貢，奉宗廟及貢玉食外，賚及臣下無幾。戚里貴近，丐賜尤繁。宣仁太后令建州不許造密雲龍，受他人煎炒不得也。此語既傳播於縉紳間，由是密雲龍之名益

〔註18〕歐陽修《歸田錄》，凡二卷一百十五條，乃歐陽修晚年閒居潁州時作，內容多為朝庭舊事、士人野趣，其中關於禪茶者不少。

〔註19〕王辟之（1031～？），字聖塗，臨淄人。宋英宗治平四年（1067年）進士，曾任河東知縣。其作《澠水燕談》之主要內容為「閒接賢大失談議，有所取者，輒記之，久而得三百六十餘事」。

〔註20〕周煇（1126～1198），字昭禮，詞家周邦彥之子。晚年隱居錢塘清波門，著《清波雜志》十二卷，多記時人雜事。

著。淳熙間，親黨許仲啟官蘇沙，得《北苑修貢錄》，序以刊行。其間載歲貢十有二綱，凡三等，四十有一名。第一綱曰龍焙貢新，止五十餘銙。貴重如此，獨無所謂密雲龍者。豈以貢新易其名耶？抑或別為一種，又居密雲龍之上耶？

　　沈存中《夢溪筆談》〔註21〕：古人論茶，惟言陽羨、顧渚、天柱、蒙頂之類，都未言建溪。然唐人重串茶黏黑者，則已近乎建餅矣。建茶皆喬木，吳、蜀惟叢茭而已，品自居下。建茶勝處，曰郝源、曾坑，其間又有坌根、山頂二品尤勝。李氏號為北苑，置使領之。

　　胡仔《苕溪漁隱叢話》〔註22〕：建安北苑，始於太宗太平興國三年，遣使造之，取象於龍鳳，以別入貢。至道間，仍添造石乳、蠟面。其後大小龍，又起於丁謂而成於蔡君謨。至宣、政間，鄭可簡以貢茶進用，久領漕，添續入，其數浸廣，今猶因之。細色茶五綱，凡四十三品，形制各異，共七千餘餅。其間，貢新、試新、龍團勝雪、白茶、御苑玉芽，此五品乃水揀，為第一；餘乃生揀，次之。又有粗色茶七綱，凡五品。大小龍鳳並揀芽，悉入龍腦，和膏為團餅茶，共四萬餘餅。蓋水揀茶即社前者。生揀茶即火前者，粗色茶即雨前者。閩中地暖，雨前茶已老而味加重矣。又有石門、乳吉、香口三外焙，亦隸於北苑，皆採摘茶芽，送官焙添造。每歲糜金共二萬餘緡〔註23〕，日役千夫，凡兩月方能迄事。第所造之茶，不許過數，入貢之後，市無貨者，人所罕得。惟壑源諸處私焙茶，其絕品亦可敵官焙。自昔至今，亦皆入貢。其流販四方者，悉私焙茶耳。

　　北苑在富沙之北，隸建安縣，去城二十五里，乃龍焙造貢茶之處，亦名鳳凰山。自有一溪，南流至富沙城下，方與西來水合而東。

　　車清臣《腳氣集》〔註24〕：毛詩云：「誰謂茶苦，其甘如薺。」注：茶，

〔註21〕沈括（1031～1095），字存中，號夢溪丈人，杭州錢塘（今浙江杭州）人，歷任太子中允、提舉司天監、三司使、延州知州、鄜延路經略安撫使等職。可稱為北宋「理工男」，所著《夢溪筆談》包括《筆談》《補筆談》《續筆談》三編，細分為故事、辯證、樂律、象數、人事、官政、機智、藝文、書畫、技藝、器用、神奇、異事、謬誤、譏謔、雜誌、藥議十七門。
〔註22〕胡仔（1110～1170），字元任，號苕溪漁隱，安徽績溪人，曾任升從仕郎廣西提刑司幹辦事等。《苕溪漁隱叢話》係詩話名作，分前後集共100卷。
〔註23〕緡：貨幣單位。「一緡」即一串，每串一千文銅錢。
〔註24〕車清臣（約1209～1275）：名若水，清臣為其字，號玉峰山民，宋時黃岩人。據傳《腳氣集》乃因車氏腳氣病發，談謔自娛，名所作書稿為《腳氣集》。

苦菜也。《周禮》：「掌荼以供喪事。」取其苦也。蘇東坡詩云：「周詩記苦荼，茗飲出近世。」乃以今茶為荼。夫茶，今人以清頭目，自唐以來，上下好之，細民亦日數碗，豈是荼也？茶之粗者是為茗。

宋子安《東溪試茶錄序》：茶宜高山之陰，而喜日陽之早。自北苑鳳山，南直苦竹園頭，東南屬張坑頭，皆高遠先陽處，歲發常早，芽極肥乳，非民間所比。次出壑源嶺，高土沃地，茶味甲於諸焙。丁謂亦云：鳳山高不百丈，無危峰絕崦，而岡翠環抱，氣勢柔秀，宜乎嘉植靈卉之所發也。又以建安茶品甲天下，疑山川至靈之卉，天地始和之氣，盡此茶矣。又論石乳出壑嶺斷崖缺石之間，蓋草木之仙骨也。近蔡公亦云：「惟北苑鳳凰山連屬諸焙，所產者味佳，故四方以建茶為名，皆曰北苑云。」

黃儒《品茶要錄序》：說者嘗謂陸羽《茶經》不第建安之品。蓋前此茶事未甚興，靈芽真筍往往委翳消腐，而人不知惜。自國初以來，士大夫沐浴膏澤，詠歌升平之日久矣。夫體勢灑落，神觀沖淡，惟茲茗飲為可喜。園林亦相與摘英誇異，製捲鬻新，以趨時之好。故殊異之品，始得自出於榛莽之間，而其名遂冠天下。藉使陸羽復起，閱其金餅，味其雲腴，當爽然自失矣。因念草木之材，一有負瑰偉絕特者，未嘗不遇時而後興，況於人乎。

蘇軾《書黃道輔〈品茶要錄〉後》：黃君道輔，諱儒，建安人，博學能文，淡然精深，有道之士也。作《品茶要錄》十篇，委曲微妙，皆陸鴻漸以來論茶者所未及。非至靜無求，虛中不留，烏能察物之情如此其詳哉！

《茶錄》〔註25〕：茶，古不聞食，自晉宋以降，吳人採葉煮之，名為茗粥。

葉清臣《煮茶泉品》：吳楚山谷間，氣清地靈，草木穎挺，多孕茶荈。大率右於武夷者為白乳，甲於吳興者為紫筍，產禹穴者以天章顯，茂錢塘者以徑山稀。至於桐廬之岩，雲衢之麓，雅山著於宣、歙，蒙頂傳於岷、蜀，角立差勝，毛舉實繁。

周絳《補茶經》〔註26〕：芽茶，只作早茶，馳奉萬乘，嘗之可矣。如一旗一槍，可謂奇茶也。

〔註25〕茶學著作中名為《茶錄》者較多，此處指蔡襄《茶錄》。

〔註26〕周絳，字乾臣，生卒年不詳，北宋常州溧陽（今江蘇溧陽）人。先為道士，後還俗考中進士，官至尚書都官員外郎、建州知州等。《補茶經》即其在建州任時所作。據宋代晁公武《郡齋讀書志》中說：「皇朝周絳撰，絳，祥符初知建州，以陸羽茶經不載建安，故補之。又一本有陳龜注。丁謂以為茶佳，不假水之助，絳則載諸名水云。」

胡致堂〔註27〕曰：茶者，生人之所日用也，其急甚於酒。

陳師道〔註28〕《茶經叢談》：茶，洪之雙井，越之日注，莫能相先後。而強為之第者，皆勝心耳。

陳師道《茶經序》：夫茶之著書自羽始，其用於世亦自羽始，羽誠有功於茶者也。上自宮省，下逮邑里，外及異域遐陬，賓祀燕饗，預陳於前；山澤以成市，商賈以起家，又有功於人者也，可謂智矣。《經》曰：茶之否臧，存於口訣。則書之所載，猶其粗也。夫茶之為藝下矣，至其精微，書有不盡，況天下之至理，而欲求之文字紙墨之間，其有得乎？昔者先王因人而教，因欲而治，凡有益於人者，皆不廢也。

吳淑《茶賦》〔註29〕注：五花茶者，其片作五出花也。

姚氏《殘語》：紹興進茶，自高文虎始。

王楙〔註30〕《野客叢書》：世謂古之茶，即今之茶。不知茶有數種，非一端也。《詩》曰「誰謂茶苦，其甘如薺」者，乃苦菜之茶，如今苦苣之類。《周禮》「掌茶」，《毛詩》「有女如茶」者，乃苕茶之茶也，此萑葦之屬。惟茶檟之茶，乃今之茶也。世莫知辨。

《魏王花木志》：茶，葉似梔，可煮為飲。其老葉謂之荈，嫩葉謂之茗。

《瑞草總論》：唐宋以來，有貢茶，有榷茶。〔註31〕夫貢茶，猶知斯人有愛君之心。若夫榷茶，則利歸於官，擾及於民，其為害又不一端矣。

〔註27〕胡致堂（1098～1156），即胡寅，字明仲，建寧崇安人，宣和間進士，胡安國之姪。

〔註28〕陳師道（1053～1102），字履常、無己，號後山居士，北宋彭城（徐州）人。今有《後山先生集》《後山詞》等傳世。

〔註29〕吳淑（947～1002），字正儀，潤州丹陽（屬今江蘇）人。幼俊爽敏捷，為韓熙載、潘祐所器重。歷仕南唐、北宋。後預修《太平御覽》《太平廣記》《文苑英華》等文叢。《茶賦》全文見吳淑《事類賦》卷十七，第1～6頁，《四庫全書》子部　類書類。

〔註30〕王楙（1151～1213），字勉夫，有《野客叢書》三十卷傳世。

〔註31〕榷茶：將茶葉納入國家經濟發展總體規劃的專賣制度。唐時，茶葉形成龐大產業，能創造巨大財富，唐德宗建中年間，宰相趙贊建議朝廷效法禁榷制度，稅天下茶，凡十取一。
中國唐代以後各代所實行的一種茶葉專賣制度。唐朝茶葉生產大發展，物資豐富，商人業茶可以致富，而國家又出現了財政危機，因而。宰相趙贊建議。貞元九年，張滂創立稅茶法，榷茶定製直接，後逐漸發展至「禁民私賣」。

元熊禾《勿齋集·北苑茶焙記》：貢，古也。茶貢不列於《禹貢》、周《職方》，而昉於唐。北苑又其最著者也。苑在建城東二十五里，唐末里民張暉始表而上之。宋初丁謂漕閩，貢額驟益，斤至數萬。慶曆承平日久，蔡公襄繼之，製益精巧，建茶遂為天下最。公名在四諫官列，君子惜子。歐陽公修雖實不與，然猶誇侈歌詠之。蘇公軾則直指其過矣。君子創法可繼，焉得不重慎也。

《說郛·臆乘》〔註32〕：茶之所產，六經載之詳矣。獨異美之名未備。唐宋以來，見於詩文者尤夥，頗多疑似，若蟾背、蝦鬚、雀舌、蟹眼、瑟瑟瀝瀝、霏霏靄靄、鼓浪湧泉、琉璃眼、碧玉池，又皆茶事中天然偶字也。

《茶譜》：衡州之衡山，封州之西鄉，茶研膏為之，皆片團如月。又彭州蒲村、堋口，其園有仙芽、石花等號。

明人《月團茶歌序》：唐人製茶，碾末以酥潤為團。宋世尤精，元時其法遂絕。予效而為之，蓋得其似，始悟古人詠茶詩所謂「膏油首面」，所謂「佳茗似佳人」，所謂「綠雲輕綰湘娥鬟」之句。飲啜之餘，因作詩記之，並傳好事。

屠本畯《茗笈·評〔註33〕》：人論茶葉之香，未知茶花之香。余往歲過友大雷山中，正值花開，童子摘以為供，幽香清越，絕自可人，惜非甌中物耳也。乃予著《瓶史》，月表以插茗花為齋中清玩。而高濂《盆史》，亦載「茗茶足助玄賞」云。

《茗笈贊》〔註34〕十六章：一曰溯源，二曰得地，三曰乘時，四曰揆製，五曰藏茗，六曰品泉，七曰候火，八曰定湯，九曰點瀹，十曰辨器，十一曰申忌，十二曰防濫，十三曰戒淆，十四曰相宜，十五曰衡鑒，十六曰玄賞。

謝肇淛《五雜俎》〔註35〕：今茶品之上者，松蘿也，虎丘也，羅岕〔註36〕也，龍井也，陽羨也，天池也。而吾閩武夷、清源、彭山三種，可與角勝。六安、雁宕、蒙山三種，袪滯有功，而色香不稱，當是藥籠中物，非文房佳品也。

〔註32〕《說郛》，陶宗儀編纂，計100卷，總含數萬條目，內容主要是選錄漢魏至宋元各種筆記。漢代揚雄《法言·問神》中說：「大哉，天地之為萬物郛，《五經》之為眾說郛。」「說郛」意即雜說諸家。

〔註33〕此「評」為《茗笈》「第十六玄賞章」中「東坡云」條目之下之評語。

〔註34〕此處所舉《茗笈贊》並非獨立書著名稱，而是表明：屠本畯《茗笈》一書有「如下所列十六章」，每一章均有相應「讚語」。與前文所謂「評語」構成「贊評」。

〔註35〕謝肇淛（1567～1624），字在杭，福建長樂人，萬曆二十年（1592年）進士，曾官廣西右布政使。所撰《五雜俎》多記風物掌故，共十六卷。其餘尚有《文海披沙》《文海披沙摘錄》等傳世。

〔註36〕原為「閈」，但當即「岕」之另外發音。茶文獻上多處均作「岕茶」。

謝肇淛《西吳枝乘》：湖人於茗，不數顧渚而數羅岕。然顧渚之佳者，其風味已遠出龍井。下岕稍清雋，然葉粗而作草氣。丁長孺嘗以半角見餉，且教余烹煎之法，迨試之，殊類羊公鶴。此余有解有未解也。余嘗品茗，以武夷、虎丘第一，淡而遠也。松蘿、龍井次之，香而豔也。天池又次之，常而不厭也。餘子瑣瑣，勿置齒喙。

屠長卿《考槃餘事》〔註37〕：虎丘茶最號精絕，為天下冠，惜不多產，皆為豪右所據，寂寞山家，無由獲購矣。天池，青翠芳馨，啜之賞心，嗅亦消渴，可稱仙品。諸山之茶，當為退舍。陽羨，俗名羅岕。浙之長興者佳，荊溪稍下。細者其價兩倍天池，惜乎難得，須親自收採方妙。六安品亦精，入藥最效，但不善炒，不能發香而味苦，茶之本性實佳。龍井之山不過十數畝，外此有茶似皆不及。大抵天開龍泓美泉，山靈特生佳茗以副之耳。山中僅有一二家，炒法甚精。近有山僧焙者亦妙，真者天池不能及也。天目，為天池、龍井之次，亦佳品也。地志云：「山中寒氣早嚴，山僧至九月即不敢出。冬來多雪，三月後方通行，其萌芽較他茶獨晚。」

包衡《清賞錄》〔註38〕：昔人以陸羽飲茶比於后稷樹穀，及觀韓翃《謝賜茶啟》云：「吳主禮賢，方聞置茗；晉人愛客，才有分茶。」則知開創之功，非關桑苧老翁也。若云在昔茶勳未普，則比時賜茶已一千五百串矣。

陳仁錫《潛確類書》〔註39〕：紫琳腴、雲腴，皆茶名也。茗花，白色，冬開似梅，亦清香。（按：冒巢民《岕茶匯鈔》云：「茶花味濁無香，香凝葉內。」二說不同。豈岕與他茶獨異歟。）

《農政全書》〔註40〕：六經中無茶，茶即茶也。《毛詩》云「誰謂茶苦，

〔註37〕屠長卿，即屠隆（1543～1605），浙江鄞縣人，萬曆五年進士，好遊歷，善詩文戲曲。曾任吏部主事、郎中等職。
〔註38〕《清賞錄》十二卷，實應為明張翼、包衡同撰。包衡，字彥平，秀水人；張翼，翼字二星，餘杭人。《清賞錄》多記錄遊興玩賞之清雅事。
〔註39〕陳仁錫（1581～1636），字明卿，號芝臺，長洲（蘇州）人。天啟二年（1622）進士，授翰林編修官至國子監祭酒。著有《四書備考》《經濟八編類纂》《重訂古周禮》等作。《潛確類書》亦稱《潛確居類書》，全書共一百二十卷，概分玄象、歲時、區宇、人倫、方外、藝習、稟受、遭遇、交與、服御、飲啖、藝植、飛躍十三部，一千四百餘類，引書達一千五百餘種，可作為重要索引或參考文獻。
〔註40〕《農政全書》，明徐光啟撰，全書分為 12 目，共 60 卷，50 餘萬字。此書以古代大量農業、民生為基礎內容，較之於北魏賈思勰《齊民要術》、元代王禎《農書》等農業技術類書，更具有充滿人文主義色彩的「農政」思想。此書

其甘如薺」，以其苦而味甘也。

夫茶，靈草也。種之則利溥，飲之則神清。上而王公貴人之所尚，下而小夫賤隸之所不可闕，誠民生食用之所資，國家課利之一助也。

羅廩《茶解》：茶園不宜雜以惡木，惟古梅、叢桂、辛夷、玉蘭、玫瑰、蒼松、翠竹，與之間植，足以蔽覆霜雪，掩映秋陽。其下可植芳蘭、幽菊清芬之品。最忌菜畦相逼，不免滲漉，滓厥清真。〔註41〕

茶地南向為佳，向陰者遂劣。故一山之中，美惡相懸。

李日華《六研齋筆記》〔註42〕：茶事於唐末未甚興，不過幽人雅士手擷於荒園雜穢中，拔其精英，以薦靈爽，所以饒雲露自然之味。至宋設茗綱，充天家玉食，士大夫益復貴之，民間服習寖廣，以為不可缺之物。於是營植者擁溉孳糞，等於蔬薂，而茶亦隤其品味矣。人知鴻漸到處品泉，不知亦到處搜茶。皇甫冉《送羽攝山採茶》詩數言，僅存公案而已。

徐岩泉《六安州茶居士傳》：居士姓茶，族氏眾多，枝葉繁衍遍天下。其在六安一枝最著，為大宗；陽羨、羅岕、武夷、匡廬之類，皆小宗；蒙山又其別枝也。〔註43〕

樂思白《雪庵清史》〔註44〕：夫輕身換骨，消渴滌煩，茶荈之功，至妙至神。昔在有唐，吾閩茗事未興，草木仙骨，尚閟其靈。五代之季，南唐採茶北苑，而茗事興。迨宋至道初，有詔奉造，而茶品日廣。及咸平、慶曆中，丁謂、蔡襄造茶進奉，而製作益精。至徽宗大觀、宣和間，而茶品極矣。斷崖缺石之上，木秀雲腴，往往於此露靈。倘微丁、蔡來自吾閩，則種種佳品，不幾於委翳消腐哉？雖然，患無佳品耳。其品果佳，即微丁、蔡來自吾閩，而靈芽

是「農業技術」「農政措施」的合體，其中包含大量的種茶、採茶、製茶技藝，更有立足於國家發展層面的茶葉經濟、制度及措施內容。

〔註41〕所謂薰染之理。

〔註42〕李日華（1565～1635），字君實，一字九疑，號竹懶，嘉興人，明萬曆二十年進士，官至南京禮部主事。《六研齋筆記》共十二卷，內容主要是隨筆箚記、詩詞、書畫、茶道等事。

〔註43〕徐氏以己對佛禪之理解，將「六安茶」比況為「居士」。人作為個體，凡所作所想，無非是眼見為大，心想為真。徐氏認為六安茶為茶族最著大宗者，亦無非如陸羽一樣，僅僅以己所到所見所聞為範圍罷了。如放之於天下，所謂最大宗茶，最上品茶，見仁見智。故禪茶之根本，還在於放空自我，覺知自身心觸受、判斷之偏限，完全開放，不受個人好惡、一見一覺所束縛。

〔註44〕樂思白，即樂純，字自禾，號雪庵，明朝沙縣人。《雪庵清史》乃晚明清言小品名作，分清景、清供、清課、清醒、清神五門，盡是抒寫清言雅意。

真筍豈終於委翳消腐乎？吾閩之能輕身換骨，消渴滌煩者，寧獨一茶乎？茲將發其靈矣。

馮時可《茶譜》：茶全貴採造。蘇州茶飲遍天下，專以採造勝耳。徽郡向無茶，近出松蘿，最為時尚。是茶始比丘大方，大方居虎丘最久，得採造法。其後於徽之松蘿結庵，採諸山茶，於庵焙製，遠邇爭市，價忽翔湧。人因稱松蘿，實非松蘿所出也。

胡文煥《茶集》〔註45〕：茶，至清至美物也，世皆不味之，〔註46〕而食煙火者，又不足以語此。醫家論茶性寒而能傷人脾，獨予有諸疾，則必借茶為藥石，每深得其功效。噫！非緣之有自，而何契之若是耶！

《群芳譜》〔註47〕：蘄州蘄門團黃，有一旗一槍之號，言一葉一芽也。歐陽公詩有「共約試新茶，旗槍幾時綠」之句。王荊公《送元厚之》句云「新茗齋中試一旗」。世謂茶始生而嫩者為一槍，浸大開者為一旗。

魯彭《刻〈茶經〉序》：夫茶之為經，要矣。茲覆刻者，便覽爾。刻之竟陵者，表羽之為竟陵人也。按：羽生甚異，類令尹子文。人謂子文賢而仕，羽雖賢，卒以不仕。今觀《茶經》三篇，固具體用之學者。其曰「伊公羹、陸氏茶」，取而比之，實以自況。所謂易地皆然者，非歟？厥後茗飲之風，行於中外。而回紇亦以馬易茶，由宋迄今，大為邊助。則羽之功，固在萬世，仕不仕奚足論也。

沈石田《書岕茶別論後》〔註48〕：昔人詠梅花云「香中別有韻，清極不知寒」，此惟岕茶足當之。若閩之清源、武夷，吳郡之天池、虎丘，武林之龍井，新安之松蘿，匡廬之雲霧，其名雖大噪，不能與岕相抗也。顧渚每歲貢茶三十二斤，則岕於國初，已受知遇。施於今，漸遠漸傳，漸覺聲價轉重。既得聖人之清，又得聖人之時，第蒸採烹洗，悉與古法不同。

李維楨《茶經序》〔註49〕：羽所著《君臣契》三卷，《源解》三十卷，《江

〔註45〕胡文煥，生卒年不詳，字德甫、德父，號全庵、全道人、抱琴居士、西湖醉漁，善戲曲。此處所謂《茶集》，實乃翻版喻政《茶集》。
〔註46〕此句馮時可《茶錄》作「世不皆味之」，底本、四庫本均作「世皆不味之」，蓋一時表意之習慣差異。
〔註47〕《群芳譜》，明代王象晉（1561～1653）撰，主要輯錄歷代有關植物之著作。
〔註48〕沈石田，即沈周（1427～1509），字啟南，號石田，號玉田翁，長洲（蘇州）人，善書畫，所謂明中期「吳派」畫風開創者。
〔註49〕李維楨（1547～1626），字本寧，京山人。有《大泌山房集》《史通評釋》等傳世。

表四姓譜》十卷，《占夢》三卷，不盡傳，而獨傳《茶經》，豈他書人所時有，此其觭長，易於取名耶？太史公曰：「富貴而名磨滅，不可勝數，惟俶儻非常之人稱焉。」鴻漸窮厄終身，而遺書遺跡，百世下寶愛之。以為山川邑里重。其風足以廉頑立懦，胡可少哉？

楊慎《丹鉛總錄》〔註50〕：荼，即古茶字也。周《詩》記苦荼，《春秋》書齊荼，《漢志》書荼陵。顏師古、陸德明雖已轉入茶音，而未易字文也。至陸羽《茶經》、玉川《茶歌》、趙贊《茶禁》以後，遂以茶易荼。

董其昌《茶董題詞》〔註51〕：荀子曰：「其為人也多暇，其出入也不遠矣。」陶通明曰：「不為無益之事，何以悅有涯之生？」余謂茗碗之事足當之。蓋幽人高士，蟬蛻勢利，藉以耗壯心而送日月。水源之輕重，辨若淄澠；火候之文武，調若丹鼎。非枕漱之侶不親，非文字之飲不比者也。當今此事，惟許夏茂卿拈出。顧渚、陽羨，肉食者往焉，茂卿亦安能禁？一似強笑不樂，強顏無歡，茶韻故自勝耳。予夙秉幽尚，入山十年，差可不愧茂卿語。今者驅車入閩，念鳳團龍餅，延津為瀹，豈必士思，如廉頗思用趙？惟是《絕交書》所謂「心不耐煩，而官事鞅掌」者，竟有負茶灶耳。茂卿能以同味諒吾耶！

董承敘《題陸羽傳後》〔註52〕：余嘗過竟陵，憩羽故寺，訪雁橋，觀茶井，慨然想見其為人。夫羽少厭髡緇，篤嗜墳素，本非忘世者。卒乃寄號桑苧，遁跡苕霅，嘯歌獨行，繼以痛哭，其意必有所在。時乃比之接輿，豈知羽者哉？至其性甘茗荈，味辨淄澠，清風雅趣，膾炙今古。張顛之於酒也，昌黎以為有所託而逃，羽亦以是夫。

《榖山筆塵》〔註53〕：茶自漢以前不見於書，想所謂檟者，即是矣。

李贄《疑謂》〔註54〕：古人冬則飲湯，夏則飲水，未有茶也。李文正《資

〔註50〕楊慎（1488～1559），字用修，號升菴，四川新都人，後因流放滇南，亦稱博南山人、金馬碧雞老兵。楊氏為正德六年狀元，曾任翰林院修撰，著作甚豐，多達百餘種。

〔註51〕董其昌（1555～1636），字玄宰，號思白、香光，江蘇華亭人。萬曆十六年進士，官至禮部尚書，有《畫禪室隨筆》《容臺集》等傳世。

〔註52〕董承敘，字漢臣、士疇，明代湖北沔城人，曾任嘉靖帝老師。

〔註53〕《榖山筆塵》，明代于慎行之作，內容多為考述歷代典章、人物、兵刑、財賦、禮樂、釋道、邊塞諸事。

〔註54〕李贄（1527～1602），字宏甫，號卓吾、溫陵居士、百泉居士，嘉靖三十一年舉人，萬曆中曾赴滇中為姚安知府。其人性格硬朗偏激，後因被誣入獄而自刎，有《焚書》《藏書》等傳世。

暇錄》〔註55〕謂：「茶始於唐，崔寧、黃伯思已辨其非，伯思嘗見北齊楊子華作《邢子才魏收勘書圖》，已有煎茶者。」《南窗記談》〔註56〕謂：「飲茶，始於梁天監中，事見《洛陽伽藍記》〔註57〕。及閱《吳志‧韋曜傳》，賜茶荈以當酒，則茶又非始於梁矣。」余謂飲茶亦非始於吳也。《爾雅》曰：「檟，苦荼。」郭璞注：「可以為羹飲。早採為荼，晚茶為茗，一名荈。」則吳之前，亦以茶作茗矣。第未如後世之日用不離也。蓋自陸羽出，茶之法始講。自呂惠卿、蔡君謨輩出，茶之法始精。而茶之利，國家且藉之矣。此古人所不及詳者也。

　　王象晉《茶譜小序》：茶，嘉木也。一植不再移，故婚禮用茶，從一之義也。雖兆自《食經》〔註58〕，飲自隋帝，而好者尚寡。至後興於唐，盛於宋，始為世重矣。仁宗，賢君也，頒賜兩府，四人僅得兩餅，一人分數錢耳。宰相家至不敢碾試，藏以為寶，其貴重如此。近世蜀之蒙山，每歲僅以兩計。蘇之虎丘，至官府預為封識，公為採製，所得不過數斤。豈天地間尤物，生固不數數然耶？甌泛翠濤，碾飛綠屑，不藉雲腴，孰驅睡魔作《茶譜》〔註59〕。

　　陳繼儒《茶董小序》：范希文云：「萬象森羅中，安知無茶星。」余以茶星名館，每與客茗戰。旗槍標格，天然色香映發。若陸季疵復生，忍作《毀茶論》乎？夏子茂卿敘酒，其言甚豪。予曰，何如隱囊紗帽，翛然林澗之間，摘露芽，煮雲腴，一洗百年塵土胃耶？熱腸如沸，茶不勝酒；幽韻如雲，酒不勝茶。酒類俠，茶類隱。酒固道廣，茶亦德素。茂卿，茶之董狐也，因作《茶董》。東佘陳繼儒書於素濤軒。

　　夏茂卿《茶董序》：自晉唐而下，紛紛邾莒之會，各立勝場，品別淄澠，判若南董，遂以《茶董》名篇。語曰：「窮《春秋》，演河圖，不如載茗一車」，誠重之矣。如謂此君面目嚴冷，而且以為水厄，且以為乳妖，則請效綦毋先生無作此事。冰蓮道人識。

〔註55〕李文正即晚唐李匡乂（約806～？），宣宗大中、懿宗咸通年間曾任漳州刺史、
　　　　房州刺史，昭宗時又先後任太子賓客、賀州刺史、宗正少卿、宗正卿登。卒
　　　　時年逾八十。其著述《資暇錄》共三卷，屬考據辯證類筆記。

〔註56〕《南窗記談》，撰者無考，其內容多記北宋雜事、時事。

〔註57〕《洛陽伽藍記》，北魏楊衒之撰，其內容廣涉歷史、地理、佛教、文學，其中
　　　　有專門描寫佛教茶事之內容。

〔註58〕《食經》，北魏崔浩著，今已不傳。僅有數十條零星散錄、引錄在《齊民要術》
　　　　《北堂書鈔》《農書》等著作中。

〔註59〕此處《茶譜》指朱權所作《茶譜》。

《本草》：石蕊，一名雲茶。

卜萬祺《松寮茗政》〔註60〕：虎丘茶，色味香韻無可比擬。必親詣茶所，手摘監製，乃得真產。且難久貯，即百端珍護，稍過時，即全失其初矣。殆如彩雲易散，故不入供御耶！但山岩隙地，所產無幾，又為官司禁據，寺僧慣雜贗種，非精鑒家卒莫能辨。明萬曆中，寺僧苦大吏需索，薙除殆盡。文文肅公震孟《薙茶說》以譏之。至今真產尤不易得。

袁了凡《群書備考》〔註61〕：茶之名，始見於王襃《僮約》。

許次紓《茶疏》：唐人首稱陽羨，宋人最重建州。於今貢茶，兩地獨多。陽羨僅有其名，建州亦（非〔註62〕）上品，惟武夷雨前最勝。近日所尚者，為長興之羅岕，疑即古顧渚紫筍。然岕故有數處，今惟峒山最佳。姚伯道云：「明月之峽，厥有佳茗。韻致清遠，滋味甘香，足稱仙品。其在顧渚亦有佳者，今但以水口茶名之，全與岕別矣。若歙之松蘿，吳之虎丘，杭之龍井，並可與岕頡頏。」郭賜甫極稱黃山，黃山亦在歙，去松蘿甚遠。往時十人皆重天地，然飲之略多，令人脹滿。漸之產曰雁宕、大盤、金華、日鑄，皆與武夷相伯仲。錢塘諸山產茶甚多，南山盡佳。北山稍劣。武夷之外，有泉州之清源，倘以好手製之，亦是武夷亞匹。惜多焦枯，令人意盡。楚之產曰寶慶，滇之產曰五華，皆表表有名，在雁茶之上。其他名山所產，當不止此，或余未知，或名未著，故不論及。

李詡《戒庵漫筆》〔註63〕：昔人論茶，以槍旗為美，而不取雀舌、麥顆，蓋芽細則易雜他樹之葉而難辨耳。槍旗者，猶今稱壺蜂翅是也。

《四時類要》：茶子於寒露候收，曬乾以濕沙土拌勻，盛筐籠內，穰草蓋之，不爾即凍不生。至二月中取出，用糠與焦土種之。於樹下或背陰之地，開坎圓三尺，深一尺，熟劚，著糞和土，每坑下子六七十顆，覆土厚一寸許，相離二尺，種一叢。性惡濕，又畏日，大概宜山中斜坡、峻阪、走水處。若平地，須深開溝壟以泄水，三年後方可收茶。

〔註60〕卜萬祺（1644～1661），字戩甫，秀水人，天啟元年（1621）舉人，任國子助教。《松寮茗政》今無全文，所傳僅此《續茶經》所錄數語。

〔註61〕袁了凡（1533～1606），字慶遠、坤儀、儀甫，號了凡，是明代融合禪學與理學的學問大家，其《了凡四訓》流傳極廣。

〔註62〕此處缺一「非」字，補之。

〔註63〕李詡（1506～1693），字原德，號戒庵，亦稱戒庵老人。傳世著作有《戒庵老人漫筆》。

張大復〔註64〕《梅花筆談》：趙長白作《茶史》，考訂頗詳，要以識其事而已矣。龍團、鳳餅、紫茸、揀芽，決不可用於今之世。予嘗論今之世，筆貴而愈失其傳，茶貴而愈出其味。天下事，未有不身試而出之者也。

文震亨《長物志》〔註65〕：古今論茶事者，無慮數十家，若鴻漸之《經》，君謨之《錄》，可為盡善。然其時法，用熟碾為丸為挺，故所稱有龍鳳團、小龍團、密雲龍、瑞雲翔龍。至宣和間，始以茶色白者為貴。漕臣鄭可聞始創為銀絲水芽，以茶剔葉取心，清泉漬之，去龍腦諸香，惟新銙小龍蜿蜒其上，稱龍團勝雪。當時以為不更之法，而吾朝所尚又不同。其烹試之法，亦與前人異。然簡便異常，天趣悉備，可謂盡茶之味矣。而至於洗茶、候湯、擇器，皆各有法，寧特侈言烏府、雲屯等目而已哉。

《虎丘志》：馮夢楨〔註66〕云：「徐茂吳品茶，以虎丘為第一。」

周高起《洞山茶系》：岕茶之尚於高流，雖近數十年中事，而厥產伊始，則自盧全隱居洞山，種於陰嶺，遂有茗嶺之目。相傳古有漢王者，棲遲茗嶺之陽，課童藝茶，踵盧全幽致，故陽山所產，香味倍勝茗嶺。所以老廟後一帶茶，猶唐宋根株也。貢山茶今已絕種。

徐𤊹《茶考》：按《茶錄》諸書，閩中所產茶，以建安北苑為第一，壑源諸處次之，武夷之名，未有聞也。然范文正公《鬥茶歌》云：「溪邊奇茗冠天下，武夷仙人從古栽。」蘇文忠公云：「武夷溪邊粟粒芽，前丁後蔡相籠嘉。」則武夷之茶在北宋已經著名，第未盛耳。但宋元製造團餅，似失正味。今則靈芽仙萼，香色尤精，為閩中第一。至於北苑壑源，又泯然無稱。豈山川靈秀之氣，造物生殖之美，或有時變易而然乎？

勞大與《甌江逸志》：按茶非甌產地，而甌亦產茶，故舊製以之充貢，及今不廢。張羅峰當國，凡甌中所貢方物，悉與題蠲，而茶獨留。將毋以先春之採，可薦馨香，且歲費物力無多，姑存之，以稍備芹獻之義耶！乃後世因按辦之際，不無恣取，上為一，下為十，而藝茶之圃遂為怨叢。惟願為官於此地者，不濫取於數外，庶不致大為民病。

〔註64〕張大復，明末清初蘇州人，名彝宣，字心期、星其，號寒山子、病居士，長於戲曲、聲律。
〔註65〕文震亨（1585～1645），字啟美，明代蘇州人，後居湖廣，擅長書畫，有名作《長物志》。
〔註66〕馮夢楨（1548～1595），字開之，明代浙江嘉興人，萬曆五年進士，收藏家，著有《快雪堂集》《快雪堂漫錄》《歷代貢舉志》等作品。

《天中記》〔註67〕：凡種茶樹必下子，移植則不復生。故俗聘婦，必以茶為禮，義固有所取也。

《事物記原》〔註68〕：榷茶起於唐建中、貞元之間。趙贊、張滂建議稅其什一。

《枕譚》：古傳注：「茶樹初採為茶，老為茗，再老為荈。」今概稱茗，當是錯用事也。

熊明遇〔註69〕《羅岕茶記》：產茶處，山之夕陽勝於朝陽，廟後山西向，故稱佳。總不如洞山南向，受陽氣特專，足稱仙品云。

冒襄〔註70〕《岕茶匯鈔》：茶產平地，受土氣多，故其質濁。岕茗產於高山，渾是風露清虛之氣，故為可尚。

吳拭云：武夷茶，賞自蔡君謨始，謂其味過於北苑龍團，周右文極抑之。蓋緣山中不諳製焙法，一味計多徇利之過也。余試採少許，製以松蘿法，汲虎嘯岩下語兒泉烹之，三德俱備，帶雲石而復有甘軟氣。乃分數百葉寄右文，令茶吐氣，復酹一杯，報君謨於地下耳。

釋超全〔註71〕《武夷茶歌注》：建州一老人，始獻山茶，死後轉為山神，喊山之茶始此。

《中原市語》：茶曰渲老。

陳詩教《灌園史》：予嘗聞之山僧言，茶子數顆落地，一莖而生，有似連理，故婚嫁用茶，蓋取一本之義。舊傳茶樹不可移，竟有移之而生者，乃知晃採寄茶，徒襲影響耳。唐李義山以對花啜茶為殺風景。予苦渴疾，何啻七碗，花神有知，當不我罪。

〔註67〕《天中記》，明代陳耀文撰，計60卷。

〔註68〕《事物紀原》，宋代高承編，考記事物始由，共10卷，內容涉及博弈嬉戲、魚蟲飛走種種。

〔註69〕熊明遇（1580～1650），字良孺，號壇石，江西南昌進賢人，明萬曆二十九年進士，曾任知縣、僉事、參議等職。作品有《南樞集》《青玉集》《格致草》《綠雲樓集》《羅岕茶記》等。

〔註70〕冒襄（1611～1693），字闢疆，號巢民、樸庵、樸巢，明末江蘇如皋人，其人與董小宛之傳奇極為著名。所著《岕茶匯鈔》屬採錄類作品，內容多源於馮可賓《岕茶箋》、許次紓《茶疏》、熊明遇《羅岕茶記》。

〔註71〕釋超全（1627～1712年），即阮曼錫，後出家。著有《夕陽寮詩稿》，代表詩作有《武夷茶歌》《安溪茶歌》。

《金陵瑣事》〔註72〕：茶有肥瘦，雲泉道人云：「凡茶肥者甘，甘則不香。茶瘦者苦，苦則香。」此又《茶經》《茶訣》《茶品》《茶譜》之所未發。

野航道人朱存理〔註73〕云：飲之用必先茶，而茶不見於《禹貢》，蓋全民用而不為利。後世榷茶立為制，非古聖意也。陸鴻漸著《茶經》，蔡君謨著《茶譜》。孟諫議寄盧玉川三百月團，後侈至龍鳳之飾，責當備於君謨。然清逸高遠，上通王公，下逮林野，亦雅道也。」

《佩文齋廣群芳譜》〔註74〕：茗花即食茶之花，色月白而黃心，清香隱然，瓶之高齋，可為清供佳品。且蕊在枝條，無不開遍。

王新城〔註75〕《居易錄》：廣南人以蒬為茶。予頃著之《皇華記聞》，閱《道鄉集》有張糾《送吳洞蒬絕句》云：「茶選修仁方破碾，蒬分吳洞忽當筵。君謨遠矣知難作，試取一瓢江水煎。」蓋志完遷昭平時作也。

《分甘餘話》〔註76〕：宋丁謂為福建轉運使，始造龍鳳團茶上供，上貢不過四十餅。天聖中，又造小團，其品過於大團。神宗時，命造密雲龍，其品又過於小團。元祐初，宣仁皇太后曰：「指揮建州，今後更不許造密雲龍，亦不要團茶，揀好茶吃了，生得甚好意智。」宣仁改熙寧之政，此其小者。顧其言，實可為萬世法。士大夫家，膏粱子弟，尤不可不知也。謹備錄之。

《百夷語》：茶曰芽。以粗茶曰芽以結，細茶曰芽以完。緬甸夷語，茶曰臘扒，吃茶曰臘扒儀索。

徐葆光〔註77〕《中山傳信錄》：琉球呼茶曰札。

〔註72〕《金陵瑣事》，明代周暉撰，主要記錄明代金陵各種瑣事掌故。

〔註73〕朱存理（1444～1513），字性甫、字性之，號野航，明代學者，蘇州人，精典藏，善鑒賞，著作有《珊瑚木難》《鶴岑隨筆》等。

〔註74〕《廣群芳譜》，即《御製佩文齋廣群芳譜》，清康熙四十七年內閣學士汪灝等奉敕編撰，共有 11 譜 100 卷之巨。細分天時譜六卷、谷譜四卷、桑麻譜二卷、蔬譜五卷、茶譜四卷、花譜三十二卷、果譜十四卷、木譜十四卷、竹譜五卷、卉譜六卷、藥譜八卷。其中所涉及「群芳」超過 1600 種，十分珍貴。

〔註75〕王新城，即王士禛（1634～1711），因王氏為山東新城（今桓臺）人。王氏字貽上，號漁洋，順治十五年進士，官至刑部尚書。著作有《帶經堂集》《漁洋精華錄》《漁洋詩話》等。

〔註76〕《分甘餘話》，王士禛晚年著作，共四卷，內容甚豐，廣涉世治文章、名家文義、風俗物產等。

〔註77〕徐葆光，字亮直，江蘇長洲人，康熙五十一年特賜進士，授翰林院編修，工詩文。曾出使琉球，《中山傳信錄》即為出使琉球所記，甚豐甚詳。

《武夷茶考》：按：丁謂製龍團，蔡忠惠製小龍團，皆北苑事。其武夷修貢，自元時浙省平章高興始，而談者輒稱丁、蔡。蘇文忠公詩云：「武夷溪邊粟粒芽，前丁後蔡相寵加。」則北苑貢時，武夷已為二公賞識矣。至高興武夷貢後，而北苑漸至無聞。昔人云，茶之為物，滌昏雪滯，於務學勤政，未必無助，其與進荔枝、桃花者不同。然充類至義，則亦宦官、宮妾之愛君也。忠惠直道高名，與范、歐相亞，而進茶一事乃儕晉公。君子舉措，可不慎歟？

《隨見錄》：按沈存中《筆談》云：「建茶皆喬木。吳、蜀惟叢茇而已。」以余所見，武夷茶樹俱係叢茇，初無喬木，豈存中未至建安歟？抑當時北苑與此日武夷有不同歟？《茶經》云「巴山、峽川有兩人合抱者」，又與吳、蜀叢茇之說互異，姑識之以俟參考。

《萬姓統譜》〔註78〕載：漢時人有茶恬，出《江都易王傳》。按《漢書》：「茶恬（蘇林曰：茶，食邪反），則茶本兩音，至唐而荼、茶始分耳。

二之具

《陸龜蒙集·和茶具十詠》：

茶塢

茗地曲隈回，野行多繚繞。向陽就中密，背澗差還少，遙盤雲髻慢，亂簇香篝小。何處好幽期，滿岩春露曉。

茶人

天賦識靈草，自然鍾野姿。閒來北山下，似與東風期。雨後探芳去，雲間幽路危。惟應報春鳥，得共斯人知。

茶筍

所孕和氣深，時抽玉筈短。輕煙漸結華，嫩蕊初成管。尋來青靄曙，欲去紅雲暖。秀色自難逢，傾筐不曾滿。

茶籯

金刀劈翠筠，織似波紋斜。製作自野老，攜持伴山娃。昨日鬥煙粒，今朝貯綠華。爭歌調笑曲，日暮方還家。

茶舍

旋取山上材，架為山下屋。門因水勢斜，壁任岩隈曲。朝隨鳥俱散，暮與雲同宿。不憚採掇勞，只憂官未足。

〔註78〕《萬姓統譜》，即《古今萬姓統譜》，明代萬曆年間由凌迪知撰，計140卷。

茶灶（經云灶無突）

無突抱輕嵐，有煙映初旭。盈鍋玉泉沸，滿甌雲芽熟。奇香襲春桂，嫩色凌秋菊。煬者若吾徒，年年看不足。

茶焙

左右搗凝膏，朝昏布煙縷。方圓隨樣拍，次第依層取。山謠縱高下，火候還文武。見說焙前人，時時炙花脯。（紫花，焙人以花為脯。）

茶鼎

新泉氣味良，古鐵形狀醜。哪堪風雨夜，更值煙霞友。曾過頳石下，又住清溪口。（頳石、清溪，皆江南出茶處。）且共薦皋廬，何勞傾斗酒。

茶甌

昔人謝堀埞，徒為妍詞飾。（《劉孝威集》有《謝堀埞啟。》）豈如圭璧姿，又有煙嵐色。光參筠席上，韻雅金罍側。直使于闐君，從來未嘗識。

煮茶

閒來松間坐，看煮松上雪。時於浪花裏，並下藍英末。傾餘精爽健，忽似氛埃滅。不合別觀書，但宜窺玉札。

《皮日休集·茶中雜詠·茶具》

茶籯

筤篣曉攜去，驀過山桑塢。開時送紫茗，負處沾清露。歇把傍雲泉，歸將掛煙樹。滿此是生涯，黃金何足數。

茶灶

南山茶事動，灶起岩根傍。水煮石發氣，薪燃杉脂香。青瓊蒸後凝，綠髓炊來光。如何重辛苦，一一輸膏粱。

茶焙

鑿彼碧岩下，恰應深二尺。泥易帶雲根，燒難礙石脈。初能燥金餅，漸見乾瓊液。九里共杉林，（皆焙名。）相望在山側。

茶鼎

龍舒有良匠，鑄此佳樣成。立作菌蠢勢，煎為潺潺聲。草堂暮雲陰，松窗殘月明。此時勺復茗，野語知逾清。

茶甌

邢客與越人，皆能造前器。圓似月魂墮，輕如雲魄起。棗花勢旋眼，蘋沫香沾齒。松下時一看，支公亦如此。

《皮日休集・茶中雜詠・茶具》：

茶籝

篋箬曉攜去，驀個山桑塢。開時送紫茗，負處沾清露。歇把傍雲泉，歸將掛煙樹。滿此是生涯，黃金何足數。

茶灶

南山茶事動，灶起岩根傍。水煮石發氣，薪然杉脂香。青瓊蒸後凝，綠髓炊來光。如何重辛苦，一一輸膏粱。

茶焙

鑿彼碧岩下，恰應深二尺。泥易帶雲根，燒難礙石脈。初能燥金餅，漸見乾瓊液。里共杉林，相望在山側。

茶鼎

龍舒有良匠，鑄此佳樣成。立作菌蠢勢，煎為潺湲聲。草堂暮雲陰，松窗殘雪明。此時勺復茗，野語知逾清。

茶甌

邢客與越人，皆能造茲器。似月魂墮，輕如雲魄起。棗花勢旋眼，蘋沫香沾齒。松下時一看，支公亦如此。

煮茶

香泉一合乳，煎作連珠沸。時看蟹目濺，乍見魚鱗起。聲疑松帶雨，餑恐生煙翠。尚把瀝中山，必無千日醉。

《江西志》：餘干縣冠山有陸羽茶灶。羽嘗鑿石為灶，取越溪水煎茶於此。

陶穀《清異錄》：豹革為囊，風神呼吸之具也。煮茶啜之，可以滌滯思而起清風。每引此文，稱之為水豹囊。

《曲洧舊聞》〔註 79〕：范蜀公與司馬溫公同遊嵩山，各攜茶以行。溫公取紙為帖，蜀公用小木合子盛之。溫公見而驚曰：「景仁乃有茶具也。」蜀公聞其言，留合與寺僧而去。後來士大夫茶具，精麗極世間之工巧，而心猶未厭。晁以道嘗以此語客，客曰：「使溫公見今日之茶具，又不知云如何也。」

《北苑貢茶別錄》：茶具有銀模、銀圈、竹圈、銅圈等。

〔註 79〕《曲洧舊聞》，宋朱弁撰筆記雜著，共十卷，多記宋代各種逸事雜聞。

梅堯臣〔註80〕《宛陵集·茶灶詩》：「山寺碧溪頭，幽人綠岩畔。夜火竹聲乾，春甌茗花亂。茲無雅趣兼，薪桂煩燃爨。」又《茶磨》詩云：「楚匠斫山骨，折檀為轉臍。乾坤人力內，日月蟻行迷。」又有《謝晏太祝遺雙井茶五品茶具四枚》詩。

《武夷志》：五曲朱文公〔註81〕書院前，溪中有茶灶。文公詩云：「仙翁遺石灶，宛在水中央。飲罷方舟去，茶煙裊細香。」

《群芳譜》：黃山谷云：「相茶瓢與相筇竹同法，不欲肥而欲瘦，但須飽風霜耳。」

樂純《雪庵清史》：陸叟〔註82〕溺於茗事，嘗為茶論並煎炙之法，造茶具二十四事，以都統籠貯之。時好事者家藏一副，於是若韋鴻臚、木待制、金法曹、石轉運、胡員外、羅樞密、宗從事、漆雕秘閣、陶寶文、湯提點、竺副帥、司職方輩，皆入吾籖中矣。

許次紓《茶疏》：「凡士人登山臨水，必命壺觴，若茗碗薰爐，置而不問，是徒豪舉耳。余特置遊裝，精茗名香，同行異室。茶罌、銚、注、甌、洗、盆、巾諸具畢備，而附香奩、小爐、香囊、匙、箸。」〔註83〕

未曾汲水，先備茶具，必潔，必燥。瀹時壺蓋必仰置，磁盂勿覆案上。漆氣、食氣，皆能敗茶。」〔註84〕

朱存理《茶具圖贊序》：飲之用，必先茶，而製茶必有其具。錫具姓而姓名，寵以爵，加以號。季宋之彌文，然精逸高遠，上通王公，下逮林野，亦雅道也。願與十二先生周旋，嘗山泉極品以終身，此間富貴也，天豈靳乎哉？

〔註80〕梅堯臣（1002～1060），字聖俞，北宋時期宣州宣城人，官至尚書都官員外郎，代表作為《宛陵先生集》。

〔註81〕指宋代朱熹。

〔註82〕即陸羽。

〔註83〕此為許次紓《茶疏·出遊》綱目，原文為：「士人登山臨水，必命壺觴。乃茗碗薰爐，置而不問，是徒遊於豪舉，未託素交也。余欲特製遊裝，備諸器具，精茗名香，同行異室。茶罌一，注二，銚一，小甌四，洗一，瓷合一，銅爐一，小面洗一，巾副之，附以香奩、小爐、香囊、匕筯，此為半肩。薄甕貯水三十斤，為半肩足矣。」

〔註84〕此為許次紓《茶疏·烹點》，相關原文為：「未曾汲水，先備茶具。必潔必燥，開口以待。蓋或仰入，或置瓷盂，勿竟覆之。案上漆氣食氣，皆能敗茶。先握茶手中，俟湯既入壺，隨手投茶湯。以蓋覆定。三呼吸時，次滿傾盂內，重投壺內，用以動盪香韻，兼色不沉滯。更三呼吸，頃以定其浮薄，然後瀉以供客，則乳嫩清滑，馥郁鼻端。病可令起，疲可令爽，吟壇發其逸思，談席滌其玄衿。」

　　審安老人茶具十二先生姓名〔註85〕：韋鴻臚（文鼎，景暘，四窗閒叟）；木待制（利濟，忘機，隔竹主人）；金法曹（研古，元鍇，雍之舊民；鑠古，仲鑒，和琴先生）；石轉運（鑿齒，遄行，香屋隱君）；胡員外（惟一，宗許，貯月仙翁）；羅樞密（若藥，傳師，思隱寮長）；宗從事（子弗，不遺，掃雲溪友）；漆雕秘閣（承之，易持，古臺老人）；陶寶文（去越，自厚，兔園上客）；湯提點（發新，一鳴，溫谷遺老）；竺副帥（善調，希默，雪濤公子）；司職方（成式，如素，潔齋居士）。

　　高濂〔註86〕《遵生八箋》：茶具十六事，收貯於器局內，供役於苦節君者，故立名管之。蓋欲歸統於一，以其素有貞心雅操，而自能守之也。

　　商像（古石鼎也，用以煎茶），降紅（銅火箸也，用以簇火，不用聯索為便），遞火（銅火斗也，用以搬火），團風（素竹扇也，用以發火），分盈（挹水勺也，用以量水斤兩，即《茶經》水則也），執權（準茶秤也，用以衡茶，每勺水二斤，用茶一兩），注春（磁瓦壺也，用以注茶），啜香（磁瓦甌也，用以啜茗），撩雲（竹茶匙也，用以取果），納敬（竹茶囊也，用以放盞），漉塵（洗茶籃也，用以浣茶），歸潔（竹筅帚也，用以滌壺），受污（拭抹布也，用以潔甌），靜沸（竹架，即《茶經》支鍑也），運鋒（劖果刀也，用以切果），甘鈍（木砧墩也）。

　　王友石《譜》：竹爐並分封茶具六事：苦節君（湘竹風爐也，用以煎茶，更有行省收藏之）。建城（以箬為籠。封茶以貯度閣）。雲屯（磁瓦瓶，用以勺泉以供煮水）。水曹（即磁缸瓦缶，用以貯泉，以供火鼎）。烏府（以竹為籃，用以盛炭，為煎茶之資）。器局（編竹為方箱，用以總收以上諸茶具者）。品司（編竹為圓撞提盒，用以收貯各品茶葉，以待烹品者也）。

　　屠赤水〔註87〕《茶箋》：茶具：湘筠焙（焙茶箱也）。鳴泉（煮茶磁罐）。沉垢（古茶洗）。合香（藏日支茶瓶，以貯司品者）。易持（用以納茶，即漆雕秘閣）。

　　屠隆《考槃餘事》：構一斗室，相傍書齋，內設茶具，教一童子專主茶役，以供長日清談、寒宵兀坐。此幽人首務，不可少廢者。

〔註85〕茶具十二先生之名出於審安老人《茶具圖贊》，其中以擬人化手法將十二種茶具「封職」，頗為傳神。
〔註86〕高濂（1573～1620），字深甫，號瑞南，明代浙江錢塘人。擅戲曲詩文，主要活動於萬曆年間，作品有《玉簪記》《節孝記》《牡丹花譜》《蘭譜》《雅尚齋詩草二集》《芳芷棲詞》《遵生八箋》，其中，涉及禪茶內容較多者主要是《遵生八箋》。
〔註87〕屠赤水，即明代屠隆（1543～1605），字長卿、緯真，號赤水，浙江鄞縣人。長於文學、戲曲、書畫，官至禮部主事、郎中。

　　《灌園史》：盧廷璧嗜茶成癖，號茶庵。嘗蓄元僧詎可庭茶具十事，具衣冠拜之。

　　王象晉《群芳譜》：閩人以粗瓷膽瓶貯茶。近鼓山支提新茗出，一時盡學新安，製為方圓賜具，遂覺神采奕奕不同。

　　馮可賓《岕茶箋·論茶具》：茶壺，以窯器為上，錫次之。茶杯，汝、官、哥、定如未可多得，則適意為佳耳。

　　李日華《紫桃軒雜綴》：昌化茶，大葉如桃枝柳梗，乃極香。余過逆旅偶得，手摩其焙甌，三日龍麝氣不斷。

　　臞仙〔註88〕云：古之所有茶灶，但聞其名，未嘗見其物，想必無如此清氣也。予乃陶土粉以為瓦器，不用泥土為之，大能耐火。雖猛焰不裂。徑不過尺五，高不過二尺餘，上下皆鏤銘、頌、箴戒之。又置湯壺於上，其座皆空，下有陽谷之穴，可以藏瓢甌之具，清氣倍常。

　　《重慶府志》：涪江青礦石，為茶磨極佳。

　　《南安府志》：崇義縣出茶磨，以上猶縣石門山石為之尤佳。蒼礜縝密，鐫琢堪施。

　　聞龍〔註89〕《茶箋》：茶具滌畢，覆於竹架，俟其自乾為佳。其拭巾只宜拭外，切忌拭內。蓋布帨雖潔，一經人手極易作氣。縱器不乾，亦無大害。

三之造

　　《唐書》：太和七年正月，吳、蜀貢新茶，皆於冬中做法為之。上務恭儉，不欲逆物性，詔所在貢茶，宜於立春後造。〔註90〕

〔註88〕臞仙〔qú xiān〕：典出《史記·司馬相如列傳》，大約描繪仙人之仙風道骨，後人多用以自喻。此處「臞仙」則指朱權。煮泉為朱元璋第十七子，封寧王，長於書著，作品有《家訓》《漢唐秘史》《史斷》《寧國儀範》《文譜》《詩譜》等。此段引文轉述於朱權茶學著作《茶譜·茶灶》，原文為：「古無此制，予於林下置之。燒成的瓦器如灶樣，下層高尺五為灶臺，上層高九寸，長尺五，寬一尺，傍刊以詩詞詠茶之語。前開二火門，灶面開二穴以置瓶。頑石置前，便炊者之坐。予得一翁，年八十猶童，疾憨奇古，不知其姓名，亦不知何許人也。衣以鶴氅，繫以麻條，履以草履，背駝而頸蜷，有雙髻於頂。其形類一「菊」字，遂以菊翁名之。每令炊灶以供茶，其清致倍宜。」
〔註89〕聞龍，明朝詩人，字隱鱗、仲連，號飛遁翁，浙江四明人。
〔註90〕食不非時，茶不非時，乃禪茶順應常道之表現。

《北堂書鈔》〔註91〕：《茶譜》續補云：龍安造騎火茶，最為上品。騎火者，言不在火前，不在火後作也。清明改火，故曰火。

《大觀茶論》〔註92〕：茶工作於驚蟄，尤以得天時為急。輕寒英華漸長，條達而不迫，茶工從容致力，故其色味兩全。故焙人得茶天為度。

擷茶以黎明，見日則止。用爪斷茶，不以指揉。凡芽如雀舌穀粒者，為斗品。一槍一旗為揀芽，一槍二旗為次之，餘斯為下。茶之始芽萌，則有白合，不去害茶味。既擷則有烏蒂，不去害茶色。茶之美惡，尤繫於蒸芽、壓黃之得失。蒸芽欲及熟而香，壓黃欲膏盡亟止。如此則製造之功十得八九矣。滌芽惟潔，濯器惟淨，蒸壓惟其宜，研膏惟熟，焙火惟良。造茶先度日晷之長短，均功力之眾寡，會採擇之多少，使一日造成，恐茶過宿，則害色味。〔註93〕

茶之範度不同，如人之有首面也。其首面之異同，難以概論。要之，色瑩徹而不駁，質縝繹而浮，舉之凝結，碾之則鏗，然可驗其為精品也。有得於言意之表者。

白茶自為一種，與常茶不同。其條敷闡，其葉瑩薄。崖林之間，偶然生出，有者不過四五家，生者不過一二株，所造止於二三銙而已。須製造精微，運度得宜，則表裏昭澈，如玉之在璞，他無與倫也。

蔡襄《茶錄》：茶味主於甘滑，惟北苑鳳凰山連屬諸焙所造者味佳。隔溪諸山，雖及時加意製作，色味皆重，莫能及也。又有水泉不甘，能損茶味，前世之論《水品》者以此。〔註94〕

《東溪試茶錄序》：建溪茶比他郡最先，北苑、壑源者尤早。歲多暖則先驚蟄十日即芽；歲多寒則後驚蟄五日始發。先芽者，氣味俱不佳，惟過驚蟄者第一。民間常以驚蟄為候。諸焙後北苑者半月，去遠則益晚。凡斷芽必以甲，不以指。以甲則速斷不柔，以指則多濕易損。擇之必精，濯之必潔，蒸之必香，火之必良，一失其度，俱為茶病。

芽擇肥乳，則甘香而粥面，著盞而不散。土瘠而芽短，則雲腳渙亂，去盞而易散。葉梗長，則受水鮮白；葉梗短，則色黃而泛。烏蒂、白合，茶之大

〔註91〕《北堂書鈔》，唐代虞世南所編類書，內容豐富龐雜，主要是抄錄、輯佚歷代
　　　　帝王、政術、禮儀、藝文等內容，共852卷。
〔註92〕趙佶《大觀茶論》。
〔註93〕補全引文為：「擷茶以黎明則害色味。」
〔註94〕補全引文為：「茶味主於甘滑，前世之論《水品》者以此。」

病。不去烏蒂，則色黃黑而惡。不去白合，則味苦澀。蒸芽必熟，去膏必盡。蒸芽未熟，則草木氣存。去膏未盡，則色濁而味重。受煙則香奪，壓黃則味失，此皆茶之病也。

《北苑別錄》〔註95〕：御園四十六所，廣袤三十餘里。自官平而上為內園，官坑而下為外園。方春靈芽萌坼，先民焙十餘日，如九窠、十二隴、龍游窠、小苦竹、張坑、西際，又為禁園之先也。而石門、乳吉、香口三外焙，常後北苑五七日興工。每日採茶、蒸榨，以其黃悉送北苑並造。造茶舊分四局。匠者起好勝之心，彼此相誇，不能無弊，遂並而為二焉。故茶堂有東局、西局之名，茶銙有東作、西作之號。凡茶之初出研盆，蕩之欲其勻，揉之欲其膩、然後入圈製銙，隨笪過黃。有方銙，有花銙，有大龍，有小龍，品色不同，其名亦異。隨綱繫之於貢茶云。

採茶之法，須是侵晨，不可見日。晨則夜露未晞，茶芽肥潤。見日則為陽氣所薄，使芽之膏腴內耗，至受水而不鮮明。故每日常以五更撾鼓集群夫於鳳凰，（山有伐鼓亭，日役採夫二百二十二人），監採官人給一牌，入山至辰刻，則復鳴鑼以聚之，恐其逾時貪多務得也。大抵採茶亦須習熟，募夫之際必擇土著及諳曉之人，非特識茶發早晚所在，而於採摘亦知其指要耳。

茶有小芽，有中芽，有紫芽，有白合，有烏蒂，不可不辨。小芽者，其小如鷹爪。初造龍團勝雪、白茶，以其芽先次蒸熟，置之水盆中，剔取其精英，僅如針小，謂之水芽，是小芽中之最精者也。中芽，古謂之一槍二旗是也。紫芽，葉之紫者也。白合，乃小芽有兩葉抱而生者是也。烏蒂，茶之帶頭是也。凡茶，以水芽為上，小芽次之，中芽又次之。紫芽、白合、烏蒂，在所不取。使其擇焉而精，則茶之色味無不佳。萬一雜之以所不取，則首面不均，色濁而味重。

驚蟄節萬物始萌，每歲常以前三日開焙，遇閏則後之，以其氣候少遲故也。

蒸芽再四洗滌，取令潔淨，然後入甑，俟湯沸蒸之。然蒸有過熟之患，有不熟之患。過熟則色黃而味淡，不熟則色青而易沉，而有草木之氣。故惟以得中為當。

茶既蒸熟，謂之茶黃，須淋洗數過（欲其冷也）。方入小榨，以去其水，又入大榨，以出其膏（水芽則以高榨壓之，以其芽嫩故也），先包以布帛，束以竹皮，然後入大榨壓之，至中夜取出揉勻，復如前入榨，謂之翻榨。徹曉奮擊，必至

〔註95〕即宋代趙汝礪所編《北苑別錄》。

於乾淨而後已。蓋建茶之味遠而力厚，非江茶之比。江茶畏沉其膏，建茶惟恐其膏之不盡。膏不盡則色味重濁矣。

茶之過黃，初入烈火焙之，次過沸湯爁之，凡如是者三，而後宿一火，至翌日，遂過煙焙之，火不欲烈，烈則面泡而色黑。又不欲煙，煙則香而味焦。但取其溫溫而已。凡火之數多寡，皆視其銙之厚薄。銙之厚者，有十火至於十五火。銙之薄者，六火至於八火。火數既足，然後過湯上出色。出色之後，置之密室，急以扇扇之，則色澤自然光瑩矣。

研茶之具，以柯為杵，以瓦為盆，分團酌水，亦皆有數。上而勝雪、白茶以十六水，下而揀芽之水六，小龍鳳四，大龍鳳二，其餘皆一十二焉。自十二水而上，曰研一團，自六水而下，曰研三團至七團。每水研之，必至於水乾茶熟而後已。水不乾，則茶不熟，茶不熟，則首面不勻，煎試易沉。故研夫尤貴於強有力者也。嘗謂天下之理，未有不相須而成者。有北苑之芽，而後有龍井之水。龍井之水清而且甘，晝夜酌之而不竭，凡茶自北苑上者皆資焉。此亦猶錦之於蜀江，膠之於阿井也，詎不信然。

姚寬《西溪叢語》〔註96〕：建州龍焙面北，謂之北苑。有一泉極清淡，謂之御泉。用其池水造茶，即壞茶味。惟龍團勝雪、白茶二種，謂之水芽，先蒸後揀。每一芽，先去外兩小葉，謂烏蒂。又次取兩嫩葉，謂之白合。留小心芽，置於水中，呼為水芽。聚之稍多，即研焙為二品，即龍團勝雪、白茶也。茶之極精好者，無出於此，每銙計工價近二十千。其他皆先揀而後蒸研，其味次第減也。茶有十綱，第一綱、第二綱太嫩，第三綱最妙，自六綱至十綱，小團至大團而止。

黃儒《品茶要錄》：茶事起於驚蟄前，其採芽如鷹爪，初造曰試焙，又曰一火，其次曰二火。二火之茶，已次一火矣。故市茶芽者，惟伺出於三火前者為最佳。尤喜薄寒氣候，陰不至凍芽，（登時尤畏霜，有造於一火二火皆遇霜，而三火霜霽，則三火之茶勝矣。）晴不至於暄，則穀芽含養約勒而滋長有漸，採工亦優為矣。凡試時泛色鮮白，隱於薄霧者，得於佳時而然也。有造於積雨者，其色昏黃；或氣候暴暄，茶芽蒸發，採工汗手薰漬，揀摘不給，則製造雖多，皆為常品矣。試時色非鮮白、水腳微紅者，過時之病也。〔註97〕

〔註96〕《西溪叢語》，宋代姚寬著，此書主要是考證典籍之異同、差繆等。姚寬，字令威，號西溪，會稽人。
〔註97〕此為「採造過時」。

茶芽〔註98〕初採，不過盈筐而已，趨時爭新之勢然也。既採而蒸，既蒸而研。蒸有不熟，雖精芽而所損已多。試時味作桃仁之氣者，不熟〔註99〕之病也。唯正熟者，味甘香。〔註100〕

蒸芽〔註101〕，以氣為候，視之不可以不謹也。試時色黃而粟紋大者，過熟之病也。然過熟愈於不熟，甘香之味勝也。故君謨論色，則以青白勝黃白；餘論味，則以黃白勝青白。〔註102〕

茶，蒸不可以逾久，久則過熟，又久則湯乾而焦釜之氣出。茶工有泛新湯以益之，是致蒸損茶黃故。試時色多昏黯，氣味焦惡者，焦釜之病也。建人號為熱鍋氣。〔註103〕

夫茶，本以芽葉之物就之捲模，既出捲，上笪焙之，用火務令通徹。即以茶覆之，虛其中，以透火氣。然茶民不喜用實炭，號為冷火，以茶餅新濕，欲速乾以見售，故用火常帶煙焰。煙焰既多，稍失看候，以故薰損茶餅。試時其色昏紅，氣味帶焦者，傷焙之病也。〔註104〕

茶餅先黃，而又如陰潤者，榨不乾也。榨欲盡去其膏，膏盡則有如干竹葉之意。唯飾首面者，故榨不欲乾，以利易售。試時色雖鮮白，其味帶苦者，漬膏之病也。〔註105〕

茶色清潔鮮明，則香與味亦如之。故採佳品者，常於半曉間沖蒙雲霧而出，或以罐汲新泉懸胸臆間，得即投其中，蓋欲其鮮也。如或日氣烘爍，茶芽暴長，功力不給，其採芽已陳而不及蒸，蒸而不及研，研或出宿，而後製試時色不鮮明，薄如壞卵氣者，壓黃之病也。〔註106〕

茶之精絕者曰鬥，曰亞鬥，其次揀芽。茶芽，鬥品雖最上，園戶或止一株，蓋天材間有特異，非能皆然也。且物之變勢無窮，而人之耳目有盡，故造鬥品之家，有昔優而今劣，前負而後勝者。雖人工有至有不至，亦造化推移，不可得而擅也。其造，一火曰鬥，二火曰亞鬥，不過十數銙而已。揀芽則不

〔註98〕《品茶要錄》原文為「穀芽」，茶名。
〔註99〕此處諸本皆為「不蒸熟」，考其文義及表述習慣，當為「蒸不熟」。
〔註100〕此為「蒸不熟」。
〔註101〕「蒸茶」二字處，原文為「茶芽方蒸」。
〔註102〕此為「過熟」
〔註103〕此為「焦釜」
〔註104〕此為「傷焙」。
〔註105〕此為「漬膏」。
〔註106〕此為「壓黃」。

然，遍園隴中擇其精英者爾。其或貪多務得，又滋色澤，往往以白合盜葉間之。試時色雖鮮白，其味澀淡者，間白合盜葉之病也。（一鷹爪之芽，有兩小葉抱而生者，白合也。新條葉之抱生而色白者，盜葉也。造揀芽常別取鷹爪，而白合不用，況盜葉乎。）〔註107〕

物固不可以容偽，況飲食之物，尤不可也。故茶有人他葉者，建人號為「入雜」。銙列入柿葉，常品入桴檻葉。二葉易致，又滋色澤，園民欺售直而為之。試時無粟紋甘香，盞面浮散，隱如微毛，或星星如纖絮者，人雜之病也。善茶品者，側盞視之，所入之多寡，從可知矣。向上下品有之，近雖銙列，亦或勾使。〔註108〕

《萬花谷》〔註109〕：龍焙泉，在建安城東鳳凰山，一名御泉。北苑造貢茶，社前芽細如針，用此水研造，每片計工值錢四萬，分試其色如乳，乃最精也。

《文獻通考》：宋人造茶有二類，曰片、曰散。片者即龍團舊法，散者則不蒸而乾之，如今時之茶也。始知南渡之後，茶漸以不蒸為貴矣。

《學林新編》：茶之佳者，造在社前，其次火前，謂寒食前也。其下則雨前，謂穀雨前也。唐僧齊己詩曰：「高人愛惜藏岩裏，白甄封題寄火前。」其言火前蓋未知社前之為佳也。唐人於茶，雖有陸羽《茶經》而持論未精。至本朝蔡君謨《茶錄》則持論精矣。〔註110〕

《苕溪詩話》：北苑，官焙也。漕司歲貢為上。壑源，私焙也。土人亦以入貢，為次。二焙相去三四里間。若沙溪，外焙也，與二焙絕遠，為下。故魯直詩：「莫遣沙溪來亂真」是也。官焙造茶，嘗在驚蟄後。

朱翌《猗覺寮記》：唐造茶與今不同，今採茶者得芽即蒸熟焙乾，唐則旋摘旋炒。劉夢得《試茶歌》：「自傍芳叢摘鷹嘴，斯須炒成滿室香。」又云：「陽崖陰嶺各不同，未若竹下莓苔地。」竹間茶最佳。

《武夷志》：通仙井，在御茶園。水極甘冽，每當造茶之候，則井自溢，以供取用。

《金史》：泰和五年春，罷造茶之坊。

〔註107〕此為「百合盜葉」。
〔註108〕此為「入雜」。
〔註109〕《萬花谷》即《錦繡萬花谷》出於宋代，作者無考，收於文淵閣《四庫全書》子部·類書類。此段內容見《錦繡萬花谷·前集》卷三十五。
〔註110〕詳見宋王觀國撰《學林》卷八。

張源《茶錄》：茶之妙，在乎始造之精，藏之得法，點之得宜。優劣定於始鍋，清濁繫乎末火。

火烈香清，鍋寒神倦。火烈生焦，柴疏失翠。久延則過熟，速起卻還生。熟則犯黃，生則著黑。帶白點者無妨，絕焦點者最勝。

藏茶切勿臨風近火，臨風易冷，近火先黃。其置頓之所，須在時時坐臥之處，逼近人氣則常溫而不寒。必須板房，不宜土室，板房溫燥，土室潮蒸。又要透風，勿置幽隱之處，不惟易生濕潤，兼恐有失檢點。

謝肇淛《五雜俎》：古人造茶，多春令細末而蒸之。唐詩「家僮隔竹敲茶臼」是也。至宋始用碾，若揉而焙之，則本朝始也。但揉者恐不及細末之耐藏耳。

今造團之法皆不傳，而建茶之品亦遠出吳會諸品下，其武夷、清源二種，雖與上國爭衡，而所產不多，十九贋鼎，故遂令聲價靡復不振。

閩之方山、太姥、支提俱產佳茗，而製造不如法，故名不出里閈。予嘗過松蘿，遇一製茶僧，詢其法。曰：茶之香，原不甚相遠，惟焙之者火候極難調耳。茶葉尖者太嫩，而蒂多老。至火候勻時，尖者已焦，而蒂尚未熟。二者雜之，茶安得佳！製松蘿者，每葉皆剪去其尖蒂，但留中段，故茶皆一色。而功力煩矣，宜其價之高也。閩人急於售利，每勌不過百錢，安得費工如許？若價高即無市者矣。故近來建茶所以不振也。

羅廩《茶解》：採茶、製茶，最忌手汗、體膻、口臭、多涕、不潔之人及月信婦人，更忌酒氣。蓋茶、酒性不相入，故採茶製茶，切忌沾醉。

茶性淫，易於染著。無論腥穢及有氣息之物，不宜近，即名香亦不宜近。〔註111〕

許次紓《茶疏》：岕茶非夏前不摘，初試摘者，謂之開園；採自正夏，謂之春茶。其地稍寒，故須待時，此又不當以太遲病之。往時無秋日摘者，近乃有之。七八月重摘一番，謂之早春。其品甚佳，不嫌少薄。他山射利，多摘梅茶。以梅雨時採故名。梅茶苦澀，且傷秋摘，佳產戒之。

茶初摘時，香氣未透，必借火力以發其香。然茶性不耐勞，炒不宜久。多取入鍋，則手力不勻，久於鍋中，過熟而香散矣。炒茶之鍋，最忌新鐵。須預取一鍋以備炒，毋得別作他用。一說惟常煮飯者佳，既無鐵銹，亦無脂膩。炒茶之薪，僅可樹枝，勿用幹葉。則火力猛熾，葉則易焰易滅，鍋必磨洗瑩

〔註111〕 此條最可結合人性薰染之理而展開。

潔，旋摘旋炒。一鐺之內，僅可四兩，先用文火炒軟，次加武火催之。手加木指，急急鈔轉，以半熟為度，微俟香發，是其候也。

清明太早，立夏太遲，穀雨前後，其時適中。若再遲一二日，待其氣力完足，香烈尤倍，易於收藏。

藏茶於庋閣，其方宜塼底數層，四圍磚砑，形若火爐，愈大愈善，勿近土牆，頓甕其上。隨時取灶下火灰，候冷，簇於甕傍。半尺以外，仍隨時取火灰簇之，令裏灰常燥，以避風濕。卻忌火氣入甕，蓋能黃茶耳。日用所須，貯於小磁瓶中者，亦當箬包苧紮，勿令見風。且宜置於案頭，勿近有氣味之物，亦不可用紙包蓋。茶性畏紙，紙成於水中，受水氣多也。紙裏一夕，既隨紙作氣而茶味盡矣。雖再焙之，少頃即潤。雁宕諸山之茶，首坐此病，紙帖貽遠，安得復佳。

茶之味清而性易移，藏法喜溫燥而惡冷濕，喜清涼而惡鬱蒸，宜清觸而忌香惹。藏用火焙，不可日曬。世人多用竹器貯茶，雖加箬葉擁護，然箬性峭勁，不甚伏帖，風濕易侵；至於地爐中頓放，萬萬不可。人有以竹器盛茶置被籠中，用火即，黃除火即潤，忌之忌之。

聞龍《茶箋》：嘗考經言茶焙甚詳，愚謂今人不必全用此法。予構一焙室，高不踰尋，方不及丈，縱廣正等，四圍及頂綿紙密糊，無小罅隙，置三四火缸於中，安新竹篩於缸內，預洗新麻布一片以襯之。散所炒茶於篩上，闔戶而焙，上面不可覆蓋。以茶葉尚潤，一覆則氣悶罨黃，須焙二三時，俟潤氣既盡，然後覆以竹箕。焙極乾，出缸待冷，入器收藏。後再焙，亦用此法。則香色與味，猶不致大減。

諸名茶，法多用炒，惟羅岕宜於蒸焙。味真蘊藉，世競珍之。即顧渚、陽羨、密邇、洞山，不復仿此。想此法偏宜於岕，未可槩施諸他茗也。然經已雲蒸之，焙之，則所從來遠矣。

吳人絕重岕茶，往往雜以黑箬，大是闕事。余每藏茶，必令樵青入山採竹箭箬，拭淨烘乾，護罌四周，半用剪碎，拌入茶中。經年發覆，青翠如新。

吳興姚叔度言，茶若多焙一次，則香味隨減一次，予驗之，良然。但於始焙時烘令極燥，多用炭箬，如法封固，即梅雨連旬，燥仍自若。惟開壇頻取，所以生潤，不得不再焙耳。自四月至八月，極宜致謹；九月以後，天氣漸肅，便可解嚴矣。雖然能不弛懈，尤妙。

　　炒茶時，須用一人從傍扇之，以袪熱氣；否則茶之色香味俱減，此予所親試。扇者色翠，不扇者色黃。炒起出鐺時，置大磁盆中，仍須急扇，令熱氣稍退。以手重揉之，再散入鐺，以文火炒乾之。蓋揉則其津上浮，點時香味易出。田子藝以生曬不炒、不揉者為佳，其法亦未之試耳。

　　《群芳譜》：以花拌茶，頗有別致。凡梅花、木樨、茉莉、玫瑰、薔薇、蘭蕙、金橘、梔子、木香之屬，皆與茶宜。當於諸花香氣全時摘拌。三停茶，一停花，收於磁罐中。一層茶，一層花，相間填滿，以紙箬封固，入淨鍋中重湯煮之。取出待冷，再以紙封裹，於火上焙乾貯用，但上好細芽茶忌用，花香反奪其真味；惟平等茶宜之。

　　《雲林遺事》：蓮花茶，就池沼中於早飯前日初出時，擇取蓮花蕊略綻者，以手指撥開，入茶滿其中，用麻絲縛紮定。經一宿，次早連花摘之，取茶紙包曬。如此三次，錫罐盛貯，紮口收藏。

　　邢士襄《茶說》：凌露無雲，採候之上；霽日融和，採候之次；積日重陰，不知其可。

　　田藝衡《煮泉小品》：芽茶以火作者為次，生曬者為上，亦更近自然，且斷煙火氣耳。況作人手器不潔，火候失宜，皆能損其香色也。生曬茶瀹之甌中，則旗鎗舒暢，清翠鮮明，香潔勝於火炒，尤為可愛。

　　《洞山茶系》〔註 112〕：岕茶採焙，定以立夏後三日，陰雨又需之。世人妄云「雨前真岕」，抑亦未知茶事矣。茶園既開，入山賣草枝者，日不下二三百石，山民收製，以假混真，好事家躬往，予租採焙，戒視惟謹，多被潛易真茶去。人地相京，高價分買，家不能二三觔〔註 113〕。近有採嫩葉，除尖蒂，抽細筋焙之，亦曰片茶；不去尖筋，炒而復焙，燥如葉狀，曰攤茶，並難多得。又有俟茶市將闌，採取剩葉焙之，名曰修山，茶香味足而色差老。若今四方所貨岕片，多是南嶽片子，署為騙茶可矣。茶賈炫人，率以長潮等茶，本岕亦不可得。噫！安得起陸龜蒙於九京，與之賡茶人詩〔註 114〕也。茶人皆有市心，令予徒仰真茶而已。故余煩悶時每誦姚合《乞茶詩》〔註 115〕一過。

〔註 112〕即明代周高起《洞山岕茶系》，此處內容錄自「貢茶」一節。
〔註 113〕斤。
〔註 114〕陸詩云：「天賦識靈草，自然鍾野姿。閒來北山下，似與東風期。雨後採芳去，雲間幽路危。惟應報春鳥，得共此人知。」
〔註 115〕姚合《乞茶詩》：「嫩綠微黃碧澗春，採時聞道斷葷辛。不降錢買將詩乞，借問山翁有幾人。」

《月令廣義》：炒茶，每鍋不過半觔。先用乾炒，後微灑水，以布捲起揉做。

茶，擇淨微蒸，候變色，攤開扇去濕熱氣，揉做畢，用火焙乾，以箬葉包之。語曰：「善蒸不若善炒，善曬不若善焙」，蓋茶以炒而焙者為佳耳。

《月令廣義》〔註116〕：採茶在四月，嫩則益人，粗則損人。茶之為道，釋滯去垢，破睡除煩，功則著矣。其或採造藏貯之無法，碾焙煎試之失宜，則雖建芽、浙茗，祇為常品耳。此製作之法，宜亟講也。

馮夢禎《快雪堂漫錄》：炒茶，鍋令極淨。茶要少，火要猛，以手拌炒，令軟淨，取出攤於匾中，略用手揉之，揉去焦梗。冷定復炒，極燥而止。不得便入瓶，置於淨處，不可近濕。一二日後，再入鍋炒，令極燥，攤冷，然後收藏。藏茶之罌，先用湯煮過，烘燥，乃燒栗炭透紅，投罌中，覆之令黑。去炭及灰，入茶五分，投入冷炭，再入茶。將滿，又以宿箬葉實之，用厚紙封固罌口，更包燥淨無氣味磚石壓之，置於高燥透風處。不得傍牆壁及泥地方得〔註117〕。

屠長卿《考槃餘事》：茶宜箬葉而畏香藥，喜溫燥而忌冷濕。故收藏之法，先於清明時收買箬葉，揀其最青者，預焙極燥，以竹絲編之，每四片編為一塊，聽用。又買宜興新堅大罌，可容茶十觔以上者，洗淨焙乾聽用。山中採焙回，復焙一番，去其茶子、老葉、梗屑及枯焦者，以大盆埋伏生炭，覆以灶中敲細，赤火既不生煙，又不易過。置茶焙下焙之，約以二觔作一焙。別用炭火入大爐內，將罌縣架其上，烘至燥極而止。先以編箬襯於罌底，茶焙燥後，扇冷方入。茶之燥以拈起即成末為驗。隨焙隨入，既滿又以箬葉覆於茶上，每茶一觔約用箬二兩。罌口用尺八紙焙燥封固，約六七層，壓以方厚白木板一塊，亦取焙燥者，然後於嚮明淨室或高閣藏之。用時以新燥宜興小瓶，約可受四五兩者另貯。取用後，隨即包整。夏至後三日再焙一次，秋分後三日又焙一次，一陽後三日又焙一次，連山中共焙五次。從此直至交新，色味如一。罌中用淺，更以燥箬葉滿貯之，雖久不浥。

又一法，以中壇盛茶，約十觔一瓶。每年燒稻草灰入大桶內，將茶瓶座於桶中，以灰四面填桶瓶上，覆灰築實。用時撥灰開瓶，取茶些少，仍覆封瓶覆灰，則再無蒸壞之患。次年另換新灰。

〔註116〕此為《農政全書》之誤。
〔註117〕斷句：不是「地方」，而是「方得」。

又一法，於空樓中縣架，將茶瓶口朝下放，則不蒸。緣蒸氣自天而下也。

採茶時，先自帶鍋入山，別租一室，擇茶工之尤良者，倍其雇值。戒其搓摩，勿使生硬，勿令過焦。細細炒燥，扇冷，方貯罌中。

採茶不必太細，細則芽初萌而味欠足；不可太青，青則葉已老而味欠嫩。須在穀雨前後，覓成梗帶葉微綠色而團且厚者為上。更須天色晴明，採之方妙。若閩廣嶺南，多瘴癘之氣，必待日出山霽，霧瘴嵐氣收淨，採之可也。

馮可賓《岕茶箋》：茶，雨前精神未足，夏後則梗葉太粗。然以細嫩為妙，須當交夏時，看風日晴和，月露初收，親自監採入籃。如烈日之下，應防籃內鬱蒸，又須傘蓋。至舍，速傾於淨匾內，薄攤，細揀枯枝、病葉、蛸絲、青牛之類，一一剔去，方為精潔也。

蒸茶須看葉之老嫩定蒸之遲速，以皮梗碎而色帶赤為度，若太熟則失鮮，其鍋內湯，須頻換新水，蓋熟湯能奪茶味也。

陳眉公〔註 118〕《太平清話》：吳人於十月中採小春茶，此時不獨逗漏花枝，而尤喜日光晴暖。從此蹉過，霜凄雁凍不復可堪矣。

眉公云：採茶欲精，藏茶欲燥，烹茶欲潔。

吳拭云：山中採茶歌，凄清哀婉，韻態悠長，一聲從雲際飄來，未嘗不潸然墮淚。吳歌未便能動人如此也。

熊明遇《岕山茶記》：貯茶器中，先以生炭火煅過，於烈日中暴之令火滅，乃亂插茶中。封固罌口，覆以新磚，置於高爽近人處。黴天雨候，切忌發覆，須於晴燥日開取。其空缺處，即當以箬填滿，封閟如故，方為可久。

《雪蕉館記談》：明玉珍子升，在重慶取涪江青礑石為茶磨，令宮人以武隆雪錦茶碾，焙以大足縣香霏亭海棠花，味倍於常。海棠無香，獨此地有香，焙茶尤妙。

《詩話》〔註 119〕：顧渚湧金泉，每歲造茶時，太守先祭拜，然後水稍出；造貢茶畢，水漸減，至供堂茶畢，已減半矣；太守茶畢，遂涸。北苑龍焙泉亦然。

《紫桃軒雜綴》：天下有好茶，為凡手焙壞；有好山水，為俗子妝點壞；有好子弟，為庸師教壞，真無可奈何耳。

〔註 118〕即陳繼儒。
〔註 119〕宋代阮閱《詩話總龜》。

匡廬頂產茶，在雲霧蒸蔚中極有勝韻，而僧拙於焙，瀹之為赤鹵，豈復有茶哉！戊戌春，小住東林，同門人董獻可、曹不隨、萬南仲手自焙茶，有「淺碧從教如凍柳，清芬不遣雜花飛」之句。既成，色香味殆絕。

顧渚，前朝名品。正以採摘初芽，加之法制，所謂馨一畝之入，僅充半環，取精之多，自然擅妙也。今碌碌諸葉茶中，無殊菜沈，何勝括目。金華仙洞，與閩中武夷，俱良材，而厄於焙手。埭頭本草市溪庵施濟之品，近有蘇焙者，以色稍青，遂混常價。

《岕茶匯鈔》：岕茶，不炒，甀中蒸熟，然後烘焙。緣其摘遲，枝葉微老，炒不能軟，徒枯碎耳。亦有一種細炒岕，乃他山炒焙以欺好奇者。岕中人惜茶，決不忍嫩採，以傷樹本。余意他山摘茶，亦當如岕之遲摘老蒸，似無不可，但未經嘗試不敢漫作。

茶以初出雨前者佳，惟羅岕立夏開園。吳中所貴梗觕葉厚者，有簫箬之氣。還是夏前六七日，如雀舌者最不易得。

《檀几叢書》：南嶽貢茶，天子所嘗，不敢置品。縣官修貢，期以清明日入山肅祭，乃始開園。採造視松羅、虎丘，而色香豐美，自是天家清供，名曰片茶。初亦如岕茶製法，萬曆丙辰。僧稠蔭遊松蘿，乃仿製為片。

馮時可《滇行記略》：滇南城外石馬井泉，無異惠泉。感通寺茶，不下天池、伏龍，特此中人不善焙製耳。徽州松蘿，舊亦無聞，偶虎丘一僧往松蘿庵，如虎丘法焙製，遂見嗜於天下。恨此泉不逢陸鴻漸，此茶不逢虎丘僧也。

《湖州志》：長興縣啄木嶺金沙泉，唐時每歲造茶之所也，在湖常二郡界。泉處沙中，居常無水。將造茶，二郡太守畢至，具儀注拜敕祭，泉頃之發源。其夕清溢，供御者畢水即微減，供堂者畢水已半之。太守造畢，水即涸矣。太守或還旆稽期，則示風雷之變，或見鷙獸、毒蛇、木魅、陽睒之類焉。商旅多以顧渚水造之，無沾金沙者。今之紫筍即用顧渚造者，亦甚佳矣。

高濂《八箋》〔註120〕：藏茶之法，以箬葉封裹入茶焙中，兩三日一次。用火當如人體之溫溫然，而濕潤自去。若火多則茶，焦不可食矣。

陳眉公《太平清話》〔註121〕：武夷、㠛㠢、紫帽、龍山，皆產茶。僧拙於焙，既採則先蒸而後焙，故色多紫赤，只堪供宮中浣濯用耳。近有以松蘿

〔註120〕即《遵生八箋》。
〔註121〕此當為周亮工《閩小紀》內容，陸廷燦誤錄。

法製之者，既試之，色香亦具足。經旬月則紫赤如故。蓋製茶者，不過土著數僧耳，語三吳之法，轉轉相效，舊態畢露。此須如昔人論琵琶法，使數年不近盡，忘其故調而後，以三吳之法行之，或有當也。

徐茂吳云：寘茶，大甕底置箬，甕口封閟，倒放，則過夏不黃。以其氣不外泄也。子晉云：當倒放有蓋缸內，缸宜砂底，則不生水而常燥。加謹封貯，不宜見日。見日則生翳，而味損矣。藏又不宜於熱處。新茶不宜驟用，貯過黃梅，其味始足。

張大復《梅花筆談》：松蘿之香馥馥，廟後之味閑閑。顧渚撲人鼻孔，齒頰都異，久而不忘。然其妙在造，凡宇內道地之產，性相近也，習相遠也。吾深夜被酒髮，張震封所遺顧渚，連啜而醒。

宗室文昭《古瓻集》：桐花頗有清味，因收花以薰茶，命之曰桐茶。有「長泉細火夜煎茶，覺有桐香入齒牙」之句。

王草堂《茶說》：武夷茶，自穀雨採至立夏，謂之頭春；約隔二旬復採，謂之二春；又隔又採，謂之三春。頭春葉粗味濃，二春、三春，葉漸細，味漸薄，且帶苦矣。夏末秋初，又採一次，名為秋露。香更濃，味亦佳，但為來年計，惜之不能多採耳。茶採後，以竹筐勻鋪，架於風日中，名曰曬青。俟其青色漸收，然後再加炒焙。陽羨岕片，衹蒸不炒，火焙以成。松蘿、龍井，皆炒而不焙，故其色純。獨武夷炒焙兼施，烹出之時，半青半紅，青者乃炒色，紅者乃焙色。茶採而攤，攤而撻，香氣發越即炒，過時、不及皆不可。既炒既焙，復揀去其中老葉、枝蒂，使之一色。釋超全詩云：「如梅斯馥蘭斯馨，心閑手敏工夫細。」形容殆盡矣。

王草堂《節物出典》：《養生仁術》云：穀雨日採茶，炒藏合法，能治痰及百病。

《隨見錄》：凡茶，見日則味奪，惟武夷茶喜日曬。

武夷造茶，其岩茶以僧家所製者，最為得法。至洲茶中，採回時，逐片擇其背上有白毛者，另炒另焙，謂之白毫，又名壽星眉。摘初發之芽一旗未展者，謂之蓮子心。連枝二寸剪下烘焙者，謂之鳳尾龍鬚。要皆異其製造，以欺人射利，實無足取焉。

四之器

《御史臺記》〔註122〕：唐制，御史有三院：一曰臺院，其僚為侍御史；二曰殿院，其僚為殿中侍御史；三曰察院，其僚為監察御史。察院廳居南，會昌初，監察御史鄭路所葺。禮察廳，謂之松廳，以其南有古松也。刑察廳，謂之魘廳，以寢於此者多夢魘也。兵察廳主掌院中茶，其茶必市蜀之佳者，貯於陶器，以防暑濕。御史輒躬親緘啟，故謂之茶瓶廳。

《資暇集》〔註123〕：茶托子，始建中蜀相崔寧之女。以茶杯無襯，病其熨指，取楪子承之。既啜而杯傾，乃以蠟環楪子之央，其杯遂定，即命工匠以漆代蠟環，進於蜀相。蜀相奇之，為製名而話於賓親，人人為便，用於當代。是後，傳者更環其底，愈新其制，以至百狀焉。

貞元初，青郵油繒為荷葉形，以襯茶碗，別為一家之楪。今人多云托子始此，非也。蜀相即今升平崔家，訊則知矣。

《大觀茶論·茶器》：羅碾。碾以銀為上，熟鐵次之。槽欲深而峻，輪欲銳而薄。羅欲細而面緊。碾必力而速。惟再羅，則入湯輕泛，粥面光凝，盡茶之色。

盞須度茶之多少，用盞之大小。盞高茶少，則掩蔽茶色；茶多盞小，則受湯不盡。惟盞熱，則茶發立耐久。

筅以觔竹老者為之，身欲厚重，筅欲疏勁，本欲壯而末必眇，當如劍脊之狀。蓋身厚重，則操之有力而易於運用。筅疏勁如劍脊，則擊拂雖過，而浮沫不生。

瓶宜金銀，大小之制惟所裁給。注湯利害，獨瓶之口嘴而已。嘴之口差大而宛直，則注湯力緊而不散。嘴之末欲圓小而峻削，則用湯有節而不滴瀝。蓋湯力緊則發速有節，不滴瀝則茶面不破。

勺之大小，當以可受一盞茶為量。有餘不足，傾勺煩數，茶必冰矣。

蔡襄《茶錄·茶器》：

茶焙，編竹為之，裹以箬葉。蓋其上以收火也，隔其中以有容也。納火其下，去茶尺許，常溫溫然，所以養茶色香味也。

〔註122〕《御史臺記》，唐代韓琬撰，又名《御史臺記事》，主要記錄有關唐初至開元五年間的「御史」諸人諸事，原有十二卷，今存一卷。此處記錄主要說明茶在御史群體中非常流行，有專門的御史茶文化。

〔註123〕《資暇集》，唐代李匡乂（李濟翁）撰，屬據辯證類筆記，共三卷。

茶籠，茶不入焙者，宜密封裹，以箬籠盛之，置高處，切勿近濕氣。

砧椎，蓋以碎茶。砧，以木為之，椎則或金或鐵，取於便用。

茶鈐，屈金鐵為之，用以炙茶。

茶碾，以銀或鐵為之。黃金性柔，銅及鍮石皆能生鉎，不入用。

茶羅，以絕細為佳。羅底用蜀東川鵝溪絹之密者，投湯中揉洗以罩之。

茶盞，茶色白，宜黑盞。建安所造者紺黑，紋如兔毫，其坯微厚，鉏之久熱難冷，最為要用。出他處者，或薄或色紫，不及也。其青白盞，鬥試自不用。

茶匙要重，擊拂有力。黃金為上，人間以銀鐵為上。竹者太輕，建茶不取。

茶瓶要小者，易於候湯，且點茶注湯有準。黃金為上，若人間以銀鐵或瓷石為之。若瓶大啜存，停久味過，則不佳矣。

孫穆《雞林類事》〔註124〕：高麗方言，茶匙曰茶戌。

《清波雜志》〔註125〕：長沙匠者，造茶器極精緻，工直之厚，等所用白金之數。士大夫家多有之，置几案間，但知以侈靡相誇，初不常用也。凡茶宜錫，竊意以錫為合，適用而不侈。貼以紙，則茶味易損。

張芸叟云：呂申公家有茶羅子，一金飾，一棕欄。方接客，索銀羅子，常客也；金羅子，禁近也；棕欄，則公輔必矣。家人常挨排於屏間以候之。

《黃庭堅集·同公擇詠茶碾》詩：要及新香碾一杯，不應傳寶到雲來。碎身粉骨方餘味，莫厭聲喧萬壑。

陶穀《清異錄》：富貴湯，當以銀銚煮之，佳甚。銅銚煮水，錫壺注茶，次之。

《蘇東坡集·揚州石塔試茶》詩：坐客皆可人，鼎器手自潔。

《秦少遊集·茶臼》〔註126〕詩：幽人耽茗飲，刳木事搗撞。巧製合臼形，雅音伴枙桯。

〔註124〕《雞林類事》，北宋孫穆撰。孫穆為北宋譯官，《雞林類事》乃其出使高麗時撰寫，主要記錄了高麗的官制、風土人情以及語言等。其中，尤以漢文發音標注二百餘高麗語較有。此處「茶戌」即漢文標注高麗語的體現。

〔註125〕《清波雜志》，宋代周煇所撰筆記，計十二卷，內容多是宋人軼事佚文、風俗物產等。

〔註126〕秦少游，即淮海居士秦觀（1049～1100）。

《文與可〔註127〕集‧謝許判官惠茶器圖》詩：成圖畫茶器，滿幅寫茶詩。會說工全妙，深諳句特奇。

謝宗可〔註128〕《詠物詩‧茶筅》：此君一節瑩無瑕，夜聽松聲漱玉華。萬里引風歸蟹眼，半瓶飛雪起龍芽。香凝翠發雲生腳，濕滿蒼髯浪捲花。到手纖毫皆盡力，多因不負玉川家。

《乾淳歲時記》：禁中大慶，用大鍍金㼾，以五色果簇釘龍鳳，謂之繡茶。

《演繁露》〔註129〕：《東坡後集二‧從駕景靈宮》詩云：「病貪賜茗浮銅葉。」按今御前賜茶，皆不用建盞，用大湯㼾，色正白，但其制樣以銅葉湯㼾耳。銅葉色，黃褐色也。

周密《癸辛雜志》：宋時長沙茶具精妙甲天下，每副用白金三百星或五百星。凡茶之具悉備，外則以大縷銀合貯之，趙南仲丞相帥潭，以黃金千兩為之，以進尚方。穆陵大喜，蓋內院之工所不能為也。

楊基《眉庵集‧詠木茶爐》詩：紺綠仙人煉玉膚，花神為曝紫霞腴。九天清淚沾明月，一點芳心託鷓鴣。肌骨已為香魄死，夢魂猶在露團枯。嫦娥莫怨花零落，分會餘醺與酪奴。

張源《茶錄》：茶銚，金乃水母，銀備剛柔，味不鹹澀，作銚最良。製必穿心，令火氣易透。

茶甌以白瓷為上，藍者次之。

聞龍《茶箋‧茶鍑》：山林隱逸，水銚用銀尚不易得，何況鍑乎。若用之恒，歸於鐵也。

羅廩《茶解》：茶爐，或瓦或竹皆可，而大小須與湯銚稱。凡貯茶之器，始終貯茶，不得移為他用。

李如一《水南翰記》〔註130〕：韻書無㼾字，今人呼盛茶酒器曰㼾。

〔註127〕 文與可，即笑笑居士文同（1018～1079），或稱笑笑先生、石室先生，北宋時期梓州（四川綿陽市）人，善畫竹。

〔註128〕 謝宗可，元朝金陵人，生卒年不詳，有《詠物詩》一卷傳世。

〔註129〕 《演繁露》，宋代程大昌著，此書廣敘歷代雜事而以格物致知為宗旨，其中包含大量歷代茶事。另，程大昌還撰有《續演繁露》六卷，與《演繁露》渾為一體。

〔註130〕 李如一（1557～1630），名鶚翀、字行、貫之等，明常州府江陰人，諸生，博學多識，好藏書，所撰《水南翰記》一卷錄於《五朝小說大觀》，見臺北新興書局 1960 年影印本。

《檀几叢書》：品茶用甌，白瓷為良，所謂「素瓷傳靜夜，芳氣滿閒軒」也。制宜弇口邃腸，色浮浮而香不散。

《茶說》：器具精潔，茶愈為之生色。今時姑蘇之錫注，時大彬之沙壺，汴梁之錫銚，湘妃竹之茶灶，宣成窯之茶盞，高人詞客、賢士大夫，莫不為之珍重。即唐宋以來，茶具之精，未必有如斯之雅致。

《聞雁齋筆談》：茶既就筐，其性必發於日，而遇知己於水。然非煮之茶灶、茶爐，則亦不佳。故曰，飲茶，富貴之事也。

《雪庵清史》〔註131〕：「泉冽性駛，非局以金銀器，味必破器而走矣。有饋中泠泉於歐陽文忠者，公訝曰：『君故貧士，何為致此奇貺？』徐視饋器，乃曰：『水味盡矣。』噫！如公言，飲茶乃富貴事耶？嘗考宋之大小龍團，始於丁謂，成於蔡襄。公聞而歎曰：『君謨十人也，何至作此事。』東坡詩曰：『武夷溪邊粟粒芽，前丁後蔡相籠加。吾君所乏豈此物，致養口體何陋耶。』觀此，則二公又為茶敗壞多矣。故余於茶瓶而有感。

茶鼎，丹山碧水之鄉，月澗雲龕之品，滌煩消渴，功誠不在芝術下。然不有似泛乳花、浮雲腳，則草堂暮雲陰，松窗殘雪明，何以勺之野語清。噫！鼎之有功於茶大矣哉！故曰休有『立作菌蠢勢，煎為潺湲聲』，禹錫有『驟雨松風入鼎來，白雲滿碗花徘徊』，居仁有『浮花原屬三昧手，竹齋自試魚眼湯』，仲淹有『鼎磨雲外首山銅，瓶攜江上中泠水』，景綸有『待得聲聞俱寂後，一甌春雪勝醍醐』。噫！鼎之有功於茶大矣哉。雖然，吾猶有取盧仝『柴門反關無俗客，紗帽籠頭自煎吃』，楊萬里『老夫平生愛煮茗，十年燒穿折腳鼎』。如二君者，差可不負此鼎耳。」

馮時可《茶錄》：芘莉，一名笀筤，茶籠也。犧，木杓也，瓢也。

《宜興志‧茗壺》：陶穴環於蜀山，原名獨山，東坡居陽羨時，以其似蜀中風景，改名蜀山。今山椒建東坡祠以祀之。陶煙飛染，祠宇盡黑。

〔註131〕《雪庵清史》，晚明樂純著，屬清言小品，共五卷。樂純，字思白，號雪庵、天湖子，福建沙縣人，廩生，通經史書畫。其餘還著有《紅雨樓集》。《雪庵清史》的內容與構架非常獨特，《四庫全書總目提要》云：「皆小品雜言，分清景、清供、清課、清醒、清福，為五門；每門又各立子目，大抵明季山人潦倒恣肆之言，拾屠隆、陳繼儒之餘慧，自以為雅人深致者也。」樂純是一位十足的禪學倡導者，其書作中有關禪茶的內容極多，例如《雪庵清史‧清課》云：「焚香、煮茗、習靜、尋僧、奉佛、參禪、說法、作佛事、翻經、懺悔、放生。」尤為重視禪家「煮茗」。

　　冒巢民〔註132〕云：茶壺以小為貴，每一客一壺，任獨斟飲，方得茶趣。何也？壺小則香不渙散，味不耽遲。況茶中香味，不先不後，恰有一時。太早或未足，稍緩或已過，個中之妙，清心自飲，化而裁之，存乎其人。

　　周高起《陽羨茗壺系》：茶至明代，不復碾屑、和香藥、製團餅，已遠過古人。近百年中，壺黜銀錫及閩豫瓷，而尚宜興陶，此又遠過前人處也。陶曷取諸？取其製以本山土砂，能發真茶之色香味，不但杜工部云『傾金注玉驚人眼』，高流務以免俗也。至名手所作，一壺重不數兩，價每一二十金，能使土與黃金爭價。世日趨華，抑足感矣。考其創始，自金沙寺僧，久而逸其名。又提學頤山吳公，讀書金沙寺中，有青衣供春者，仿老僧法為之。粟色暗暗，敦龐周正，指螺紋隱隱可按，允稱第一，世作龔春，誤也。

　　萬曆間，有四大家：董翰、趙梁、玄錫、時朋。朋即大彬父也。大彬號少山，不務妍媚，而樸雅堅栗，妙不可思，遂於陶人擅空群之目矣。此外則有李茂林、李仲芳、徐友泉；又大彬徒歐正春、邵文金、邵文銀、蔣伯荂四人；陳用卿、陳信卿、閔魯生、陳光甫；又婺源人陳仲美，重鎪疊刻，細極鬼工；沈君用、邵蓋、周後溪、邵二孫、陳俊卿、周季山、陳和之、陳挺生、承雲從、沈君盛、陳辰輩，各有所長。徐友泉所自製之泥色，有海棠紅、朱砂紫、定窯白、冷金黃、淡墨、沉香、水碧、榴皮、葵黃、閃色、梨皮等名。大彬鎪款，用竹刀畫之，書法閒雅。

　　茶洗，式如扁壺，中加一盎，鬲而細竅其底，便於過水漉沙。茶藏，以閉洗過之茶者。陳仲美、沈君用各有奇製。水杓、湯銚，亦有製之盡美者，要以椰瓢錫缶為用之恒。

　　茗壺宜小不宜大，宜淺不宜深。壺蓋宜盎不宜砥。湯力茗香俾得團結氤氳，方為佳也。

　　壺若有宿雜氣，須滿貯沸湯滌之，乘熱傾去，即沒於冷水中，亦急出水瀉之，元氣復矣。

　　許次紓《茶疏》：茶盒，以貯日用零茶，用錫為之，從大壇中分出，若用盡時再取。

　　茶壺，往時尚龔春，近日時大彬所製，極為人所重。蓋是粗砂製成，正取砂無土氣耳。

〔註132〕即冒辟疆。

　　臞仙云：茶甌者，予嘗以瓦為之，不用磁。以筍殼為蓋，以櫟葉贊覆於上，如箬笠狀，以蔽其塵。用竹架盛之，極清無比。茶匙以竹編成，細如笊籬樣，與塵世所用者大不凡矣，乃林下出塵之物也。煎茶用銅瓶，不免湯銍；用砂銚，亦嫌土氣；惟純錫為五金之母，製銚能益水德。

　　謝肇淛《五雜俎》：宋初閩茶，北苑為最。當時上供者，非兩府禁近不得賜，而人家亦珍重愛惜。如王東城有茶囊，惟楊大年至，則取以具茶，他客莫敢望也。

　　《支廷訓集》：有湯蘊之傳，乃茶壺也。

　　文震亨《長物志》：壺以砂者為上，既不奪香，又無熟湯氣。錫壺有趙良璧者，亦佳。吳中歸錫，嘉禾黃錫，價皆最高。

　　《遵生八箋》：茶銚、茶瓶，瓷砂為上，銅錫次之。瓷壺注茶，砂銚煮水為上。茶盞，惟宣窯壇為最，質厚白瑩，樣式古雅有等，宣窯印花白甌，式樣得中，而瑩然如玉。次則嘉窯，心內有茶字小盞為美。欲試茶，色黃白，豈容青花亂之。注酒亦然，惟純白色器皿為最上乘，餘品皆不取。

　　試茶以滌器為第一要。茶瓶、茶盞、茶匙生銼，致損茶味，必須先時洗潔則美。

　　曹昭《格古要論》〔註133〕：古人吃茶、湯用擎，取其易乾不留滯。

　　陳繼儒《試茶》詩，有「竹爐幽討」「松火怒飛」之句。（竹茶爐出惠山者最佳。）

　　《淵鑒類函〔註134〕・茗碗》：韓詩〔註135〕「茗碗纖纖捧」。

　　徐葆光《中山傳信錄》：琉球茶甌，色黃，描青綠花草，云出土噶喇。其質少粗，無花，但作水紋者，出大島。甌上造一小木蓋，朱黑漆之，下作空心托子，製作頗工。亦有茶托、茶帚。其茶具、火爐與中國小異。

　　葛萬里《清異論錄》：時大彬茶壺，有名釣雪，似帶笠而釣者，然無牽合意。

　　《隨見錄》：洋銅茶銚，來自海外。紅銅蕩錫，薄而輕，精而雅，烹茶最宜。

〔註133〕《格古要論》，明代曹昭撰，是關於文物鑒定方面的專著。

〔註134〕《淵鑒類函》由清代張英、王士禛、王掞等撰，屬清代官修大型類書，計四百五十卷，廣採歷代類書而集成。

〔註135〕此處「韓詩」指韓愈詩，「茗碗纖纖捧」句見韓愈、孟郊、張籍、張徹撰之《會合聯句》。實際上，此句應是由是由孟郊作。

五之煮

唐陸羽《六羨歌》：不羨黃金罍，不羨白玉杯，不羨朝入省，不羨暮入臺，千羨萬羨西江水，曾向竟陵城下來。

唐張又新《水記》：故邢部侍郎劉公諱伯芻，於又新丈人行也。為學精博，有風鑒稱。較水之與茶宜者，凡七等：揚子江南零水第一，無錫惠山寺石水第二，蘇州虎丘寺石水第三，丹陽縣觀音寺井水第四，大明寺井水第五，吳淞江水第六，淮水最下第七。余嘗具瓶於舟中，親挹而比之，誠如其說也。客有熟於兩浙者，言搜訪未盡，余嘗誌之。及刺永嘉，過桐廬江，至嚴瀨，溪色至清，水味甚冷，煎以佳茶，不可名其鮮馥也。愈於揚子、南零殊遠。及至永嘉，取仙岩瀑布用之，亦不下南零，以是知客之說信矣。

陸羽論水，次第凡二十種：廬山康王穀水簾水第一，無錫惠山寺石泉水第二，蘄州蘭溪石下水第三，峽州扇子山下是蝦蟆口水第四，蘇州虎丘寺石泉水第八，唐州桐柏縣淮水源第九，廬州龍池山嶺水第十，丹陽縣觀音寺水第十一，揚州大明寺水第十二，漢江金州上游中零水第十三（水苦），歸州玉虛洞下香溪水第十四，商州武關西洛水第十五，吳淞江水第十六，天台山西南峰千丈瀑布水第十七，柳州圓泉水第十八，桐廬嚴陵灘水第十九，雪水第二十（用雪不可太冷）。

唐顧況《論茶》：煎以文火細煙，煮以小鼎長泉。〔註136〕

蘇廙《仙芽傳》第九卷載「作湯十六法」謂：湯者，茶之司命。若名茶而濫湯，則與凡味同調矣。煎以老嫩言，凡三品；注以緩急言，凡三品；以器標者，共五品；以薪論者，共五品。一得一湯，二嬰湯，三百壽湯，四中湯，五斷脈湯，六大壯湯，七富貴湯，八秀碧湯，九壓一湯，十纏口湯，十一減價湯，十二法律湯，十三一麵湯，十四宵人湯，十五賤湯，十六魔湯。

丁用晦《芝田錄》〔註137〕：唐李衛公德裕，喜惠山泉，取以烹茗。自常州到京，置驛騎傳送，號曰「水遞」。後有僧某曰：「請為相公通水脈。」蓋京師有一眼井與惠山泉脈相通，汲以烹茗，味殊不異。公問：「井在何坊曲？」

〔註136〕顧況（約727～815），字逋翁，號華陽真逸、華陽真隱、悲翁，蘇州海鹽人，唐代詩畫名家。《論茶》所引「煎以文火細煙，煮以小鼎長泉」句，在曾慥《類說》、朱勝非《紺珠集》、高似孫《緯略》、潘自牧《記纂淵海》、闕名《錦繡萬花谷》等書中，均錄為「煎以文火細煙，小鼎長泉苦茶」。

〔註137〕丁用晦，晚唐至五代時人，所撰《芝田錄》主要記錄志怪傳奇逸事。

曰：「昊天觀常住庫後是也。」因取惠山、昊天各一瓶，雜以他水八瓶，令僧辨晰。僧止取二瓶井泉，德裕大加奇歎。

《事文類聚》：贊皇公李德裕居廊廟日，有親知奉使於京口，公曰：「還日，金山下揚子江南零水，與取一壺來。」其人敬諾。及使回，舉棹日，因醉而忘之，泛舟至石頭城下，方憶，乃汲一瓶於江中，歸京獻之。公飲後，歎訝非常，曰：「江表水味有異於頃歲矣，此水頗似建業石頭城下水也。」其人即謝過，不敢隱。

《河南通志》：盧仝茶泉在濟源縣。仝有莊，在濟源之通濟橋二里餘，茶泉存焉。其詩曰：「買得一片田，濟源花洞前。自號玉川子，有寺名玉泉。」汲此寺之泉煎茶，有《玉川子飲茶歌》，句多奇警。

《黃州志》：陸羽泉，在蘄水縣鳳棲山下，一名蘭溪泉，羽品為天下第三泉也。嘗汲以烹茗，宋王元之有詩。

無盡法師《天台記》：陸羽品水，以此山瀑布泉為天下第十七水。余嘗試飲，比余甌溪、蒙泉殊劣，余疑鴻漸但得至瀑布泉耳。苟遍歷天台，當不取金山為第一也。

《海錄》：陸羽品水，以雪水第二十，以煎茶滯而太冷也。

陸平泉《茶寮記》：唐秘書省中水最佳，故名秘水。

《檀几叢書》：唐天寶中，稠錫禪師名清晏，卓錫南嶽澗上，泉忽迸石竇間，字曰真珠泉。師飲之清甘可口，曰：「得此瀹吾鄉桐廬茶，不亦稱乎！」

大觀茶論》：水以輕清甘潔為美，用湯以魚目蟹眼連絡迸躍為度。

咸淳《臨安志》：棲霞洞內有水洞，深不可測，水極甘冽。魏公調以瀹茗。又蓮花院有三井，露井最良，取以烹茗，清甘寒冽，品為小林第一。

《王氏談錄》：公言茶品高而年多者，必稍陳。遇有茶處，春初取新芽，輕炙，雜而烹之，氣味自復在。襄陽試作，甚佳。嘗語君謨，亦以為然。

歐陽修《浮槎水記》：浮槎與龍池山皆在廬州界中，較其味，不及浮槎遠甚。而又新所記，以龍池為第十，浮槎之水棄而不錄，以此知又新所失多矣。陸羽則不然，其論曰：「山水上，江次之，井為下，山水乳泉石池漫流者上。」其言雖簡，而於論水盡矣。

蔡襄《茶錄》：茶或經年，則香色味皆陳。煮時先於淨器中以沸湯漬之，刮去膏油。一兩重即止。乃以鈐鉗之，用微火炙乾，然後碎碾。若當年新茶，

則不用此說。碾時，先以淨紙密裹搥碎，然後熟碾。其大要旋碾則色白，如經宿則色昏矣。

碾畢即羅。羅細則茶浮，粗則沫浮。

候湯最難，未熟則沫浮，過熟則茶沉。前世謂之蟹眼者，過熟湯也。沉瓶中煮之不可辨，故曰候湯最難。

茶少湯多則雲腳散，湯少茶多則粥面聚（建人謂之雲腳、粥面。）鈔茶一錢七，先注湯，調令極勻。又添注入，環回擊拂。湯上盞，可四分則止，觀其面色鮮白，著盞無水痕為絕佳。建安鬥試，以水痕先退者為負，耐久者為勝，故校勝負之說，曰相去一水兩水。

茶有真香，而入貢者微以龍腦和膏，欲助其香。建安民間試茶，皆不入香，恐奪其真也。若烹點之際，又雜以珍果香草，其奪益甚，正當不用。

陶穀《清異錄》：饌茶而幻出物象於湯面者，茶匠通神之藝也。沙門福全生於金鄉，長於茶海，能注湯幻茶成一句詩，如並點四甌，共一首絕句，泛於湯表。小小物類，唾手辦爾。檀越日造門，求觀湯戲。全自詠詩曰：「生成盞裏水丹青，巧畫工夫學不成；卻笑當時陸鴻漸，煎茶贏得好名聲。」

茶至唐而始盛。近世有下湯運匕，別施妙訣，使湯紋水脈成物象者，禽獸、蟲魚、花草之屬，纖巧如畫，但須臾即就散滅，此茶之變也。時人謂之「茶百戲」。

又有漏影春法。用鏤紙貼盞，糝茶而去紙，偽為花身。別以荔肉為葉，松實、鴨腳之類珍物為蕊，沸湯點攪。

《煮茶泉品》：予少得溫氏所著《茶說》，嘗識其水泉之目，有二十焉。會西走巴峽，經蝦蟆窟，北憩蕪城，汲蜀岡井，東遊故都，絕揚子江，留丹陽酌觀音泉，過無錫斟慧山水。粉槍末旗，蘇蘭薪桂，且鼎且缶，以飲以歠，莫不淪氣滌慮，蠲病析酲，祛鄙恡之，生心招神，明而正觀。信乎！物類之得宜，臭味之所感，幽人之佳尚，前賢之精鑒，不可及已。昔酈元善於《水經》，而未嘗知茶；王肅癖於茗飲，而言不及水錶，是二美吾無愧焉。

魏泰《東軒筆錄》〔註138〕：鼎州北百里有甘泉寺，在道左，其泉清美，最宜淪茗。林麓回抱，境亦幽勝。寇萊公謫守雷州，經此酌泉，志壁而去。未幾丁晉公竄朱崖，復經此，禮佛留題而行。天聖中，范諷以殿中丞安撫湖外，

〔註138〕《東軒筆錄》，北宋魏泰著，主記北宋政治、經濟、文化，如泉茶飲食方面的內容也不少。

至此寺，睹二相留題，徘徊慨歎，作詩以誌其旁曰：「平仲酌泉方頓轡，謂之禮佛繼南行；層巒下瞰嵐煙路，轉使高僧薄寵榮。」

張邦基《墨莊漫錄》：「元祐六年七夕日，東坡時知揚州，與發運使晁端彥、吳倅、晁无咎，大明寺汲塔院西廊井，與下院蜀井二水校其高下，以塔院水為勝。

華亭縣有寒穴泉，與無錫惠山泉味相同，並嘗之，不覺有異，邑人知之者少。王荊公嘗有詩云：「神震洌冰霜，高穴雪與平；空山淳千秋，不出嗚咽聲；山風吹更寒，山月相與清；北客不到此，如何洗煩醒。」

羅大經《鶴林玉露》：余同年友李南金云：《茶經》以魚目、湧泉連珠為煮水之節。然近世瀹茶，鮮以鼎鍑，用瓶煮水，難以候視。則當以聲辨一沸、二沸、三沸之節。又陸氏之法，以末就茶鍑，故以第二沸為合量而下末。若今以湯就茶甌瀹之，則當用背二涉三之際為合量也。乃為聲辨之詩曰：「砌蟲唧唧萬蟬催，忽有千車捆載來。聽得松風並澗水，急呼縹色綠磁杯。」其論固已精矣。然瀹茶之法，湯欲嫩而不欲老。蓋湯嫩則茶味甘，老則過苦矣。若聲如松風澗水而遽瀹之，豈不過於老而苦哉。惟移瓶去火，少待其沸止而瀹之，然後湯適中而茶味甘。此南金之所未講也。因補一詩云：「松風桂雨到來初，急引銅瓶離竹爐。待得聲聞俱寂後，一甌春雪勝醍醐。」

趙彥衛《雲麓漫鈔》：陸羽別天下水味，各立名品，有石刻行於世。《列子》云：孔子〔註139〕：「淄澠之合，易牙能辨之。」易牙，齊威公大夫。淄澠二水，易牙知其味，威公不信，數試皆驗。陸羽豈得其遺意乎？

《黃山谷集》：瀘州大雲寺西偏崖石上，有泉滴瀝，一州泉味皆不及也。

林逋《烹北苑茶有懷》：石碾輕飛瑟瑟塵，乳花烹出建溪春。人間絕品應難識，閒對《茶經》憶故人。

《東坡集》：「予頃自汴入淮，泛江溯峽歸蜀。飲江淮水蓋彌年。既至，覺井水腥澀，百餘日然後安之。以此知江水之甘於井也審矣。今來嶺外，自揚子始飲江水，及至南康，江益清駛，水益甘，則又知南江賢於北江也。近度嶺入清遠峽，水色如碧玉，味益勝。今遊羅浮，酌泰禪師錫杖泉，則清遠峽水，又在其下矣。嶺外惟惠州人喜鬥茶，此水不虛出也。

〔註139〕宜補一「云」字。

惠山寺東為觀音亭，堂曰漪瀾，泉在亭中，二井石甃相去咫尺，方圓異形。汲者多由圓井，蓋方動圓靜，靜清而動濁也。流過漪瀾，從石龍口中出，下赴大池者，有土氣，不可汲。泉流冬夏不涸，張又新品為天下第二泉。

《避暑錄話》〔註140〕：裴晉公詩云：「飽食緩行初睡覺，一甌新茗侍兒煎。脫巾斜倚繩床坐，風送水聲來耳邊。」公為此詩必自以為得意，然吾山居七年，享此多矣。

馮璧《東坡海南烹茶圖》詩：講筵分賜密雲龍，春夢分明覺亦空。地惡九鑽黎火洞，天遊兩腋玉川風。

《萬花谷》：「黃山谷有《井水帖》云：『取井傍十數小石，置瓶中，令水不濁。』故《詠慧山泉》詩云『錫谷寒泉橢（音妥）石俱』是也。石圓而長曰橢，所以澄水。」

茶家碾茶，須碾著眉上白，乃為佳。曾茶山〔註141〕詩云：「碾處須看眉上白，分時為見眼中青。」

《輿地紀勝》：竹泉，在荆州府松滋縣南。宋至和初，苦竹寺僧濬井得筆。後黃庭堅謫黔過之，視筆曰：「此吾蝦蟆碚所墜。」因知此泉與之相通。其詩曰：「松滋縣西竹林寺，苦竹林中甘井泉。巴人謾說蝦蟆碚，試裹春茶來就煎。」

周輝《清波雜志》：余家惠山，泉石皆為几案間物。親舊東來，數問松竹平安信，且時致陸子泉，茗碗殊不落寞。然頃歲亦可致於汴都，但未免瓶盎氣。用細砂淋過，則如新汲時，號拆洗惠山泉。天台竹瀝水，彼地人斷竹稍屈而取之盈甖，若雜以他水則甌敗。蘇才翁與蔡君謨比茶，蔡茶精，用惠山泉煮。蘇茶劣，用竹瀝水煎。便能取勝。此說見江鄰幾所著《嘉祐雜志》。果爾，今喜擊拂者，曾無一語及之。何也？雙井因山谷乃重，蘇魏公嘗云：「平生薦舉不知幾何人，惟孟安序朝奉歲以雙井一甖為餉。」蓋公不納苞苴，顧獨受此，其亦珍之耶。

《東京記》：文德殿兩腋有東西上閤門，故杜詩云：「東上閤之東，有井泉絕佳。」

山谷《憶東坡烹茶》詩云：「閤門井不落第二，竟陵谷簾空誤書。」

〔註140〕《避暑錄話》，北宋葉夢得撰，主記北宋朝野雜事、文化閒談等。
〔註141〕曾茶山，宋代曾幾，著有《茶山集》。

陳舜俞《廬山記》〔註 142〕：康王谷有水簾，飛泉，破岩而下者二三十派。其廣七十餘尺，其高不可計。山谷詩云：「谷簾煮甘露」是也。

孫月峰《坡仙食飲錄》：唐人煎茶多用薑，故薛能詩云：「鹽損添常戒，薑宜著更誇。」據此，則又有用鹽者矣。近世有此二物者，輒大笑之。然茶之中等者，用薑煎，信佳，鹽則不可。

馮可賓《岕茶箋》：茶雖均出於岕，有如蘭花香而味甘，過黴歷秋，開壇烹之，其香愈烈，味若新沃。以湯色尚白者，真洞山也。他岕初時亦香，秋則索然矣。

《群芳譜》：世人情性嗜好各殊，而茶事則十人而九。竹爐火候，茗碗清緣。煮引風之碧雲，傾浮花之雪乳。非借湯勳，何昭茶德。略而言之，其法有五：一曰擇水，二曰簡器，三曰忌混，四曰慎煮，五曰辨色。

《吳興掌故錄》：湖州金沙泉，至元中，中書省遣官致祭。一夕水溢，溉田千畝，賜名瑞應泉。

《職方志》：廣陵蜀岡上有井，曰蜀井，言水與西蜀相通。茶品天下，水有二十種，而蜀岡水為第七。

《遵生八箋》：凡點茶，先須熁盞令熱，則茶面聚乳，冷則茶色不浮。〔註 143〕（熁音脅，火迫也。）

陳眉公《太平清話》：「余嘗酌中泠，劣於惠山，殊不可解。後考之，乃知陸羽原以廬山谷簾泉為第一。《山疏》云：『陸羽《茶經》言，瀑瀉湍激者勿食。今此水瀑瀉湍激無如矣，乃以為第一，何也？又云液泉，在谷簾側，山多雲母，泉其液也，洪纖如指，清列甘寒，遠出谷簾之上，乃不得第一，又何也？又碧琳池東西兩泉，皆極甘香，其味不減惠山，而東泉尤列。』」

蔡君謨「湯取嫩而不取老」，蓋為團餅茶言耳。今旗芽槍甲，湯不足則茶神不透，茶色不明。故茗戰之捷，尤在五沸。

徐渭《煎茶七類》〔註 144〕：煮茶非漫浪，要須其人與茶品相得，故其法

〔註 142〕陳舜俞，字令舉，宋代湖州人。所撰《廬山記》主要內容記錄宗教人文地理。

〔註 143〕蔡襄《茶錄・熁盞》云：「凡欲點茶，先須熁盞令熱，冷則茶不浮。」相比較之下，高濂此處還進一步說了「熱則茶面聚乳」。

〔註 144〕此《煎茶七類》非徐渭撰，而僅僅是轉錄，作者實為明高叔嗣。《煎茶七類》有署名徐渭、陸樹聲、高叔嗣等版本，此處所錄，當是以署名徐渭者為據，然據多方詳考，《煎茶七類》乃高叔嗣撰，所謂徐渭、陸樹聲者，應該是二人抄錄而被後人誤認者。具體探討可參考本書所錄《煎茶七類》題解。

每傳於高流隱逸，有煙霞泉石磊碪於胸次間者。

品泉以井水為下。井取汲多者，汲多則水活。

候湯眼鱗鱗起，沫餑鼓泛，投茗器中。初入湯少許，俟湯茗相投即滿注，雲腳漸開，乳花浮面，則味全。蓋古茶用團餅碾屑，味易出。葉茶驟則乏味，過熟則味昏底滯。

張源《茶錄》：山頂泉清而輕，山下泉清而重，石中泉清而甘，砂中泉清而冽，土中泉清而厚。流動者良於安靜，負陰者勝於向陽。山削者泉寡，山秀者有神。真源無味，真水無香。流於黃石為佳，瀉出青石無用。

湯有三大辨：一曰形辨，二曰聲辨，三曰捷辨。形為內辨，聲為外辨，捷為氣辨。如蝦眼、蟹眼、魚目、連珠，皆為萌湯，直至湧沸如騰波鼓浪，水氣全消，方是純熟；如初聲、轉聲、振聲、駭聲，皆為萌湯，直至無聲，方是純熟；如氣浮一縷、二縷、三縷，及縷亂不分，氤氳繚繞，皆為萌湯，直至氣直沖貫，方是純熟。

蔡君謨因古人製茶碾磨作餅，則見沸而茶神便發。此用嫩而不用老也。今時製茶，不假羅碾，全具元體，湯須純熟，元神始發也。

爐火通紅，茶銚始上。扇起要輕疾，待湯有聲，稍稍重疾，斯文武火候也。若過乎文，則水性柔，柔則水為茶降；過於武，則火性烈，烈則茶為水製，皆不足於中和，非茶家之要旨。

投茶有序，無失其宜。先茶後湯，曰下投；湯半下茶，復以湯滿，曰中投；先湯後茶，曰上投。夏宜上投，冬宜下投，春秋宜中投。

不宜用惡木、敝器、銅匙、銅銚、木桶、柴薪、煙煤、麩炭、粗童、惡婢、不潔巾帨，及各色果實香藥。

謝肇淛《五雜俎》：唐薛能《茶詩》云：「鹽損添常戒，薑宜著更誇。」煮茶如是，味安佳？此或在竟陵翁未品題之先也。至東坡《和寄茶》詩云：「老妻稚子不知愛，一半已入薑鹽煎。」則業覺其非矣，而此習猶在也。今江右及楚人，尚有以薑煎茶者，雖云古風，終覺未典。

閩人苦山泉難得，多用雨水，其味甘不及山泉，而清過之。然自淮而北，則雨水苦黑，不堪煮茗矣。惟雪水，冬月藏之，入夏用，乃絕佳。夫雪固雨所凝也，宜雪而不宜雨，何哉？或曰：北方瓦屋不淨，多用穢泥塗塞故耳。

古時之茶，曰煮，曰烹，曰煎。須湯如蟹眼，茶味方中。今之茶，惟用沸湯投之，稍著火即色黃而味澀，不中飲矣。乃知古今煮法亦自不同也。

蘇才翁鬥茶用天台竹瀝水，乃竹露，非竹瀝也。若今醫家用火逼竹取瀝，斷不宜茶矣。

顧元慶《茶譜》：煎茶四要：一擇水，二洗茶，三候湯，四擇品。點茶三要：一滌器，二熁盞，三擇果。

熊明遇《羅岕茶記》：烹茶，水之功居大。無山泉則用天水，秋雨冽而白，梅雨醇而白。雪水，五穀之精也，色不能白。養水須置石子於甕，不惟益水，而白石清泉，會心亦不在遠。

《雪庵清史》：余性好清苦，獨與茶宜。幸近茶鄉，恣我飲啜。乃友人不辨三火三沸法，余每過飲，非失過老，則失之太嫩，致令甘香之味蕩然無存，蓋誤於李南金之說耳。如羅玉露之論，乃為得火候也。友曰：「吾性惟好讀書，玩佳山水，作佛事，或時醉花前，不愛水厄，故不精於火候。昔人有言：釋滯消壅。一日之利暫佳，瘠氣耗精，終身之害斯大，獲益則歸功茶力，貽害則不謂茶災。甘受俗名，緣此之故。」噫！茶冤甚矣。不聞禿翁之言：「釋滯消壅，清苦之益實多，瘠氣耗精，情慾之害最大，獲益則不謂茶力，自害則反謂茶殃。」且無火候，不獨一茶。讀書而不得其趣，玩山水而不會其情，學佛而不破其宗，好色而不飲其韻，皆無火候者也。豈余愛茶而故為茶吐氣哉？亦欲以此清苦之味，與故人共之耳！

煮茗之法有六要：一曰別，二曰水，三曰火，四曰湯，五曰器，六曰飲。有粗茶，有散茶，有末茶，有餅茶；有研者，有熬者，有煬者，有舂者。余幸得產茶方，又兼得烹茶六要，每遇好朋，便手自煎烹。但願一甌常及真，不用撐腸拄腹文字五千卷也。故曰飲之時，義遠矣哉。

田藝蘅《煮泉小品》：茶，南方嘉木，日用之不可少者。品固有嫩惡，若不得其水，且煮之不得其宜，雖佳弗佳也。但飲泉覺爽，啜茗忘喧，謂非膏粱紈褲可語。爰著《煮泉小品》，與枕石漱流者商焉。

陸羽嘗謂：「烹茶於所產處無不佳，蓋水土之宜也。」此論誠妙。況旋摘旋瀹，兩及其新耶。故《茶譜》亦云「蒙之中頂茶，若獲一兩，以本處水煎服，即能祛宿疾」是也。今武林諸泉，惟龍泓入品，而茶亦惟龍泓山為最。蓋茲山深厚高大，佳麗秀越，為兩山之主。故其泉清寒甘香，雅宜煮茶。虞伯生詩：「但見瓢中清，翠影落群岫。烹煎黃金芽，不取韻雨後。」姚公綬詩：「品嘗顧渚風斯下，零落《茶經》奈爾何。」則風味可知矣，又況為葛仙翁煉丹之所哉。又其上為老龍泓，寒碧倍之，其地產茶為南北兩山絕品。鴻漸第錢塘

天竺靈隱者為下品，當未識此耳。而《郡志》亦只稱寶雲、香林、白雲諸茶，皆有水有茶，不可以無火，非謂其真無火也，失所宜也。李約云「茶須活火煎」，蓋謂炭火之有焰者。東坡詩云「活水仍將活火烹」是也。餘則以為山中不常得炭，且死火耳，不若枯枝為妙。遇寒月，多拾松實房蓄，為煮茶之具，更雅。

人但知湯候，而不知火候。火然則水乾，是試火當先於試水也。《呂氏春秋》伊尹說湯五味，九沸九變，火為之紀。

許次杼《茶疏》：甘泉旋汲，用之斯良，丙舍在城，夫豈易得。故宜多汲，貯以大甕，但忌新器，為其火氣未退，易於敗水，亦易生蟲。久用則善，最嫌他用。水性忌木，松杉為甚。木桶貯水，其害滋甚，挈瓶為佳耳。

沸速則鮮嫩風逸，沸遲則老熟昏鈍。故水入銚，便須急煮。候有松聲，即去蓋，以息其老鈍。蟹眼之後，水有微濤，是為當時。大濤鼎沸，旋至無聲，是為過時。過時老湯，決不堪用。

茶注、茶銚、茶甌，最宜蕩滌。飲事甫畢，餘瀝殘葉，必盡去之。如或少存，奪香敗味。每日晨興，必以沸湯滌過，用極熟麻布向內拭乾，以竹編架覆而庋之燥處，烹時取用。

味若龍泓，清馥雋永甚。余嘗一一試之，求其茶泉雙絕，兩浙罕伍云。

山厚者泉厚，山奇者泉奇，山清者泉清，山幽者泉幽，皆佳品也。不厚則薄，不奇則蠢，不清則濁，不幽則喧，必無用矣。

江，公也，眾水共入其中也。水共則味雜，故曰江水次之。其水取去人遠者，蓋去人遠，則湛深而無蕩漾之漓耳。

嚴陵瀨，一名七里灘，蓋沙石上曰瀨、曰灘也。總謂之浙江，但潮汐不及，而且深澄，故入陸品耳。余嘗清秋泊釣臺下，取囊中武夷、金華二茶試之，固一水也，武夷則黃而燥冽，金華則碧而清香，乃知擇水當擇茶也。鴻漸以婺州為次，而清臣以白乳為武夷之右，今優劣頓反矣。意者所謂離其處，水功其半者耶。

去泉再遠者，不能日汲。須遣誠實山僮取之，以免石頭城下之偽。蘇子瞻愛玉女河水，付僧調水符以取之，亦惜其不得枕流焉耳。故曾茶山《謝送惠山泉》詩有「舊時水遞費經營」之句。

湯嫩則茶味不出，過沸則水老而茶乏。惟有花而無衣，乃得點瀹之候耳。

三人以上，止熱一爐。如五六人，便當兩鼎爐，用一童，湯方調適。若令兼作，恐有參差。

火必以堅木炭為上。然木性未盡，尚有餘煙，煙氣入湯，湯必無用。故先燒令紅，去其煙焰，兼取性力猛熾，水乃易沸。既紅之後，方授水器，乃急扇之。愈速愈妙。毋令手停。停過之湯，寧棄而再烹。

茶不宜近陰室、廚房、市喧、小兒啼、野性人、僮奴相哄、酷熱齋舍。

羅廩《茶解》：茶色白，味甘鮮，香氣撲鼻，乃為精品。茶之精者，淡亦白，濃亦白，初潑白，久貯亦白。味甘色白，其香自溢，三者得則俱得也。近來好事者，或慮其色重，一注之水，投茶數片，味固不足，香亦窘然，終不免水厄之誚。雖然，尤貴擇水。香以蘭花為上，蠶豆花次之。

煮茗須甘泉，次梅水。梅雨如膏，萬物賴以滋養，其味獨甘。梅後便不堪飲。大甕滿貯，投伏龍肝一塊以澄之，即灶中心乾土也，乘熱投之。

李南金謂：當背二涉三之際為合量。此真賞鑒家言。而羅鶴林懼湯老，欲於松風澗水後，移瓶去火，少待沸止而瀹之。此語亦未中竅。殊不知湯既老矣，雖去火何救哉？

貯水甕置於陰庭，覆以紗帛，使晝挹天光夜承星露，則英華不散，靈氣長存。假令壓以木石，封以紙箬，暴於日中，則內閉其實，外耗其精，水神敝矣，水味敗矣。

《考槃餘事》：今之茶品與《茶經》迥異，而烹製之法，亦與蔡、陸諸人全不同矣。

始如魚目，微微有聲，為一沸；緣邊湧泉如連珠，為二沸；奔濤濺沫，為三沸。其法，非活火不成。若薪火方交，水釜才熾，急取旋傾，水氣未消，謂之嫩。若人過百息，水逾十沸，始取用之，湯已失性，謂之老。老與嫩皆非也。

《夷門廣牘》〔註145〕：虎丘石泉，舊居第三，漸品第五。以石泉淳泓，皆雨澤之積，滲竇之潢也。況闔廬墓隧，當時石工多死，僧眾上樓，不能無穢濁滲入。雖名陸羽泉，非天然水。道家服食，禁屍氣也。

〔註145〕《夷門廣牘》為明代周履靖編，通行本有一百二十六卷。篇幅浩帙，採錄歷
　　　　代書著多種，《四庫全書》認為此書「卷帙雖富，實無可採錄」，不過，時移
　　　　世易，於今而言卻是珍貴文獻。

《六硯齋筆記》〔註146〕：武林西湖水，取貯大缸，澄澱六七日。有風雨則覆，晴則露之，使受日月星之氣。用以烹茶，甘淳有味，不遜慧麓。以其溪谷奔注，涵浸凝渟，非復一水，取精多而味自足耳。以是知凡有湖陂大浸處，皆可貯以取澄，絕勝淺流。陰井昏滯腥薄，不堪點試也。

古人好奇，飲中作百花熟水，又作五色飲，及冰蜜、糖藥種種各殊。余以為皆不足尚。如值精茗適乏，細劚松枝淪湯，漱咽而已。

《竹懶茶衡》：處處茶皆有，然勝處未暇悉品。姑據近道日御者：虎丘氣芳而味薄，乍入盞，菁英浮動，鼻端拂拂如蘭初析，經喉吻亦快然，然必惠麓水，甘醇足佐其寡薄。龍井味極腴厚，色如淡金，氣亦沈寂，而咀咽之久，鮮腴潮舌，又必借虎跑空寒熨齒之泉發之，然後飲者，領雋永之滋，無昏滯之恨耳。

松雨齋《運泉約》：吾輩竹雪神期，松風齒頰，暫隨飲啄人間，終擬逍遙物外。名山未即，塵海何辭。然而搜奇鍊句，液瀝易枯；滌滯洗蒙，茗泉不廢。月團三百，喜折魚緘；槐火一簹，驚翻蟹眼。陸季疵之著述，既奉典刑；張又新之編摩，能無鼓吹。昔衛公宦達中書，頗煩遞水；杜老潛居夔峽，險叫濕雲。今者，環處惠麓，逾二百里而遙；問渡松陵，不三四日而致。登新捐舊，轉手妙若轆轤；取便費廉，用力省於桔槔。凡吾清士，咸赴嘉盟。運惠水，每壇償舟力費銀三分，水壇壇價及壇蓋自備不計。水至，走報各友，令人自抬。每月上旬斂銀，中旬運水。月運一次，以致清新。願者書號於左，以便登冊，並開壇數，如數付銀。某月某日付。松雨齋蘭謹訂。

《岕茶匯鈔》：烹時先以上品泉水滌烹器，務鮮務潔。次以熱水滌茶葉，水若太滾，恐一滌味損，當以竹箸夾茶於滌器中，反覆洗蕩，去塵土、黃葉、老梗。既盡，乃以手搦乾，置滌器內蓋定。少刻開視，色青香列，急取沸水潑之。夏先貯水入茶，冬先貯茶入水。

茶色貴白，然白亦不難。泉清、瓶潔、葉少、水洗，旋烹旋啜，其色自白，然真味抑鬱，徒為目食耳。若取青綠，則天池、松蘿及岕之最下者，雖冬月，色亦如苔衣，何足為妙。若餘所收真洞山茶，自穀雨後五日者，以湯蕩浣，貯壺良久，其色如玉。至冬則嫩綠，味甘色淡，韻清氣醇，亦作嬰兒肉香。而芝芬浮蕩，則虎丘所無也。

〔註146〕《六硯齋筆記》，李日華著。下文《竹懶茶衡》《運泉約》，以出自李日華之手。

　　《洞山茶系》：岕茶德全，策勳惟歸洗控。沸湯潑葉，即起洗鬲，斂其出液。候湯可下指，即下洗鬲，排蕩沙沫。復起，並指控乾，閉之茶藏候投。蓋他茶欲按時分投，惟岕既經洗控，神理綿綿，止須上投耳。

　　《天下名勝志》：宜興縣湖汶〔註147〕鎮，有於潛泉，寶闊二尺許，狀如井。其源浟流潛通，味頗甘冽，唐修茶貢，此泉亦遞進。

　　洞庭縹緲峰西北，有水月寺，寺東入小青塢，有泉瑩澈甘涼，冬夏不涸。宋李彌大名之曰「無礙泉」。

　　安吉州，碧玉泉為冠，清可鑒髮，香可瀹茗。

　　徐獻忠《水品》〔註148〕：泉甘者，試稱之必厚重，其所由來者遠大使然也。江中南零水，自岷江發源數千里，始澄於兩石間，其性亦重厚，故甘也。

　　處士《茶經》，不但擇水，其火用炭或勁薪。其炭曾經燔為腥氣所及，及膏木敗器，不用之。古人辨勞薪之味，殆有旨也。

　　山深厚者，雄大者，氣盛麗者，必出佳泉。

　　張大復《梅花筆談》：茶性必發於水，八分之茶遇十分之水，茶亦十分矣。八分之水試十分之茶，茶只八分耳。

　　《岩棲幽事》：黃山谷賦：「洶洶乎，如澗松之發清吹；浩浩乎，如春空之行白雲。」可謂得煎茶三昧。

　　《劍掃》〔註149〕：煎茶乃韻事，須人品與茶相得。故其法往往傳於高流隱逸，有煙霞泉石磊塊胸次者。

　　《湧幢小品》〔註150〕：天下第四泉，在上饒縣北茶山寺。唐陸鴻漸寓其地，即山種茶，酌以烹之，品其等為第四。邑人尚書楊麒讀書於此，因取以為號。

　　余在京三年，取汲德勝門外水烹茶，最佳。

　　大內御用井，亦西山泉脈所灌，真天漢第一品，陸羽所不及載。

〔註147〕另有記為「汉」者。

〔註148〕即《水品全秩》。

〔註149〕《劍掃》，即《醉古堂劍掃》，某些版本中署名陸紹珩撰，然考其內容，實為陳繼儒《小窗幽記》。此事尚有爭議，有人認為《小窗幽記》並非陳繼儒撰，實乃清人抄錄《醉古堂劍掃》而託名陳繼儒而成。

〔註150〕《湧幢小品》為明代朱國楨撰，約成書於天啟間，計三十二卷，屬史料類筆記。

俗語「芒種逢壬便立黴」，黴後積水烹茶，甚香冽，可久藏。一交夏至，便迴別矣。試之良驗。

家居苦泉水難得，自以意取尋常水煮滾，入大磁缸置庭中，避日色。俟夜天色皎潔，開缸受露。凡三夕，其清澈底。積垢二三寸，亟取出，以壇盛之，烹茶與惠泉無異。

聞龍《它泉記》：吾鄉四陲皆山，泉水在在有之，然皆淡而不甘。獨所謂「它泉」者，其源出自四明，自洞抵埭，不下三數百里。水色蔚藍。素砂白石，粼粼見底。清寒甘滑，甲於郡中。

《玉堂叢語》：黃諫常作京師泉品：「郊原，玉泉第一；京城，文華殿東大庖井第一。」後謫廣州，評泉以「雞爬井」為第一，更名學士泉。

吳栻云：武夷泉出南山者，皆潔冽味短。北山泉味迴別。蓋兩山形似而脈不同也。予攜茶具共訪得三十九處，其最下者，亦無硬冽氣質。

王新城《隴蜀餘聞》：百花潭有巨石三，水流其中，汲之煎茶，清冽異於他水。

《居易錄》：濟源縣段少司空園，是玉川子煎茶處。中有二泉，或曰玉泉，去盤谷不十里。門外一水，曰濟水，出王屋山。按《通志》，玉泉在瀧水上，盧仝煎茶於此，今《水經注》不載。

《分甘餘話》：一水，水名也。酈元《水經注·渭水》：「又東會一水，發源吳山。」《地里志》：「吳山，古汧山也。山下石穴，水溢石空，懸波側注。」按此即一水之源，在靈應峰下，所謂「西鎮靈湫」是也。余內子祭告西鎮，常品茶於此，味與西山玉泉極相似。

《古夫于亭雜錄》〔註151〕：唐劉伯芻品水，以中泠為第一，惠山、虎丘次之。陸羽則以康王谷為第一，而次以惠山。古今耳食者，遂以為不易之論。其實二子所見，不過江南數百里內之水，遠如峽中蝦蟆碚，才一見耳。不知大江以北如吾郡，發地皆泉，其著名者七十有二。以之烹茶，皆不在惠泉之下。宋李文叔格菲，郡人也，嘗作《濟南水記》，與《洛陽名園記》並傳。惜《水記》不存，無以正二子之陋耳。謝在杭品平生所見之水，首濟南趵突，次以益都孝婦泉（在顏神鎮），青州范公泉，而尚未見章丘之百脈泉，右皆吾郡之水，二子何嘗多見。予嘗題王秋史蘋二十四泉草堂云「翻憐陸鴻漸，跬步限江東」，正此意也。

〔註151〕《古夫于亭雜錄》為王士禎撰，屬隨意筆記錄著，故稱雜錄。

陸次雲《湖壖雜記》〔註152〕：龍井泉從龍口中瀉出。水在池內，其氣恬然。若遊人注視久之，忽波瀾湧起，如欲雨之狀。

張鵬翮《奉使日記》：蔥嶺乾澗側有舊二井，從旁掘地七八尺，得水甘冽，可煮茗。字之曰「塞外第一泉」。

《廣輿記》：「永平灤州有扶蘇泉，甚甘冽。秦太子扶蘇嘗憩此。

江寧攝山千佛嶺下，石壁上刻隸書六字，曰「白乳泉試茶亭」。

鍾山八功德水，一清、二冷、三香、四柔、五甘、六淨、七不饐、八蠲屙。

丹陽玉乳泉，唐劉伯芻論此水為天下第四。

寧州雙井，在黃山谷所居之南，汲以造茶，絕勝他處。

杭州孤山下有金沙泉，唐白居易嘗酌此泉，甘美可愛。視其地沙光燦如金，因名。

安陸府沔陽有陸子泉，一名文學泉。唐陸羽嗜茶，得泉以試，故名。

《增訂廣輿記》：玉泉山，泉出石罅間，因鑿石為螭頭，泉從口出，味極甘美。瀦為池，廣三丈，東跨小石橋，名曰玉泉垂虹。

《武夷山志》：山南虎嘯岩語兒泉，濃若停膏，瀉杯中，鑒毛髮，味甘而博，啜之有軟順意。次則天柱三敲泉，而茶園喊泉，又可伯仲矣。北山泉味迥別。小桃源一泉，高地尺許，汲不可竭，謂之高泉。純遠而逸，致韻雙發，愈啜愈想愈深，不可以味名也。次則接筍之仙掌露，其最下者，亦無硬冽氣質。

《中山傳信錄》：琉球烹茶，以茶末雜細粉少許入碗，沸水半甌，用小竹帚攪數十次，起沫滿甌面為度，以敬賓。且有以大螺殼烹茶者。

《隨見錄》：安慶府宿松縣東門外，孚玉山下福昌寺旁井，曰龍井，水味清甘，瀹茗甚佳，質與溪泉較重。

六之飲

盧仝《茶歌》：日高丈五睡正濃，軍將扣門驚周公。口傳諫議送書信，白絹斜封三道印。開緘宛見諫議面，手閱月團三百片。聞道新年入山裏，蟄蟲驚動春風起。天子未嘗陽羨茶，百草不敢先開花。仁風暗結珠蓓蕾，先春抽

〔註152〕陸次雲，字雲士，號北墅，浙江人。生卒年不詳，約清康熙間人。《湖壖雜記》體例、內容均是延續參照田藝蘅《西湖志餘》，多記地方文化歷史、掌故風物等。

出黃金芽。摘鮮焙芳旋封裏，至精至好且不奢。至尊之餘合王公，何事便到山人家。柴門反關無俗客，紗帽籠頭自煎吃。碧雲引風吹不斷，白花浮光凝碗面。一碗喉吻潤；二碗破孤悶；三碗搜枯腸，惟有文字五千卷；六碗通仙靈；七碗吃不得也，惟覺兩腋習習清風生。〔註153〕

唐馮贄〔註154〕《記事珠》：建人謂鬥茶曰茗戰。

《荈賦》〔註155〕云：「茶能調神、和內、解倦、除慵。」

《續博物志》〔註156〕：南人好飲茶，孫皓以茶與韋曜代酒，謝安詣陸納，設茶果而已。北人初不識此，唐開元中，泰山靈巖寺有降魔師教學禪者以不寐法，令人多作茶飲，因以成俗。

《大觀茶論》：「點茶不一，以分輕清重濁，相稀稠得中，可欲則止。《桐君錄》云：『茗有餑，飲之宜人，雖多不為貴也。』」

夫茶以味為上，香甘重滑為味之全。惟北苑、壑源之品兼之。卓絕之品，真香靈味，自然不同。

茶有真香，非龍麝可擬。要須蒸及熟而壓之，及乾而研，研細而造，則和美具足。入盞則馨香四達，秋爽灑然。

點茶之色，以純白為上真，青白為次，灰白次之，黃白又次之。天時得於上，人力盡於下，茶必純白。青白者，蒸壓微生。灰白者，蒸壓過熟。壓膏不盡則色青暗，焙火太烈則色昏黑。

《蘇文忠集》：予去黃十七年，復與彭城張聖途、丹陽陳輔之同來院。僧梵英葺治堂宇，比舊加嚴潔，茗飲芳列。予問：「此新茶耶？」英曰：「茶性新舊交則香味復。」予嘗見知琴者言，琴不百年，則桐之生意不盡，緩急清濁常與雨暘寒暑相應。此理與茶相近，故並記之。

〔註153〕《茶歌》通用名為《走筆謝孟諫議寄新茶》，此詩在上述所引錄之後，還有如下數句：「蓬萊山，在何處？
玉川子，乘此清風欲歸去。山上群仙司下土，地位清高隔風雨。安得知百萬億蒼生命，墮在巔崖受辛苦！
便為諫議問蒼生，到頭還得蘇息否？」

〔註154〕馮贄，生卒年均不詳，金城人，約活躍於唐昭宗天祐初年，事蹟亦多不詳，惟知家中藏書甚豐，撰《雲仙雜記》。

〔註155〕即晉代杜毓《荈賦》，相關詩句為：「煥如積雪，曄若春敷。調神和內，倦解慵除。」

〔註156〕《續博物志》，宋代李石訪晉代張華《博物志》撰。

王燾集《外臺秘要》有《代茶飲子》詩，云：格韻高絕，惟山居逸人乃當作之。予嘗依法治服，其利膈調中，信如所云。而其氣味乃一貼煮散耳，與茶了無干涉。

《月兔茶》〔註157〕詩：環非環，玦非玦，中有迷離玉兔兒，一似佳人裙上月。月圓還缺缺還圓，此月一缺圓何年。君不見，鬥茶公子不忍鬥小團，上有雙銜綬帶雙飛鸞。

坡公嘗遊杭州諸寺，一日，飲釅茶七碗，戲書云：「示病維摩原不病，在家靈運已忘家。何須魏帝一丸藥，且盡盧仝七碗茶。」

《侯鯖錄》〔註158〕：東坡論茶：除煩已膩，世固不可一日無茶，然暗中損人不少，故或有忌而不飲者。昔人云：自茗飲盛後，人多患氣、患黃，雖損益相半，而消陰助陽，益不償損也。吾有一法，常自珍之，每食已，輒以濃茶漱口，煩膩既去，而脾胃不知。凡肉之在齒間，得茶漱滌，乃盡消縮，不覺脫去，毋須挑刺也。而齒性便苦，緣此漸堅密，蠹疾自己矣。然率用中茶，其上者亦不常有。間數日一啜，亦不為害也。此大是有理而人罕知者，故詳述之。

白玉蟾〔註159〕《茶歌》：味如甘露勝醍醐，服之頓覺沉屙蘇。身輕便欲登天衢，不知天上有茶無。

唐庚《鬥茶記》：政和三年三月壬戌，二三君子相與鬥茶於寄傲齋。予為取龍塘水烹之，而第其品。吾聞茶不問團銙，要之貴新；水為問江井，要之貴活。千里致水，偽固不可知，就令識真，已非活水。今我提瓶走龍塘無數千步，此水宜茶，昔人以為不減清遠峽。每歲新茶，不過三月至矣。罪戾之餘，得與諸公從容談笑於此，汲泉煮茗，以取一時之適，此非吾君之力歟。

蔡襄《茶錄》：茶色貴白，而餅茶多以珍膏油（去聲）其面，故有青黃紫黑之異。善別茶者，正如相工之視人氣色也，隱然察之於內，以肉理潤者為上。既已末之，黃白者受水昏重，青白者受水詳明，故建安人鬥試，以青白勝黃白。

張淏《雲谷雜記》〔註160〕：飲茶不知起於何時。歐陽公《集古錄跋》云：「茶之見前史，蓋自魏晉以來有之。」予按《晏子春秋》嬰相齊景公時，食脫

〔註157〕《月兔茶》，蘇軾撰。
〔註158〕《侯鯖錄》，南宋趙令畤著，共八卷，內容多為物產風俗、逸聞趣事乃至詩詞。
〔註159〕白玉蟾，即葛長庚。
〔註160〕張淏〔hào〕，字清源，生卒不詳，居婺州，約宋寧宗嘉定年間人。所撰《雲谷雜記》共四卷，原書已佚，惟《永樂大典》中靈性散存部分內容。

粟之飯，炙三弋五卵，茗菜而已。又漢王褒《僮約》有「五陽（一作武都）買茶」之語，則魏晉之前已有之矣。但當時雖知飲茶，未若後世之盛也。考郭璞注《爾雅》云：「樹似梔子，冬生，葉可煮作羹飲。」然茶至冬味苦，豈可作羹飲耶？飲之令人少睡。張華得之，以為異聞，遂載之《博物志》。非但飲茶者鮮，識茶者亦鮮。至唐陸羽著《茶經》三篇，言茶甚備，天下益知飲茶。其後尚茶成風。回紇入朝，始驅馬市茶。德宗建中間，趙贊始興茶稅。興元初雖詔罷，貞元九年，張滂覆奏請，歲得緡錢四十萬。今乃與鹽酒同佐國用，所入不知幾倍於唐矣。

《品茶要錄》：余嘗論茶之精絕者，其白合未開，其細如麥，蓋得青陽之輕清者也。又其山多帶砂石，而號佳品者，皆在山南，蓋得朝陽之和者也。余嘗事閒，乘暑景之明淨，適亭軒之瀟灑，一一皆取品試。既而神水生於華池，愈甘而新，其有助乎。

昔陸羽號為知茶，然羽之所知者，皆今所謂茶草。何哉？如鴻漸所論蒸筍並葉，畏流其膏，蓋草茶味短而淡，故常恐去其膏。建茶力厚而甘，故惟欲去其膏。又論福建為未詳，往往得之，其味極佳。由是觀之，鴻漸其未至建安歟。

謝宗《論茶》：候蟾背之芳香，觀蝦目之沸湧。故細漚花泛，浮餑雲騰，昏俗塵勞，一啜而散。

《黃山谷集》：品茶一人得神，二人得趣，三人得味，六七人是名施茶。

沈存中《夢溪筆談》：芽茶，古人謂之雀舌、麥顆，言其至嫩也。今茶之美者，其質素良，而所植之土又美，則新芽一發，便長寸餘，其細如針。惟芽長為上品，以其質乾、土力皆餘故也。如雀舌、麥顆者，極下材耳。乃北人不識，誤為品題。予山居有《茶論》，且作《嘗茶》詩云：「誰把嫩香名雀舌，定來北客未曾嘗。不知靈草天然異，一夜風吹一寸長。」

《遵生八箋》：茶有真香，有佳味，有正色。烹點之際，不宜以珍果香草雜之。奪其香者，松子、柑橙、蓮心、木瓜、梅花、茉莉、薔薇、木樨之類是也。奪其色者，柿餅、膠棗、火桃、楊梅、橘餅之類是也。凡飲佳茶，去果方覺清絕，雜之則味無辨矣。若欲用之，所宜則惟核桃、榛子、瓜仁、杏仁、欖仁、栗子、雞頭、銀杏之類，或可用也。

徐渭《煎茶七類》：茶入口，先須灌漱，次復徐啜，俟甘津潮舌，乃得真味。若雜以花果，則香味俱奪矣。

飲茶宜涼臺靜室，明窗曲几，僧寮道院，松風竹月，晏坐行吟，清談把卷。

飲茶宜翰卿墨客，緇衣羽士，逸老散人，或軒冕中之超軼世味者。

除煩雪滯，滌醒破睡，譚渴書卷，是時茗碗策勳，不減凌煙。

許次紓《茶疏》：握茶手中，俟湯入壺，隨手投茶，定其浮沉，然後瀉啜，則乳嫩清滑，而馥郁於鼻端。病可令起，疲可令爽。

一壺之茶，只堪再巡。初巡鮮美，再巡甘醇，三巡則意味盡矣。余嘗與客戲論，初巡為婷婷嫋嫋十三餘，再巡為碧玉破瓜年，三巡以來，綠葉成陰矣。所以茶注宜小，小則再巡已終，寧使餘芬剩馥尚留葉中，猶堪飯後供啜嗽之用。

人必各手一甌，毋勞傳送。再巡之後，清水滌之。

若巨器屢巡，滿中瀉飲，待停少溫，或求濃苦，何異農匠作勞但資口腹，何論品賞，何知風味乎？

《煮泉小品》：唐人以對花啜茶為殺風景，故王介甫詩云「金谷千花莫漫煎」。其意在花，非在茶也。余意以為金谷花前，信不宜矣；若把一甌對山花啜之，當更助風景，又何必羔兒酒也。

茶如佳人，此論最妙，但恐不宜山林間耳。昔蘇東坡詩云「從來佳茗似佳人」，曾茶山詩云「移人尤物眾談誇」，是也。若欲稱之山林，當如毛女麻姑，自然仙風道骨，不浼煙霞。若夫桃臉柳腰，亟宜屏諸銷金帳中，毋令污我泉石。

茶之團者、片者，皆出於碾磑之末，既損真味，復加油垢，即非佳品。總不若今之芽茶也，蓋天然者自勝耳。曾茶山《日鑄茶》詩云「寶銙自不乏，山芽安可無」，蘇子瞻《壑源試焙新茶》詩云「要知玉雪心腸好，不是膏油首面新」，是也。且末茶瀹之有屑，滯而不爽，知味者當自辨之。

煮茶得宜，而飲非其人，猶汲乳泉以灌蒿蕕、菊花、茉莉花薦茶者，雖風韻可賞，究損茶味。如品佳茶，亦無事此。

今人薦茶，類下茶果，此尤近俗。是縱佳者能損茶味，亦宜去之。且下果則必用匙，若金銀，大非山居之器，而銅又生鉎，皆不可也。若舊稱北人和以酥酪，蜀人入以白土，此皆蠻飲，固不足責。

羅廩《茶解》：茶通仙靈，然有妙理。

山堂夜坐，汲泉煮茗，至水火相戰，如聽松濤，傾瀉入杯，雲光瀲灩。此時幽趣，故難與俗人言矣。

顧元慶《茶譜》：品茶八要：一品，二泉，三烹，四器，五試，六候，七侶，八勳。

張源《茶錄》：飲茶以客少為貴，眾則喧，喧則雅趣乏矣。獨啜曰幽，二客曰勝，三四曰趣，五六曰泛，七八曰施。

釃不宜早，飲不宜遲。釃早則茶神未發，飲遲則妙馥先消。

《雲林遺事》：倪元鎮素好飲茶，在惠山中，用核桃、松子肉和真粉，成小塊如石狀，置於茶中飲之，名曰清泉白石茶。

聞龍《茶箋》：東坡云：「蔡君謨嗜茶，老病不能飲，日烹而玩之。可發來者之一笑也。」孰知千載之下有同病焉。余嘗有詩云：「年老耽彌甚，脾寒量不勝。」去烹而玩之者幾希矣。因憶老友周文甫，自少至老，茗碗薰爐，無時暫廢。飲茶日有定期；旦明、晏食、禺中、晡時、下舂、黃昏，凡六舉，而客至烹點不與焉。壽八十五，無疾而卒。非宿植清福，烏能畢世安享？視好而不能飲者，所得不既多乎。嘗蓄一龔春壺，摩挲寶愛，不啻掌珠。用之既久，外類紫玉，內如碧雲，真奇物也，後以殉葬。

《快雪堂漫錄》：昨同徐茂吳至老龍井買茶，山民十數家，各出茶。茂吳以次點試，皆以為贋，曰：真者甘香而不冽，稍冽便為諸山贋品。得一二兩，以為真物，試之，果甘香若蘭。而山民及寺僧反以茂吳為非，吾亦不能置辨。偽物亂真如此！茂吳品茶，以虎丘為第一，常用銀一兩餘購其斤許。寺僧以茂吳精鑒，不敢相欺。他人所得，雖厚價，亦贋物也。子晉云：本山茶葉微帶黑，不甚青翠。點之色白如玉，而作寒豆香，宋人呼為白雲茶。稍綠便為天池物。天池茶中雜數莖虎丘，則香味迥別。虎丘其茶中王種耶？岕茶精者，庶幾妃后。天池、龍井便為臣種，其餘則民種矣。

熊明遇《岕山茶記》〔註161〕：茶之色重、味重、香重者，俱非上品。松蘿香重；六安味苦，而香與松蘿同；天池亦有草萊氣，龍井如之。至雲霧則色重而味濃矣。嘗啜虎丘茶，色白而香似嬰兒肉，真稱精絕。

邢士襄《茶說》：夫茶中著料，碗中著果，譬如玉貌加脂，蛾眉染黛，翻累本色矣。

〔註161〕亦稱《羅岕茶記》

馮可賓《岕茶箋》：茶宜無事、佳客、幽坐、吟詠、揮翰、倘伴、睡起、宿醒、清供、精舍、會心、賞鑒、文僮。

茶忌。不如法、惡具、主客不韻、冠裳苛禮、葷肴雜陳、忙冗、壁間案頭多惡趣。

謝在杭《五雜俎》〔註162〕：昔人謂：「揚子江心水，蒙山頂上茶。」蒙山在蜀雅州，其中峰頂尤極險穢，虎狼蛇虺所居，採得其茶，可蠲百疾。今山東人以蒙陰山下石衣為茶當之，非矣。然蒙陰茶性亦冷，可治胃熱之病。

凡花之奇香者，皆可點湯。《遵生八箋》云：「芙蓉可為湯。」然今牡丹、薔薇、玫瑰、桂、菊之屬，採以為湯，亦覺清遠不俗，但不若茗之易致耳。

北方柳芽初茁者，採之入湯，云其味勝茶。曲阜孔林楷木，其芽可以烹飲。閩中佛手柑、橄欖為湯，飲之清香，色味亦旗槍之亞也。又或以綠豆微炒，投沸湯中，傾之其色正綠，香味亦不減新茗。偶宿荒村中覓茗不得者，可以此代也。

《穀山筆麈》〔註163〕：六朝時，北人猶不飲茶，至以酪與之較，惟江南人食之甘。至唐，始興茶稅。宋元以來，茶目遂多，然皆蒸乾為末，如今香餅之製，乃以入貢，非如今之食茶，止採而烹之也。西北飲茶，不知起於何時。本朝以茶易馬，西北以茶為藥，療百病皆瘥，此亦前代所未有也。

《金陵瑣事》〔註164〕：思屯，乾道人。見萬鎰手軟膝酸，云：「係五藏皆火，不必服藥，惟武夷茶能解之。」茶以東南枝者佳，採得烹以澗泉，則茶豎立，若以井水即橫。

《六研齋筆記》：茶以芳冽洗神，非讀書談道，不宜褻用。然非真正契道之士，茶之韻味，亦未易評量。嘗笑時流持論，貴嘶聲之曲，無色之茶。嘶近於啞，古之遏梁遏雲，竟成鈍置。茶若無色，芳冽必減，且芳與鼻觸，冽以舌受，色之有無，目之所審。根境不相攝，而取衷於彼，何其悖耶！何其謬耶！

虎丘以有芳無色，擅茗事之品。顧其馥郁不勝蘭芷，止與新剝豆花同調，鼻之消受，亦無幾何。至於入口，淡於勻水，清泠之淵，何地不有，乃煩有司章程，作僧流棰楚哉！

〔註162〕謝在杭即謝肇淛。

〔註163〕麈〔zhǔ〕：指麋鹿一類動物的尾巴，常用以製成拂塵，故而「麈」常常指稱麈尾。《穀山筆麈》，明代于慎行著，主要記錄明代典章制度、軍事禮樂、風俗文化等。

〔註164〕《金陵瑣事》，明代周暉撰，主要記錄當時京陵掌故。

《紫桃軒雜綴》：天目清而不醨，苦而不螫，正堪與緇流漱滌。筍蕨、石瀨則太寒儉，野人之飲耳。松蘿極精者方堪入供，亦濃辣有餘，甘芳不足，恰如多財賈人，縱復蘊藉，不免作蒜酪氣。分水貢芽，出本不多。大葉老根，潑之不動，入水煎成，番有奇味。薦此茗時，如得千年松柏根作石鼎薰燎，乃足稱其老氣。

雞蘇佛、橄欖仙，宋人詠茶語也。雞蘇即薄荷，上口芳辣。橄欖久咀回甘。合此二者，庶得茶蘊，曰仙曰佛，當於空玄虛寂中，嘿嘿證入。不具是舌根者，終難與說也。

賞名花不宜更度曲，烹精茗不必更焚香，恐耳目口鼻互牽，不得全領其妙也。

精茶不宜潑飯，更不宜沃醉。以醉則燥渴，將滅裂吾上味耳。精茶豈止當為俗客吝？倘是日汩汩塵務，無好意緒，即烹就，寧俟冷以灌蘭，斷不令俗腸污吾茗君也。

羅山廟後岕精者，亦芬芳回甘。但嫌稍濃，乏雲露清空之韻。以兄虎丘則有餘，以父龍井則不足。

天地通俗之才，無遠韻亦不致嘔穢寒月。諸茶晦黯無色，而彼獨翠綠媚人，可念也。

屠赤水云：茶於穀雨候、晴明日採製者，能治痰嗽、療百疾。

《類林新詠》：顧彥先曰：「有味如臛，飲而不醉；無味如茶，飲而醒焉。」醉人何用也。

徐文長《秘集致品》：茶宜精舍，宜雲林，宜瓷瓶，宜竹灶，宜幽人雅士，宜衲子仙朋，宜永晝清談，宜寒宵兀坐，宜松月下，宜花鳥間，宜清流白石，宜綠蘚蒼苔，宜素手汲泉，宜紅妝掃雪，宜船頭吹火，宜竹裏飄煙。

《芸窗清玩》：茅一相云：「余性不能飲酒，而獨耽味於茗。清泉白石可以濯五臟之污，可以澄心氣之哲。服之不已，覺兩腋習習，清風自生。吾讀《醉鄉記》，未嘗不神遊焉。而間與陸鴻漸、蔡君謨上下其議，則又爽然自釋矣。」

《三才藻異》：雷鳴茶，產蒙山頂，雷發收之。服三兩換骨，四兩為地仙。

《聞雁齋筆記》：趙長白自言：「吾生平無他幸，但不曾飲井水耳。」此老於茶，可謂能盡其性者。今亦老矣，甚窮，大都不能如曩時，猶摩挲萬卷中作《茶史》，故是天壤間多情人也。

　　袁宏道《瓶花史》：賞花，茗賞者上也，譚賞者次也，酒賞者下也。

　　《茶譜》：《博物志》云「飲真茶令人少眠」，此是實事。但茶佳乃效，且須末茶飲之。如葉烹者，不效也。

　　《太平清話》：琉球國亦曉烹茶。設古鼎於几上，水將沸時投茶末一匙，以湯沃之。少頃奉飲，味甚清香。

　　《藜床沈餘》〔註165〕：長安婦女有好事者，曾侯家睹彩箋曰：「一輪初滿，萬戶皆清。若乃狎處衾幃，不惟辜負蟾光，竊恐嫦娥生妒。涓於十五、十六二宵，聯女伴同志者，一茗一爐，相從卜夜，名曰『伴嫦娥』。凡有冰心，佇垂玉允。朱門龍氏拜啟。」（陸濬〔註166〕原）

　　沈周《跋茶錄》〔註167〕：樵海先生真隱君子也。平日不知朱門為何物，日偃仰於青山白雲堆中，以一瓢消磨滅半生。蓋實得品茶三昧，可以羽翼桑苧翁之所不及，即謂先生為茶中董狐可也。

　　王晫〔註168〕《快說續記》：春日看花，郊行一二里許，足力小疲，口亦少渴。忽逢解事僧邀至精舍，未通姓名，便進佳茗，踞竹床連啜數甌，然後言別，不亦快哉。

　　衛泳《枕中秘》〔註169〕：讀罷吟餘，竹外茶煙輕揚；花深酒後，鐺中聲響初浮。個中風味誰知，盧居士可與言者；心下快活自省，黃宜州豈欺我哉。

　　江之蘭《文房約》：詩書涵聖脈，草木棲神明。一草一木，當其含香葉豔，倚檻臨窗，真足賞心悅目，助我幽思。亟宜烹蒙頂石花，悠然啜飲。

　　扶輿沆瀣，往來於奇峰怪石間，結成佳茗。故幽人逸士，紗帽籠頭，自煎自吃。車聲羊腸，無非火候，苟飲不盡，且漱棄之，是又呼陸羽為茶博士之流也。

　　高士奇《天祿識餘》：飲茶，或云始於梁天監中，見《洛陽伽藍記》。非也。按《吳志·韋曜傳》：「孫皓每宴饗，無不竟日，曜不能飲，密賜茶荈以當酒。」如此言，則三國時已知飲茶矣。逮唐中世，榷茶遂與煮海相抗，迄今國計賴之。

〔註165〕《藜床沈餘》，明代陸濬原撰，陶宗儀、陶珽曾予以重編，當前此書極難找尋，哈佛燕京中文特藏館有藏本。
〔註166〕濬〔jùn〕：同「濬」。陸濬原即《藜床沈餘》作者。
〔註167〕此為跋張源《茶錄》。
〔註168〕王晫，錢塘，號松溪子，明末清初學者，小品名手。
〔註169〕衛泳，字永叔，號吳下懶仙，明末清初蘇州人。《枕中秘》為其記錄著作，多談家庭、男女、生活、文藝。

《中山傳信錄》：琉球茶甌頗大，斟茶止二三分，用果一小塊貯匙內。此學中國獻茶法也。

王復禮《茶說》：花晨月夕，賢主嘉賓，縱談古今，品茶次第，天壤間更有何樂！奚俟膾鯉包羔，金罍玉液，痛飲狂呼，始為得意也？范文正公云：「露芽錯落一番榮，綴玉含珠散嘉樹。鬥茶味兮輕醍醐，鬥茶香兮薄蘭芷。」沈心齋云：「香含玉女峰頭露，潤帶珠簾洞口雲。」可稱岩茗知己。

陳鑑《虎丘茶經注補》：鑑親採數嫩葉，與茶侶湯愚公小焙烹之，真作豆花香。昔之鬻虎丘茶者，盡天池也。

陳鼎《滇黔紀遊》〔註170〕：貴州羅漢洞，深十餘里，中有泉一泓，其色如黝。甘香清冽。煮茗則色如渥丹，飲之唇齒皆赤，七日乃復。

《瑞草論》云：茶之為用，味寒，若熱渴、凝悶、胸目澀、四肢煩、百節不舒，聊四五啜，與醍醐甘露抗衡也。

《本草拾遺》：茗，味苦微寒，無毒。治五臟邪氣，益意思。令人少臥，能輕身、明目、去痰、消渴、利水道。

蜀雅州名山茶有露鋑芽、篏芽，皆云火之前者，言採造於禁火之前也。火後者次之。又有枳殼芽、枸杞芽、枇杷芽，皆治風疾。又有皂莢芽、槐芽、柳芽，乃上春摘其芽，和茶作之。故今南人輸官茶，往往雜以眾葉，惟茅蘆、竹箬之類，不可以入茶。自余，山中草木芽葉，皆可和合，而椿柿葉尤奇。真茶性極冷，惟雅州蒙頂出者，溫而主療疾。

李時珍《本草》：服葳靈仙、土茯苓者，忌飲茶。

《群芳譜》：療治方：氣虛、頭痛，用上春茶末調成膏，置瓦盞內覆轉，以巴豆四十粒，作一次燒，煙薰之，曬乾乳細，每服一匙。別入好茶末，食後煎服立效。又赤白痢下，以好茶一斤，炙搗為末，濃煎一二盞，服久，痢亦宜。又二便不通，好茶、生芝麻各一撮，細嚼，滾水沖下，即通。屢試立效。如嚼不及，擂爛滾水送下。

《隨見錄》：《蘇文忠公集》載，憲宗賜馬總治泄痢、腹痛方：以生薑和皮切碎如粟米，用一大錢並草茶相等煎服。元祐二年，文潞公得此疾，百藥不效，服此方而愈。

〔註170〕陳鼎，原名太夏，字定九、九符、子重，號鶴沙、鐵肩道人，清初江蘇人，
　　　　後隨叔父生活於雲貴間。《滇黔紀遊》即此間紀事，於研究雲貴歷史地理、
　　　　民族文化等有重要參考價值。

七之事

《晉書》：溫嶠〔註171〕表遣取供御之調，條列真上茶千片，茗三百大薄。

《洛陽伽藍記》：王肅〔註172〕初入魏，不食羊肉及酪漿等物，常飯鯽魚羹，渴飲茗汁。京師士子道肅一飲一斗，號為漏卮。後數年，高祖見其食羊肉酪粥甚多，謂肅曰：「羊肉何如魚羹？茗飲何如酪漿？」肅對曰：「羊者陸產之最，魚者乃水族之長，所好不同，並各稱珍，以味言之，甚是優劣。羊比齊魯大邦，魚比邾莒小國，惟茗不中，與酪作奴。」高祖大笑。彭城王勰謂肅曰：「卿不重齊魯大邦，而愛邾莒小國，何也？」肅對曰：「鄉曲所美，不得不好。」彭城王復謂曰：「卿明日顧我，為卿設邾莒之食，亦有酪奴。」因此呼茗飲為酪奴，時給事中劉縞慕肅之風，專習茗飲。彭城王謂縞曰：「卿不慕王侯八珍，而好蒼頭水厄。海上有逐臭之夫，里內有學顰之婦，以卿言之，即是也。」蓋彭城王家有吳奴，故以此言戲之。後梁武帝子西豐侯蕭正德歸降時，元乂欲為設茗，先問：「卿於水厄多少？」正德不曉乂意，答曰：「下官生於水鄉，而立身以來，未遭陽侯之難。」元乂與舉坐之客皆笑焉。

《海錄碎事》〔註173〕：晉司徒長史王濛〔註174〕，字仲祖，好飲茶，客至輒飲之。士大夫甚以為苦，每欲候濛必云：「今日有水厄。」

《續搜神記》〔註175〕：桓宣武，有一督將，因時行病後虛熱，更能飲復茗一斛二斗乃飽，才減升合，便以為不足，非復一日。家貧，後有客造之，正遇其飲復茗，亦先聞世有此病，仍令更進五升。乃大吐，有一物出，如升大，有口，形質縮皺，狀似牛肚。客乃令置之於盆中，以一斛二斗復澆之，此物噏之都盡，而止覺小脹。又增五升，便悉混然從口中湧出。既吐此物，其病遂瘥，或問之：「此何病？」客答云：「此病名斛茗瘕。」

《潛確類書》〔註176〕：進士權紓文云：「隋文帝微時，夢神人易其腦骨，自爾腦痛不止。後遇一僧曰：『山中有茗草，煮而飲之當愈。』帝服之

〔註171〕溫嶠（288～329），字泰真、太真，東晉時太原祁縣人，博學多才，曾拜驃騎將軍，封始安郡公，是東晉重要政治人物，據傳其人熱衷於聚斂財物。
〔註172〕王肅（195～256），字子雍，東海郡郯（今山東郯城）人，司馬昭之岳父，三國時經學家，廣注群經，其經學甚至有「王學」之稱。
〔註173〕《海錄碎事》，宋代葉廷珪任職泉州時所編類書。
〔註174〕王濛，字仲祖，東晉名士，哀靖皇后之父也，其人好茶，有「水厄」之典故。
〔註175〕《續搜神記》，寓言神怪類故事記錄，延續干寶《搜神記》的風格、思路而編撰，又稱《搜神後記》。撰者不明，僅託名陶潛作。
〔註176〕《潛確類書》，明代陳仁錫所著類書。

有效，由是人競採啜。因為之贊。其略曰：『窮春秋，演河圖，不如載茗一車。』」

《唐書》：太和七年，罷吳蜀冬貢茶。太和九年，王涯〔註177〕獻茶，以涯為榷茶使，茶之有稅自涯始。十二月，諸道鹽鐵轉運榷茶使令狐楚奏：「榷茶不便於民。」從之。

陸龜蒙〔註178〕嗜茶，置園顧渚山下，歲取租茶，自判品第。張又新為《水說》七種，其二惠山泉、三虎丘井、六淞江水。人助其好者，雖百里為致之。日登舟設篷席，齎束書、茶灶、筆床、釣具，往來江湖間。俗人造門，罕觀其面。時謂江湖散人，或號天隨子、甫里先生，自比涪翁、漁父、江上丈人。後以高士徵，不至。

《國史補》〔註179〕：故老云：五十年前，多患熱黃，坊曲有專以烙黃為業者。灞、滻諸水中，常有晝坐至暮者，謂之浸黃。近代悉無，而病腰腳者多，乃飲茶所致也。

韓晉公滉〔註180〕聞奉天之難，以夾練囊盛茶末，遣健叔進。

黨魯使西番，烹茶帳中，番使問：「何為者？」魯曰：「滌煩消渴，所謂茶也。」番使曰：「我亦有之。」取出以示曰：「此壽州者，此顧渚者，此蘄門者。」

唐趙璘《因話錄》：陸羽有文學，多奇思，無一物不盡其妙，茶術最著。始造煎茶法，至今鬻茶之家，陶其像置煬突間，祀為茶神，云宜茶足利。鞏縣為瓷偶人，號「陸鴻漸」，買十茶器，得一鴻漸。市人沽茗不利，輒灌注之。復州一老僧是陸僧弟子，常誦其《六羨歌》，且有《追感陸僧》詩。

唐吳晦《摭言》：鄭光業策試，夜有同人突入，吳語曰：「必先必先，可相容否？」光業為輟半輔之地。其人曰：「仗取一勺水，更託煎一碗茶。」光業欣然為取水、煎茶。居二日，光業狀元及第，其人啟謝曰：「既煩取水，更便煎茶。當時不識貴人，凡夫肉眼；今日俄為後進，窮相骨頭。」

〔註177〕王涯（約764～835），字廣津，太原人，唐代中期名臣。其人博學多才，曾為劍南、東川節度使。

〔註178〕陸龜蒙（618～907），字魯望，號天隨子、江湖散人、甫里先生，蘇州人，晚唐學者，善詩文，好農學。與皮日休《茶中雜詠》唱和的《奉和襲美茶具十詠》極為著名。

〔註179〕《國史補》，即《唐國史補》，唐代李肇撰，主要記載唐代開元到長慶年間的各種重要史事，內容涉及國家典章制度、社會風俗、文化藝術等多方面。

〔註180〕韓滉（723～787），字太沖，唐代長安人，善書畫，工詩文，有《五牛圖》佳作。

唐李義山《雜纂》：富貴相：搗藥碾茶聲。

唐馮贄《煙花記》：建陽〔註181〕進茶油花子餅，大小形制各別，極可愛。宮嬪縷金於面。皆以淡妝，以此花餅施於鬢上，時號北苑妝。

唐《玉泉子》：崔蠡〔註182〕知制誥，丁太夫人憂，居東都里第，時尚苦節嗇，四方寄遺，茶藥而已，不納金帛，不異寒素。

《顏魯公貼》〔註183〕：廿九日，南寺通師設茶會，咸來靜坐，離諸煩惱，亦非無益。足下此意，語虞十一，不可自外耳。顏真卿頓首頓首。

《開元遺事》〔註184〕：逸人王休，居太白山下，日與僧道異人往還。每至冬時，取溪冰，敲其晶瑩者煮建茗，共賓客飲之。

《李鄴侯家傳》〔註185〕：皇孫奉節王好詩，初煎茶加酥椒之類，遺泌求詩，泌戲賦云：「旋沫翻成碧玉池，添酥散出琉璃眼。」奉節王即德宗也。

《中朝故事》〔註186〕：有人授舒州牧，贊皇公裕謂之曰：「到彼郡日，天柱峰茶可惠數角。」其人獻數十斤，李不受。明年罷郡，用意精求，獲數角投之。李閱而受之曰：「此茶可以消酒食毒。」乃命烹一甌，沃於肉食內，以銀合閉之。詰旦，視其肉，已化為水矣。眾服其廣識。

段公路《北戶錄》：前朝短書雜說，呼茗為薄，為夾。又梁《科律》有薄茗、千夾云云。

唐蘇鶚《杜陽雜編》：唐德宗每賜同昌公主〔註187〕饌，其茶有綠華、紫英之號。

《鳳翔退耕傳》：元和時，館閣湯飲待學士者，煎麒麟草。

溫庭筠《採茶錄》：李約字存博，汧公子也。一生不近粉黛，雅度簡遠，有山林之致。性嗜茶，能自煎，嘗謂人曰：「當使湯無妄沸，庶可養茶。始則魚目散佈，微微有聲；中則四際泉湧，累累若貫珠；終則騰波鼓浪，水氣全

〔註181〕建陽，在福建省內，所產建茶多為上品。

〔註182〕崔蠡，字越卿，唐代名臣，衛州人，具體生卒年不詳。

〔註183〕《顏魯公貼》，即顏真卿書法字帖。

〔註184〕《開元遺事》，筆記體小說，唐朝王仁裕著，主要記錄唐代開元、天寶年間逸聞遺事。

〔註185〕《李鄴侯家傳》，李鄴侯，即唐代李泌，此書為李泌之子李繁撰，主要記錄李泌事蹟。

〔註186〕《中朝故事》，南唐尉遲偓著，二卷，主要記載中唐舊聞。上卷多為朝野事蹟，下卷則錄鬼怪傳說。

〔註187〕同昌公主，唐懿宗李漼長女。

消。此謂老湯三沸之法，非活火不能成也。」客至不限甌數，竟日火，執持茶器弗倦。曾奉使行至陝州硤石縣東，愛其渠水清流，旬日忘發。

《南部新書》：杜歧公悰〔註188〕，位極人臣，富貴無比。嘗與同列言平生不稱意有三，其一為澧州刺史，其二貶司農卿，其三自西川移鎮廣陵。舟次瞿塘，為駭浪所驚，左右呼喚不至，渴甚，自潑湯茶吃也。

大中三年，東都進一僧，年一百二十歲。宣皇問服何藥而至此？僧對曰：「臣少也賤，不知藥，性本好茶，至處惟茶是求，或出日過百餘碗，如常日亦不下四五十碗。」因賜茶五十斤，令居保壽寺，名飲茶所曰茶寮。

有胡生者，失其名，以釘鉸為業，居雪溪而近白蘋洲。去厥居十餘步有古墳，胡生每淪茗必奠酹之。嘗夢一人謂之曰：「吾姓柳，平生善為詩而嗜茗。及死，葬室在於今居之側，常銜子之惠，無以為報，欲教子為詩。」胡生辭以不能，柳強之曰：「子但率言之，當有致矣。」既寤，試構思，果若有冥助者，厥後遂工焉，時人謂之「胡釘鉸詩」。柳當是柳惲〔註189〕也。又一說，列子終於鄭，今墓在效藪，謂賢者之跡，而或禁其樵牧焉。里有胡生者，性落魄。家貧，少為洗鏡、鎪釘之業。遇有甘果名茶美醞，輒祭於列禦寇之祠壟，以求聰慧而思學道，歷稔忽夢一人，取刀劃其腹，以一卷書置於心腑。及覺，而吟詠之意，皆工美之詞，所得不由於師友也。既成卷軸，尚不棄於猥賤之業，真隱者之風。遠近號為「胡釘鉸」云。

張又新《煎茶水記》：代宗朝，李季卿刺湖州，至維揚逢陸處士鴻漸。李素熟陸名，有傾蓋之歡，因之赴郡，泊揚子驛。將食，李曰：「陸君善於茶，蓋天下聞名矣，況揚子南零水又殊絕。今者二妙，千載一遇，何曠之乎。」命軍十謹信者操舟挈瓶，深詣南零。陸利器以俟之。俄水至，陸以勺揚其水曰：「江則江矣，非南零者，似臨岸之水。」使曰：「某棹舟深入，見者累百，敢虛給乎？」陸不言，既而傾諸盆，至半，陸遽止之，又以勺揚之曰：「自此南零者矣。」使蹶然大駭，馳下曰：「某自南零齎至岸，舟蕩覆半，至懼其少，挹岸水增之。處士之鑒，神鑒也，其敢隱乎。」李與賓從數十人皆大駭愕。

〔註188〕杜悰（794～873），字允裕，唐朝宰相杜佑之孫子，杜牧堂兄，又為李商隱之表兄。

〔註189〕柳惲（465～517），南朝梁國詩人、樂者、棋手、名臣，其詩《江南曲》云：「汀洲採白蘋，日落江南春。洞庭有歸客，瀟湘逢故人。故人何不返，春花復應晚。不道新知樂，只言行路遠。」

《茶經本傳》：羽嗜茶，著經三篇。時鬻茶者，至陶羽形置煬突間，祀為茶神。有常伯熊者，因羽論，復廣著茶之功。御史大夫李季卿宣慰江南，次臨淮，知伯熊善煮茗，召之。伯熊執器前，季卿為再舉杯。其後尚茶成風。

《金鑾密記》〔註190〕：金鑾故例，翰林當直學士，春晚人困，則日賜成像殿茶果。

《梅妃傳》〔註191〕：唐明皇與梅妃鬥茶，顧諸王戲曰：「此梅精也，吹白玉笛，作驚鴻舞，一座光輝，鬥茶今又勝吾矣。」妃應聲曰：「草木之戲，誤勝陛下。設使調和四海，烹飪鼎鼐，萬乘自有憲法，賤妾何能較勝負也。」上大悅。

杜鴻漸〔註192〕《送茶與楊祭酒書》：顧渚山中紫筍茶兩片，一片上太夫人，一片充昆弟同歡，此物但恨帝未得嘗，實所歎息。

《白孔六帖》〔註193〕：壽州刺史張鎰，以餉錢百萬遺陸宣公贄。公不受，止受茶一串，曰：「敢不承公之賜。」

《海錄碎事》：鄧利云：「陸羽，茶既為癖，酒亦稱狂。」

《侯鯖錄》〔註194〕：唐右補闕綦毋煚〔註195〕，博學有著述才，性不飲茶，嘗著《伐茶飲序》，其略曰：「釋滯消壅，一日之利暫佳；瘠氣耗精，終身之累斯大。獲益則歸功茶力，貽患則不咎茶災。豈非為福近易知，為禍遠難見歟。」煚在集賢，無何以熱疾暴終。

《苕溪漁隱叢話》：義興貢茶非舊也。李棲筠〔註196〕典是邦，僧有獻佳茗，陸羽以為冠於他境，可薦於上。棲筠從之，始進萬兩。

《合璧事類》〔註197〕：唐肅宗賜張志和奴婢各一人，志和配為夫婦，號漁童、樵青。漁童捧釣收綸，蘆中鼓枻；樵青蘇蘭薪桂，竹裏煎茶。

〔註190〕《金鑾密記》，唐朝韓偓（842～923）著，主要記錄與「帝王金鑾」有關的秘聞事蹟。

〔註191〕《梅妃傳》，宋人傳奇，作者佚名。梅妃，即唐玄宗寵妃江采萍，亦有人稱之為江東妃。

〔註192〕杜鴻漸（709～769），字之巽，濮陽人，安史之亂後中興名臣，官至宰相。

〔註193〕《白孔六帖》，白居易編。

〔註194〕《侯鯖錄》，南宋趙令畤著，共八卷，所記內容為習俗風物、典故逸事、詩詞文章等。原書不存，僅有少量內容散存於其餘書著。

〔註195〕煚有二種讀音，〔xiǒng〕指火光，〔yīng〕指明亮。

〔註196〕李棲筠，字貞一，唐朝名士。

〔註197〕《合璧事類》，全名為《古今合璧事類備要》，宋朝謝維新編著類書，內容涉及天文、地理、歲時、氣候、詩歌等。

《萬花谷》：《顧渚山茶記》云：「山有鳥，如鴝鵒而小，蒼黃色，每至正二月作聲云『春起也』，至三四月作聲云『春去也』。採茶人呼為報春鳥。」

董逌〔註198〕《陸羽點茶圖跋》：竟陵大師積公嗜茶久，非漸兒煎奉不向口。羽出遊江湖四五載，師絕於茶味。代宗召師入內供奉，命宮人善茶者烹以飼，師一啜而罷。帝疑其詐，令人私訪，得羽召入。翌日，賜師齋，密令羽煎茗遺之，師捧甌喜動顏色，且賞且啜，一舉而盡。上使問之，師曰：「此茶有似漸兒所為者。」帝由是歎師知茶，出羽見之。

《蠻甌志》：白樂天方齋，劉禹錫正病酒，乃以菊苗虀、蘆菔鮓饋樂天，換取六斑茶以醒酒。

《詩話》：皮光業，字文通，最耽茗飲。中表請嘗新柑，筵具甚豐，簪紱叢集。才至，未顧尊罍，而呼茶甚急，逕一巨觥，題詩曰：「未見甘心氏，先迎苦口師。」眾噱云：「此師固清高，難以療饑也。」

《太平清話》：盧仝自號癖王，陸龜蒙自號怪魁。

《潛確類書》：唐錢起，字仲文，與趙莒為茶宴，又嘗過長孫宅，與朗上人作茶會，俱有詩紀事。

《湘煙錄》〔註199〕：閔康侯曰：「羽著《茶經》，為李季卿所慢，更著《毀茶論》。其名疾，字季疵者，言為季所疵也。事詳傳中。」

《吳興掌故錄》：長興啄木嶺，唐時吳興、毗陵二太守造茶修貢，會宴於此。上有境會亭，故白居易有《夜聞賈常州崔湖州茶山境會歡宴》詩。

包衡《清賞錄》：唐文宗謂左右曰：「若不甲夜視事，乙夜觀書，何以為君！」嘗召學士於內庭，論講經史，較量文章，宮人以下，侍茶湯飲饌。

《名勝志》〔註200〕：唐陸羽宅，在上饒縣東五里。羽本竟陵人，初隱吳興苕溪，自號桑苧翁，後寓新城時，又號東岡子。刺史姚驥嘗詣其宅，鑿沼為溟渤之狀，積石為嵩華之形。後隱士沈洪喬葺而居之。

《饒州志》：陸羽茶灶，在餘干縣冠山石峰。羽嘗品越溪水為天下第二，故思居禪寺，鑿石為灶，汲泉煮茶，曰丹爐，晉張氳作。元大德時，總管常福生，從方士搜爐下，得藥二粒，盛以金盒，及歸開視，失之。

〔註198〕董逌〔yōu〕，字彥遠，北宋東平人，精鑒賞考據。
〔註199〕《湘煙錄》，明代閔子京、凌駿甫編。
〔註200〕《名勝志》，即明初曹學佺所編《天下名勝志》。

《續博物志》：物有異體而相制者，翡翠屑金，人氣粉犀，北人以針敲冰，南人以線解茶。

《太平山川記》：茶葉寮，五代時於履居之。

《類林》〔註201〕：五代時，魯公和凝，字成績，在朝率同列遞日以茶相飲，味劣者有罰，號為湯社。

《浪樓雜記》：天成四年，度支奏，朝臣乞假省覲者，欲量賜茶藥，文班自左右常侍至侍郎，宜各賜蜀茶三斤，蠟麵茶二斤，武班官各有差。

馬令《南唐書》：豐城毛炳好學，家貧不能自給，入廬山與諸生留講，獲鏹即市酒盡醉。時彭會好茶，而炳好酒，時人為之語曰：「彭生作賦茶三片，毛氏傳詩酒半升。」

《十國春秋‧楚王馬殷世家》〔註202〕：開平二年六月，判官高郁請聽民售茶北客，收其徵以贍軍，從之。秋七月，王奏運茶河之南北，以易繒纊、戰馬，仍歲貢茶二十五萬斤。詔可。由是屬內民得自摘山造茶而收其算，歲入萬計。高另置邸閣居茗，號曰八床主人。

《荊南列傳》〔註203〕：文了，吳僧也，雅善烹茗，擅絕一時。武信王〔註204〕時來遊荊南，延住紫雲禪院，日試其藝，王大加欣賞，呼為湯神，奏授華亭水大師。人皆目為乳妖。

《談苑》〔註205〕：茶之精者，北苑名白乳頭，江左有金蠟面。李氏別命取其乳作片，或號曰「京挺」「的乳」二十餘品。又有研膏茶，即龍品也。

釋文瑩《玉壺清活》：黃夷簡雅有詩名，在錢忠懿王俶〔註206〕幕中，陪樽俎二十年。開寶初，太宜賜俶「開吳鎮越崇文耀武功臣制誥」。俶遣夷簡入謝於朝，歸而稱疾，於安溪別業，保身潛遁。著《山居》詩，有「宿雨一番蔬甲嫩，春山幾焙茗旗香」之句。雅喜治宅，咸平中，歸朝為光祿寺少卿，後以壽終焉。

《五雜組》：建人喜鬥茶，故稱茗戰。錢氏子弟取雪上瓜，各言其中子之的數，剖之以觀勝負，謂之瓜戰。然茗猶堪戰，瓜則俗矣。

〔註201〕《類林》，即宋朝劉攽所編《文選類林》。
〔註202〕《十國春秋》，清代吳任臣編，「十國」即五代十國。
〔註203〕《荊南列傳》乃為《十國春秋》中列傳之一。
〔註204〕武信王，即荊南武信王高季興（858～929），五代時荊南君主。
〔註205〕《談苑》，即宋代孔平仲著《孔氏談苑》。
〔註206〕王俶，五代十國中吳越的末代王。

《潛確類書》：偽閩甘露堂前，有茶樹兩株，鬱茂婆娑，宮人呼為清人樹。每春初，嬪嬙戲於其下，採摘新芽，於堂中設傾筐會。

《宋史》：紹興四年初，命四川宣撫司支茶博焉。

舊賜大臣茶有龍鳳飾，時德太后曰：「此豈人臣可得。」命有司別製入香京挺以賜之。

《宋史·職官志》：茶庫掌茶，江浙荊湖建劍茶茗，以給翰林諸司賞賚出鬻。

《宋史·錢俶傳》：太平興國三年，宴俶長春殿，令劉鋹、李煜預坐。俶貢茶十萬斤，建茶萬斤，及銀絹等物。

《甲申雜記》：仁宗朝，春試進士集英殿，后妃御太清樓觀之。慈聖光獻出餅角以賜進士，出七寶茶以賜考官。

《玉海》〔註207〕：宋仁宗天聖三年，幸南御莊觀刈麥，遂幸玉津園，燕群臣，聞民舍機杼，賜織婦茶彩。

陶穀《清異錄》：有得建州茶膏，取作耐重兒八枚，膠以金縷，獻於閩王曦，遇通文之禍，為內侍所盜，轉遺貴人。

苻昭遠不喜茶，嘗為同列御史會茶，歎曰：「此物面目嚴冷，了無和美之態，可謂冷面草也。」

孫樵《送茶與焦邢部書》云：「晚甘侯十五人，遣侍齋閣。此徒皆乘雷而摘，拜水而和，蓋建陽丹山碧水之鄉，月澗雲龕之品，慎勿賤用之。」

湯悅有《森伯頌》：蓋名茶也。方飲而森然嚴乎齒牙，既久，而四肢森然，二義一名，非熟乎湯甌境界者誰能目之。

吳僧梵川，誓願燃頂供養雙林傅大士，自往蒙頂山上結庵種茶。凡三年，味方全美。得絕佳者曰聖楊花、吉祥蕊，共不逾五斤，持歸供獻。

宣城何子華，邀客於剖金堂，酒半，出嘉陽嚴峻所畫陸羽像懸之。子華因言：「前代惑駿逸者為馬癖，泥貫索者為錢癖，愛子者有譽兒癖，耽書者有《左傳》癖，若此叟溺於茗事，何以名其癖？」楊粹仲曰：「茶雖珍，未離草也，宜追目陸氏為甘草癖。」一座稱佳。

〔註207〕《玉海》，南宋王應麟所編類書，共204卷，內容涉及天文、地理、官制、食貨等門類。

《類苑》：學士陶穀，得黨太尉家姬，取雪水烹團茶以飲，謂姬曰：「黨家應不識此？」姬曰：「彼粗人安得有此，但能於銷金帳中淺斟低唱，飲羊膏兒酒耳。」陶深愧其言。

胡嶠《飛龍澗飲茶》詩云：「沾牙舊姓余甘氏，破睡當封不夜侯。」陶穀愛其新奇，令猶子彝和之。彝應聲云：「生涼好喚雞蘇佛，回味宜稱橄欖仙。」彝時年十二，亦文詞之有基址者也。

《延福宮曲宴記》〔註208〕：宣和二年十二月癸巳，召宰執、親王、學士，曲宴於延福宮，命近侍取茶具，親手注湯擊拂。少頃，白乳浮盞面，如疏星淡月，顧諸臣曰：「此自烹茶。」飲畢，皆頓首謝。

《宋朝紀事》：洪邁選成《唐詩萬首絕句》，表進，壽皇宣諭：「閣學選擇甚精，備見博洽，賜茶一百銙，清馥香十一貼，薰香二十貼，金器一百兩。」

《乾淳歲時紀》：仲春上旬，福建漕司進第一綱茶，名「北苑試新」，方寸小銙，進御止百銙，護以黃羅軟盝，藉以青箬，裹以黃羅，夾復臣封朱印，外用朱漆小匣鍍金鎖，又以細竹絲織笈貯之，凡數重。此乃雀舌水芽所造，一銙之值四十萬，僅可供數甌之啜爾。或以一二賜外邸，則以生線分解，轉遺好事，以為奇玩。

《南渡典儀》：車駕幸學，講書官講訖，御藥傳旨，宣坐賜茶。凡駕出，儀衛有茶酒班殿侍兩行，各三十一人。

《司馬光日記》：初除學士待詔，李堯卿宣召稱：「有敕。」口宣畢，再拜，升階，與待詔坐，啜茶。蓋中朝舊典也。

歐陽修《龍茶錄後序》：皇祐中，修《起居注》，奏事仁宗皇帝，屢承天問，以建安貢茶並所以試茶之狀諭臣，論茶之舛謬臣。追念先帝顧遇之恩，覽本流涕，輒加正定，書之於石，以永其傳。

《隨手雜錄》：子瞻在杭時，一日中使至，密謂子瞻曰：「某出京師，辭官家。官家曰：『辭了娘娘來。』某辭太后殿，復到官家處。引某至一櫃子旁，出此一角，密語曰：『賜與蘇軾，不得令人知。』」遂出所賜。乃茶一斤，封題皆御筆。子瞻具札，附進稱謝。

潘中散適為處州守，一日作醮，其茶百二十盞，皆乳花。內一盞如墨，詰之，則酌酒人誤酌茶中。潘焚香再拜謝過，即成乳花，僚吏皆驚歎。

〔註208〕《延福宮曲宴記》，北宋蔡京著。另，巴蜀書社出版的《中國野史集成續編》中錄有《延福宮曲宴記》一卷，署名為宋代李邦彥。

《石林燕語‧故事》〔註209〕：建州歲貢大龍鳳、團茶各二斤，以八餅為斤。仁宗時，蔡君謨知建州，始別擇茶之精者，為小龍團十斤以獻，斤為十餅。仁宗以非故事，命劾之。大臣為請，因留而免劾。然自是遂為歲額。熙寧中，賈清為福建運使，又取小團之精者為密雲龍，以二十餅為斤，而雙袋謂之雙角團茶。大小團袋皆用緋，通以為賜也。密雲龍獨用黃蓋，專以奉玉食。其後又有瑞雲翔龍者。宣和後，團茶不復貴，皆以為賜，亦不復如向日之精。後取其精者為銙茶，歲賜者不同，不可勝紀矣。

《春渚記聞》：東坡先生一日與魯直、文潛諸人會，飯既，食骨餾兒血羹。客有須薄茶者，因就取所碾龍團，遍啜坐客。或曰：「使龍茶能言，當須稱屈。」

魏了翁《先茶記》：眉山李君鏗，為臨邛茶官，吏以故事，三日謁先茶。君詰其故，則曰：「是韓氏而王號，相傳為然，實未嘗請命於朝也。」君曰：「飲食皆有先，而況茶之為利，不惟民生食用之所資，亦馬政、邊防之攸賴。是之弗圖，非忘本乎！」於是撤舊祠而增廣焉，且請於郡，上神之功狀於朝，宣賜榮號，以侈神賜。而馳書於靖，命記成役。

《拊掌錄》〔註210〕：宋自崇寧後復榷茶，法制日嚴。私販者固已抵罪，而商賈官券清納有限，道路有程。纖悉不如令，則被擊斷，或沒貨出告。昏愚者往往不免。其儕乃目茶籠為「草大蟲」，言傷人如虎也。

《苕溪漁隱叢話》：歐公《和劉原父揚州時會堂絕句》云：「積雪猶封蒙頂樹，驚雷未發建溪春。中州地暖萌芽早，入貢宜先百物新。」注：時會堂，造貢茶所也。余以陸羽《茶經》考之，不言揚州出茶，惟毛文錫《茶譜》云：「揚州禪智寺，隋之故宮，寺傍蜀岡，其茶甘香，味如蒙頂焉。」第不知入貢之因，起何時也。

《盧溪詩話》：雙井老人以青沙蠟紙裹細茶寄人，不過二兩。

《青瑣詩話》〔註211〕：大丞相李公昉〔註212〕嘗言，唐時目外鎮為粗官，有學士貽外鎮茶，有詩謝云：「粗官乞與真盧擲，賴有詩情合得嘗。」（外鎮即薛能也。）

〔註209〕《石林燕語》，宋代葉夢得著。
〔註210〕《拊掌錄》，古代笑話錄，編著者尚有爭議，一說為宋代邢居實，一說為元代元懷。據目前可考材料，元懷的可能性要大一些。
〔註211〕《青瑣詩話》，元代劉斧撰，書中所記諸事多與論詩有關，據有人推測，這些內容是後人從劉斧作品中專題擇出。
〔註212〕李公昉，北宋學者、名臣。

《玉堂雜記》：淳熙丁酉十一月壬寅，必大輪當內直，上曰：「卿想不甚飲，比賜宴時，見卿面赤。賜小春茶二十銙，葉世英墨五團，以代賜酒。」

陳師道《後山叢談》：張忠定公〔註213〕令崇陽，民以茶為業。公曰：「茶利厚，官將取之，不若早自異也。」命拔茶而植桑，民以為苦。其後榷茶，他縣皆失業，而崇陽之桑皆已成，其為絹而北者，歲百萬匹矣。（又見《名臣言行錄》）

文正李公既薨，夫人誕日，宋宣獻公時為侍從。公與其僚二十餘人詣第上壽，拜於簾下，宣獻前曰：「太夫人不飲，以茶為壽。」探懷出之，注湯以獻，復拜而去。

張芸叟〔註214〕《畫墁錄》：有唐茶品，以陽羨為上供，建溪、北苑未著也。貞元中，常袞為建州刺史，始蒸焙而研之，謂研膏茶。其後稍為餅樣，而穴其中，故謂之一串。陸羽所烹，惟是草茗爾。迨本朝建溪獨盛，採焙製作，前世所未有也，士大夫珍尚鑒別，亦過古先。丁晉公為福建轉運使，始制為鳳團，後為龍團，貢不過四十餅。專擬上供，即近臣之家，徒聞之而未嘗見也。天聖中，又為小團，其品迥嘉於大團。賜兩府，然止於一斤，惟上大齋，宿兩府，八人共賜小團一餅，縷之以金。八人析歸，以侈非常之賜，親知瞻玩，賡唱以詩，故歐陽永叔有《龍茶小錄》。或以大團賜者，輒剉方寸，以供佛、供仙、奉家廟，已而奉親並待客享子弟之用。熙寧末，神宗有旨建州製密雲龍，其品又加於小團。自密雲龍出，則二團少粗，以不能兩好也。予元祐中詳定殿試，是年分為制舉考第，各蒙賜三餅，然親知分遺，殆將不勝。

熙寧中，蘇子容〔註215〕使北，姚麟為副，曰：「盍載些小團茶乎？」子容曰：「此乃供上之物，儔敢與北人！」未幾，有貴公子使北，廣貯團茶以往，自爾北人非團茶不納也，非小團不貴也。彼以二團易蕃羅一匹，此以一羅酬四團，少不滿意，即形容語。近有貴貂守邊，以大團為常供，密雲龍為好茶云。

《鶴林玉露》：嶺南人以檳榔代茶。

彭乘《黑客揮犀》：「蔡君謨，議茶者莫敢對公發言，建茶所以名重天下，由公也。後公製小龍團，其品尤精於大團。一日，福唐蔡葉丞秘教召公啜小團。坐久，復有一客至，公啜而味之曰：「此非獨小團，必有大團雜之。」丞

〔註213〕張忠定公，即北宋初年張詠。
〔註214〕張芸叟，即北宋張舜民。
〔註215〕蘇子容，即北宋著名醫藥學家蘇頌。

驚呼童詰之，對曰：「本碾造二人茶，繼有一客至，造不及，即以大團兼之。」
丞神服公之明審。

王荊公為小學士時，嘗訪君謨。君謨聞公至，喜甚，自取絕品茶，親滌
器，烹點以待公，冀公稱賞。公於夾袋中取消風散一撮，投茶甌中，並食之。
君謨失色。公徐曰：「大好茶味。」君謨大笑，且歎公之真率也。

魯應龍《閒窗括異志》：當湖德藏寺，有水陸齋壇，往歲富民沈忠建。每
設齋，施主虔誠，則茶現瑞花。故花儼然可睹，亦一異也。

周煇《清波雜志》：先人嘗從張晉彥覓茶，張答以二小詩云：「內家新賜
密雲龍，只到調元六七公。賴有山愛供小草，猶堪詩老薦春風。」「仇池詩裏
識焦坑，風味官焙可抗衡。鑽余權倖亦及我，十輩遣前公試烹。」詩總得偶
病，此詩俾其子代書，後誤刊《于湖集》中。焦坑產庾嶺下，味苦硬，久方回
甘。如「浮石已乾霜後水，焦坑新試雨前茶」，東坡《南還回至章貢顯聖寺》詩
也。後屢得之，初非精品，特彼人自以為重，包裹鑽權倖，亦豈能望建溪之勝。

《東京夢華錄》〔註216〕：舊曹門街北山子茶坊內，有仙洞、仙橋，士女
往往夜遊，吃茶於彼。

《五色線》：騎火茶，不在火前，不在火後故也。清明改火，故曰騎火茶。

《夢溪筆談》：王城東素所厚惟楊大年。公有一茶囊，惟大年至，則取茶
囊具茶，他客莫與也。

《華夷花木考》：宋二帝北狩，到一寺中，有二石金剛並拱手而立。神像
高大，首觸桁棟，別無供器，止有石盂、香爐而已。有一胡僧出入其中，僧揖
坐問：「何來？」帝以南來對。僧呼童子點茶以進，茶味甚香美。再欲索飲，
胡僧與童子趨堂後而去。移時不出，入內求之，寂然空舍。惟竹林間有一小
室，中有石刻胡僧像，並二童子侍立，視之儼然如獻茶者。

馬永卿《嬾真子錄》：「王元道嘗言：『陝西子仙姑，傳云得到道術，能不
食。年約三十許，不知其實年也。陝西提刑陽翟李熙民逸老，正直剛毅人也，
聞人所傳甚異，乃往青平軍自驗之。既見，道貌高古，不覺心服。因曰：「欲
獻茶一杯可乎？」姑曰：「不食茶久矣，今勉強一啜。」既食，少頃垂兩手出，
玉雪如也。須臾，所食之茶從十指甲出，凝於地，色猶不變。逸老令就地刮
取，且使嘗之，香味如故，因大奇之。』」

〔註216〕《東京夢華錄》，宋代孟元老著，主要記錄北宋宋徽宗崇寧到宣和年間開封
　　　　　府風貌。凡十卷，約三萬言。

《朱子集・與志南上人書》：偶得安樂茶，分上廿瓶。

《陸放翁集・同何元立蔡肩吾至丁東院汲泉煮茶》詩云：雲芽近自峨眉得，不減紅囊顧渚春。旋置風爐清樾下，他年奇事屬三人。

《周必大〔註217〕集・送陸務觀赴七閩提舉常平茶事》詩云：暮年桑苧毀《茶經》，應為征行不到閩。今有雲孫持使節，好因貢焙祀茶人。

《梅堯臣集》：晏成續太祝遺雙井茶五品，茶具四枚，近詩六十篇，因賦詩為謝。

《黃山谷集》：有《博士王揚休碾密雲龍，同事十三人飲之戲作》。

《晁補之集・和答曾敬之秘書招能賦堂烹茶》詩：一碗分來百越春，玉溪小暑卻宜人。紅塵他日同回首，能賦堂中偶坐身。

《蘇東坡集》：《送周朝議守漢川》詩云：茶為西南病，岷俗記二李。何人折其鋒，矯矯六君子。（注：二李，杞與稷也。六君子謂師道與任正儒、張永徽、吳醇翁、呂元鈞、宋文輔也。蓋是時蜀茶病民，二李乃始敝之人，而六君子能持正論者也。）

僕在黃州，參寥自吳中來訪，館之東坡。一日，夢見參寥所作詩，覺而記其兩句云：「寒食清明都過了，石泉槐火一時新。」後七年，僕出守錢塘，而參寥始卜居西湖智果寺院，院有泉出石縫間，甘冷宜茶。寒食之明日，僕與客泛湖自孤山來謁參寥，汲泉鑽火，烹黃蘗茶，忽悟所夢詩，兆於七年之前。眾客皆驚歎。知傳記所載，非虛語也。

東坡《物類相感志》：芽茶得鹽，不苦而甜。又云：吃茶多腹脹，以醋解之。又云：陳茶燒煙，蠅速去。

《楊誠齋集・謝傅尚書送茶》：遠餉新茗，當自攜大瓢，走汲溪泉，束澗底之散薪，燃折腳之石鼎，烹玉塵，啜香乳，以享天上故人之惠。愧無胸中之書傳，但一味攪破菜園耳。

鄭景龍《續宋百家詩》：本朝孫志舉，有《訪王主簿同泛菊茶》詩。

呂元中《豐樂泉記》：歐陽公既得釀泉，一日會客，有以新茶獻者，公敕汲泉淪之。汲者道僕覆水，偽汲他泉。公知其非釀泉，詰之，乃得是泉於幽谷山下，因名豐樂泉。

《侯鯖錄》：黃魯直云：爛蒸同州羊，沃以杏酪，食之以匕，不以箸。抹南京面作槐葉冷淘，糝以襄邑熟豬肉，飲共城香稻，用吳人鱠、松江之鱸。既

〔註217〕周必大（1126～1204），字子充、洪道，號平園老叟，南宋名相，文學家，盧陵人。

飽，以康山谷簾泉烹曾坑斗品。少焉，臥北窗下，使人誦東坡《赤壁》前後賦，亦足少快。

《蘇舜欽傳》：有興則泛小舟，出盤、閶二門，吟嘯覽古，渚茶野釀，足以消憂。

《過庭錄》〔註218〕：劉貢父知長安，妓有茶嬌者，以色慧稱。貢父惑之，事傳一時。貢父被召至闕，歐陽永叔去城四十五里迓之，貢父以酒病未起。永叔戲之曰：「非獨酒能病人，茶亦能病人多矣。」

《合璧事類》：覺林寺僧志崇製茶有三等：待客以驚雷莢，自奉以萱草帶，供佛以紫茸香。凡赴茶者，輒以油囊盛餘瀝。

江南有驛官，以幹事自任。白太守曰：「驛中已理，請一閱之。」刺史乃往，初至一室為酒庫，諸醞皆熟，其外懸一畫神，問：「何也？」曰：「杜康。」刺史曰：「公有餘也。」又至一室為茶庫，諸茗畢備，復懸畫神，問：「何也？」曰：「陸鴻漸。」刺史益喜。又至一室為葅庫，諸葅咸具，亦有畫神，問：「何也？」曰：「蔡伯喈。」刺史大笑，曰：「不必置此。」

江浙間養蠶，皆以鹽藏其繭而繅絲，恐蠶蛾之生也。每繅畢，即煎茶葉為汁，搗米粉搜之。篩於茶汁中煮為粥，謂之洗缸粥。聚族以啜之，謂益明年之蠶。

《經鉏堂雜記》：松聲、澗聲、禽聲、夜蟲聲、鶴聲、琴聲、棋聲、落子聲、雨滴階聲、雪灑窗聲、煎茶聲，皆聲之至清者。

《松漠紀聞》〔註219〕：燕京茶肆設雙陸局，如南人茶肆中置棋具也。

《夢粱錄》〔註220〕：茶肆列花架，安頓奇松、異檜等物於其上，裝飾店面，敲打響盞。又冬月添賣七寶擂茶、饊子蔥茶。茶肆樓上，專安著妓女，名曰花茶坊。

《南宋市肆記》：平康歌館，凡初登門，有提瓶獻茗者。雖杯茶，亦犒數千，謂之點花茶。

諸處茶肆，有清樂茶坊、八仙茶坊、珠子茶坊、潘家茶坊、連三茶坊、連二茶坊等名。

〔註218〕 《過庭錄》，南宋范公偁（1126～1158）著，計一卷，錄一百一十四條之數。「過庭」語出《論語·季氏》之「鯉趨而過庭」，表明此書所錄為宗風祖德教誨類內容。

〔註219〕 《松漠紀聞》，南宋洪皓著共三卷，記述其出使金國時的見聞。

〔註220〕 《夢粱錄》，南宋吳自牧著，共二十卷，主要記錄南宋臨安的風貌。

謝府有酒名勝茶。

宋《都城紀勝》〔註221〕：大茶坊皆掛名人書畫，人情茶坊本以茶湯為正。水茶坊，乃娼家聊設果凳，以茶為由，後生輩甘於費錢，謂之乾茶錢。又有提茶瓶及齪茶名色。

《臆乘》：楊衒之作《洛陽伽藍記》，曰食有酪奴，蓋指茶為酪粥之奴也。

《琅環記》：昔有客遇茅君，時當大暑，茅君於手巾內解茶葉，人與一葉，客食之五內清涼。茅君曰：「此蓬萊穆陀樹葉，眾仙食之以當飲。」又有寶文之蕊，食之饑，故謝幼貞詩云：「摘寶文之初蕊，拾穆陀之墜葉。」

楊南峰〔註222〕《手鏡》載：宋時，姑蘇女子沈清友，有《續鮑令暉香茗》。

孫月峰〔註223〕《坡仙食飲錄》：密雲龍茶極為甘馨。宋廖正，一字明略，晚登蘇門，子瞻大奇之。時黃、秦、晁、張號蘇門四學士，子瞻待之厚，每至必令侍妾朝雲取密雲龍烹以飲之。一日，又命取密雲龍，家人謂是四學士，窺之，乃明略也。山谷詩有「矞（聿）雲龍」，亦茶名。

《嘉禾志》〔註224〕：煮茶亭，在秀水縣西南湖中，景德寺之東禪堂。宋學士蘇軾與文長老嘗三過湖上，汲水煮茶，後人因建亭以識其勝。今遺址尚存。

《名勝志》：茶仙亭在滁州琅琊山，宋時寺僧為刺史曾肇建，蓋取杜牧《池州茶山病不飲酒》詩「誰知病太守，猶得作茶仙」之句。子開詩云：「山僧獨好事，為我結茆茨。茶仙榜草聖，頗宗樊川詩。」蓋紹聖二年肇知是州也。

陳眉公《珍珠船》：蔡君謨謂范文正公曰：「公《採茶歌》云：黃金碾畔綠塵飛，碧玉甌中翠濤起。今茶絕品，其色甚白，翠綠乃下者耳，欲改為『玉塵飛』『素濤起』，如何？」希文曰善。

又，蔡君謨嗜茶，老病不能飲，但把玩而已。

《潛確類書》：宋紹興中，少卿曹戩之母喜茗飲。山初無井，戩乃齋戒祝天，斫地才尺，而清泉溢湧，因名孝感泉。

大理徐恪，建人也，見貽鄉信鋌子茶，茶面印文曰「玉蟬膏」，一種曰「清風使」。

〔註221〕《都城紀勝》，南宋周應合撰，為留都建康地方志。
〔註222〕楊南峰（1456~1544），即楊循吉，字君卿、君謙，號南峰、雁村居士。明代官員、文學家。
〔註223〕孫月峰（1543~1613），萬曆間大臣。
〔註224〕《嘉禾志》，即《至元嘉禾志》，元代修訂的嘉興地區地方志。

蔡君謨善別茶，建安能仁院有茶生石縫間，蓋精品也。寺僧採造得八餅，號石岩白。以四餅遺君謨，以四餅密遣人走京師遺王內翰禹玉。歲餘，君謨被召還闕，過訪禹玉，禹玉命子弟於茶笥中選精品碾以待蔡，蔡捧甌未嘗，輒曰：「此極似能仁寺石岩白，公何以得之？」禹玉未信，索帖驗之，乃服。

《月令廣義》：蜀之雅州名山縣蒙山，有五峰，峰頂有茶園，中頂最高處曰上清峰，產甘露茶。昔有僧病，冷且久，嘗遇老父詢其病，僧具告之。父曰：「何不飲茶？」僧曰：「本以茶冷，豈能止乎？」父曰：「是非常茶，仙家有所謂雷鳴者，而亦聞乎？」僧曰：「未也。」父曰：「蒙之中頂有茶，當以春分前後多構人力，俟雷之發聲，並手採摘，以多為貴，至三日乃止。若獲一兩，以本處水煎服，能袪宿疾。服二兩，終身無病。服三兩，可以換骨。服四兩，即為地仙。但精潔治之，無不效者。」僧因之中頂築室以俟，及期，獲一兩餘，服未竟而病瘥。惜不能久住博求。而精健至八十餘歲，氣力不衰。時到城市，觀其貌若年三十餘者，眉髮紺綠。後入青城山，不知所終。今四頂茶園不廢，惟中頂草木繁茂，重雲積霧，蔽虧日月，鷙獸時出，人跡罕到矣。

《太平清話》：張文規以吳興白苧、白蘋洲、明月峽中茶為三絕。文規好學，有文藻。蘇子由、孔武仲、何正臣諸公，皆與之遊。

夏茂卿〔註225〕《茶董》：劉煜，字子儀，嘗與劉筠飲茶，問左右：「湯滾也未？」眾曰：「已滾。」筠云：「僉曰鯀哉。」煜應聲曰：「吾與點也。」

黃魯直以小龍團半鋌，題詩贈晁无咎〔註226〕，有云：「曲几蒲團聽煮湯，煎成車聲繞羊腸。雞蘇胡麻留渴羌，不應亂我官焙香。」東坡見之曰：「黃九恁地怎得不窮。」

陳詩教《灌園史》：杭妓周韶有詩名，好蓄奇茗，嘗與蔡公君謨鬥勝，題品風味，君謨屈焉。

江參，字貫道，江南人，形貌清臞，嗜香茶以為生。

《博學彙書》：司馬溫公與子瞻論茶墨，云：「茶與墨二者正相反，茶欲白，墨欲黑；茶欲重，墨欲輕；茶欲新，墨欲陳。」蘇曰：「上茶妙墨俱香，是其德同也；皆堅，是其操同也。」公歎以為然。

元耶律楚材詩《在西域作茶會值雪》，有「高人惠我嶺南茶，爛賞飛茶雪沒車」之句。

〔註225〕夏茂卿，即明代夏樹芳。
〔註226〕晁无咎，即晁補之。

《雲林遺事》：光福徐達左，構養賢樓於鄧尉山中，一時名士多集於此。元鎮為尤數焉，嘗使童子入山擔七寶泉，以前桶煎茶，以後桶濯足。人不解其意，或問之，曰：「前者無觸，故用煎茶，後者或為洩氣所穢，故以為濯足之用。」其潔癖如此。

陳繼儒《妮古錄》：至正辛丑九月三日，與陳徵君同宿愚庵師房，焚香煮茗，圖石樑秋瀑，翛然有出塵之趣。黃鶴山人王蒙〔註 227〕題畫。

周敘《遊嵩山記》：見會善寺中有元雪庵頭陀茶榜石刻，字徑三寸，遒偉可觀。

鍾嗣成《錄鬼簿》〔註 228〕：王實甫有《蘇小郎夜月販茶船》傳奇。

《吳興掌故錄》：明太祖喜顧渚茶，定制歲貢止三十二斤，於清明前二日，縣官親詣採茶，進南京奉先殿焚香而已，未嘗別有上供。

《七修匯稿》：明洪武二十四年，詔天下產茶之地，歲有定額，以建寧為上，聽茶戶採進，勿預有司。茶名有四：探春、先春、次春、紫筍，不得碾揉為大小龍團。

楊維楨《煮茶夢記》：鐵崖道人臥石床，移二更，月微明，及紙帳梅影，亦及半窗，鶴孤立不鳴。命小芸童汲白蓮泉，燃槁湘竹，授以凌霄芽為飲供。乃遊心太虛，恍兮入夢。

陸樹聲《茶寮記》：園居敞小寮於嘯軒埤垣之西，中設茶灶，凡瓢汲、罌、注、濯、拂之具咸庀。擇一人稍通茗事者主之，一人佐炊汲。客至，則茶煙隱隱起竹外。其禪賓過從予者，與余相對結跏趺坐，啜茗汁，舉無生話。

時杪秋既望，適園無諍居士，與五臺僧演鎮、終南僧明亮，同試天池茶於茶寮中。漫記。

《墨娥小錄》〔註 229〕：千里茶，細茶一兩五錢，孩兒茶一兩，柿霜一兩，粉草末六錢，薄荷葉三錢。右為細末調勻，煉蜜丸如白豆大，可以代茶，便於行遠。

〔註 227〕王蒙，元代畫家，趙孟頫之外孫。
〔註 228〕《錄鬼簿》，元鍾嗣成著，此書記錄了自金、元二朝元曲家 80 餘人，而且予以點評。
〔註 229〕《墨娥小錄》，作者佚名，由明代吳繼刻印，此書內容廣博有趣，詳細記錄了造箋紙、染色布、製香料、作花炮、煉丹藥、釀酒醋、種蔬果、栽花木等方法。

湯臨川《題飲茶錄》：陶學士謂「湯者，茶之司命」，此言最得三昧。馮祭酒精於茶政，手自料滌，然後飲客。客有笑者，余戲解之云：「此正如美人，又如古法書名畫，度可著俗漢手否！」

陸釴〔註230〕《病逸漫記》：東宮出講，必使左右迎請講官。講畢，則語東宮官云：「先生吃茶。」

《玉堂叢語》：愧齋陳公，性寬坦，在翰林時，夫人嘗試之。會客至，公呼：「茶！」夫人曰：「未煮。」公曰：「也罷。」又呼曰：「乾茶！」夫人曰：「未買。」公曰：「也罷。」客為捧腹，時號「陳也罷」。

沈周《客坐新聞》：吳僧大機所居，古屋三四間，潔淨不容唾。善淪茗，有古井清冽為稱。客至，出一甌為供飲之，有滌腸湔胃之爽。先公與交甚久，亦嗜茶，每入城必至其所。

沈周《書岕茶別論後》：自古名山，留以待羈人遷客，而茶以資高士，蓋造物有深意。而周慶叔者，為《岕茶別論》，以行天下。度銅山金穴中無此福，又恐仰屠門而大嚼者，未必領此味。慶叔隱居長興，所至載茶具，邀余素甌黃葉間，共相欣賞。恨鴻漸、君謨不見慶叔耳，為之覆茶三歎。

馮夢禎《快雪堂漫錄》：李于鱗為吾浙按察副使，徐子與以岕茶之最精餉之。比遇子與於昭慶寺，問及，則已賞皂役矣。蓋岕茶葉大梗多，于鱗北士，不遇宜也。紀之以發一笑。

閔元衡《玉壺冰》：良宵燕坐，篝燈煮茗，萬籟俱寂，疏鐘時聞。當此情景，對簡編而忘疲，徹衾枕而不禦，一樂也。

《甌江逸志》：永嘉歲進茶芽十斤，樂清茶芽五斤，瑞安、平陽歲進亦如之。

雁山五珍：龍湫茶、觀音竹、金星草、山樂官、香魚也。茶即明茶，紫色而香者，名玄茶，其味皆似天池而稍薄。

王世懋〔註231〕《二酉委譚》：余性不耐冠帶，暑月尤甚。豫章天氣蚤熱，而今歲尤甚。春三月十七日，觸客於滕王客，日出如火，流汗接踵，頭涔涔幾不知所措。歸而煩悶，婦為具湯沐，便科頭裸身赴之。時西山雲霧新茗初至，張右伯適以見遺，茶色白，大作豆子，香幾與虎丘埒。余時浴出，露坐明月

〔註230〕陸釴〔yì〕（1439～1489），字鼎儀，號靜逸，明代蘇州人，天順八年進士。
〔註231〕王世懋，明嘉靖年間進士，王士禎之弟。《二酉委譚》記載了王氏在江西為官時的茶事。

下。亟命侍兒汲新水烹嘗之。覺沆瀣入咽，兩腋風生。念此境味，都非宦路所有。琳泉蔡先生，老而嗜茶，尤甚於余。時已就寢，不可邀之共啜。晨起復烹遺之，然已作第二義矣。追憶夜來風味，書一通以贈先生。

《湧幢小品》〔註232〕：王璉，昌邑人，洪武初，為寧波知府。有給事來謁，具茶。給事為客居間，公大呼：「撤去！」給事慚而退。因號「撤茶太守」。

《臨安志》：棲霞洞內有水洞，深不可測，水極甘冽，魏公嘗調以瀹茗。

《西湖志餘》：杭州先年有酒館而無茶坊，然富家燕會，猶有尊供茶事之人，謂之茶博士。

《潘子真詩話》：葉濤詩極不工而喜賦詠，嘗有《試茶》詩云「碾成天上龍兼鳳，煮出人間蟹與蝦。」好事者戲云：「此非試茶，乃碾玉匠人嘗南食也。」

董其昌《容臺集》：蔡忠惠公進小團茶，至為蘇文忠公所譏，謂與錢思公進姚黃花同失士氣。然宋時君臣之際，情意藹然，猶見於此。且君謨未嘗以貢茶干寵，第點綴太平世界一段清事而已。東坡書歐陽公滁州二記，知其不肯書《茶錄》。余以蘇法書之，為公懺悔。否則蟄龍詩句，幾臨湯火，有何罪過。凡持論，不大遠人情可也。

金陵春卿署中，時有以松蘿茗相貽者，平平耳。歸來山館，得啜尤物，詢知為閔汶水所蓄。汶水家在金陵，與余相及，海上之鷗，舞而不下，蓋知希為貴，鮮遊大人者。昔陸羽以精茗事，為貴人所侮，作《毀茶論》。如汶水者，知其終不作此論矣。

李日華《六研齋筆記》：攝山棲霞寺，有茶坪，茶生榛莽中，非經人剪植者。唐陸羽入山採之，皇甫冉作詩送之。

《紫桃軒雜綴》：泰山無茶茗，山中人摘青桐芽點飲，號女兒茶。又有松苔，極饒奇韻。

《鍾伯敬集》：《茶訊》詩云：「猶得年年一度行，嗣音幸借採茶名。」伯敬與徐波元歎交厚，吳楚風煙相隔數千里，以買茶為名，一年通一訊，遂成佳話，謂之茶訊。

錢謙益《茶供說》〔註233〕云：婁江逸人朱汝圭，精於茶事，將以茶隱，欲求為之記，願歲歲採渚山青芽，為余作供。余觀楞嚴壇中設供，取白牛乳、砂糖、純蜜之類。西方沙門婆羅門，以葡萄、甘蔗漿為上供，未有以茶供者。

〔註232〕　《湧幢小品》，明代朱國禎撰，筆記體小文。
〔註233〕　《茶供說》全名為《茶供說贈朱如圭》。

鴻漸，長於苕霅者也；杼山，禪伯也。而鴻漸《茶經》、杼山《茶歌》，俱不云供佛。西土以貫花燃香供佛，不以茶供，斯亦供養之缺典也。汝圭益精心治辦茶事，金芽素瓷，清淨供佛，他生受報，往生香國。以諸妙香而作佛事，豈但如丹丘羽人飲茶，生羽翼而已哉。余不敢當汝圭之茶供，請以茶供佛。後之精於茶道者，以採茶供佛，為佛事，則自余之諗汝圭始，爰作《茶供說》以贈。

《五燈會元》：摩突羅國，有一青林枝葉茂盛地，名曰「優留茶」。

問如寶禪師曰：「如何是和尚家風？」師曰：「飯後三碗茶。」僧問谷泉禪師曰：「未審客來，如何抵待？」師曰：「雲門胡餅趙州茶。」

《淵鑒類函》：鄭愚《茶詩》：「嫩芽香且靈，吾謂草中英。夜臼和煙搗，寒爐對雪烹。」因謂茶曰草中英。

素馨花曰裨茗，陳白沙《素馨記》以其能少裨於茗耳。一名那悉茗花〔註234〕。

《佩文韻府》〔註235〕：元好問詩注：「唐人以茶為小女美稱。」

《黔南行記》：陸羽《茶經》紀黃牛峽茶可飲，因令舟人求之。有嫗賣新茶一籠，與草葉無異，山中無好事者故耳。

初余在峽州問士大夫黃陵茶，皆云粗澀不可飲。試問小吏，云惟僧茶味善。令求之，得十餅，價甚平也。攜至黃牛峽，置風爐清樾間，身自候湯，手抓得味。既以享黃牛神，且酌。元明堯夫云：「不減江南茶味也。」乃知夷陵士大夫以貌取之耳。

《九華山錄》〔註236〕：至化城寺，謁金地藏塔，僧祖瑛獻土產茶，味可敵北苑。

馮時可《茶錄》：松郡余山亦有茶，與天池無異，顧採造不如。近有比丘來，以虎丘法製之，味與松蘿等。老衲亟逐之曰：「毋為此山開膻徑而置火坑。」

冒巢民《岕茶匯鈔》：憶四十七年前，有吳人柯姓者，熟於陽羨茶山，每桐初露白之際，為余入岕，簹籠攜來十餘種，其最精妙者，不過斤許數兩耳。味老香深，具芝蘭金石之性。十五年以為恒。後宛姬從吳門歸余，則岕片必

〔註234〕悉茗花，又名素英、耶悉茗花、野悉蜜、玉芙蓉、素馨針，屬木犀科。

〔註235〕《佩文韻府》，清代官修大型詞藻典故辭典類書，張玉書、陳廷敬、李光地等編撰。「佩文」乃康熙書齋名。由康熙敕令修撰的著作，常常署名「佩文齋」，例如《佩文齋廣群芳譜》。

〔註236〕《九華山錄》，南宋周必大撰作。

需半塘顧子兼，黃熟香必金平叔，茶香雙妙，更入精微。然顧、金茶香之供，每歲必先虞山柳夫人、吾邑隴西之舊姬與余共宛姬〔註237〕，而後他及。

金沙於象明攜岕茶來，絕妙。金沙之於精鑒賞，甲於江南，而岕山之棋盤頂，久歸於家，每歲其尊人必躬往採製。今夏攜來廟後、棋頂、漲沙、本山諸種，各有差等，然道地之極真極妙，二十年所無。又辨水候火，與手自洗，烹之細潔，使茶之色香性情，從文人之奇嗜異好，一一淋漓而出。誠如丹丘羽人所謂，飲茶生羽翼者，真衰年稱心樂事也。

吳門七十四老人朱汝圭，攜茶過訪，與象明頗同，多花香一種。汝圭之嗜茶自幼，如世人之結齋於胎年，十四入岕，迄今，春夏不渝者百二十番，奪食色以好之。有子孫為名諸生，老不受其養。謂不嗜茶，為不似阿翁。每竦骨入山，臥遊虎咂，負籠入肆，嘯傲甌香。晨夕滌瓷洗葉，啜弄無休，指爪齒頰與語言激揚讚頌之津津，恒有喜神妙氣與茶相長養，真奇癖也。

《嶺南雜記》：潮州燈節，飾姣童為採茶女，每隊十二人或八人，手挈花籃，迭進而歌，俯仰抑揚，備極妖研。又以少長者二人為隊首，擎彩燈，綴以扶桑、茉莉諸茶。采女進退作止，皆視隊首。至各衙門或巨室唱歌，賚以銀錢、酒果。自十三夕起至十八夕而止。餘錄其歌數首，頗有《前溪》《子夜》之遺。

周亮工《閩小記》：歙人閔汶水，居桃葉渡上，予往品茶其家，見其水火皆自任，以小酒盞酌客，頗極烹飲態。正如德山擔青龍鈔，高自矜許而已，不足異也。秣陵好事者，嘗訕閩無茶，謂閩客得閩茶，咸製為羅囊，佩而嗅之，以代旃檀。實則閩不重汶水也。閩客遊秣陵者，宋比玉、洪仲韋輩，類依附吳兒強作解事，賤家雞而貴野鶩，宜為其所訕賤。三山薛老，亦秦淮汶水也。薛嘗言汶水假他味作蘭香，究使茶之真味盡失。汶水而在，聞此亦當色沮。薛嘗住岕顛，自為剪焙，遂欲駕汶水上。余謂茶難以香名，況以蘭定茶，乃咫尺見也，頗以薛老論為善。

延邵人呼製茶人為碧豎，富沙陷後，碧豎盡在綠林中矣。

蔡忠惠《茶錄》石刻，在甌寧邑庠壁間。予五年前拓數紙寄所知，今漫漶不如前矣。

〔註237〕宛姬：即董小宛，本名董白，字小宛，一字青蓮，皆因仰慕李白而起，明末秦淮八豔之一，後嫁於冒辟疆為妾。

閩酒數郡如一，茶亦類是。今年予得茶甚夥，學坡公義酒事，盡合為一，然與未合無異也。

李仙根《安南雜記》：交趾稱貴人曰翁茶。翁茶者，大官也。

《虎丘茶經注補》：徐天全自金齒謫回，每春末夏初，入虎丘開茶社。

羅光璽作《虎丘茶記》，嘲山僧有「替身茶」。

吳匏庵與沈石田遊虎丘，採茶手煎對啜，自言有茶癖。

《漁洋詩話》：林碻齋者，亡其名，江右人。居冠石，率子孫種茶，躬親畚鍤負擔，夜則課讀《毛詩》《離騷》。過冠石者，見三四少年，頭著一幅布，赤腳揮鋤，琅然歌出金石，竊歎以為古圖畫中人。

《尤西堂集》有《戲冊茶為不夜侯製》。

朱彝尊《日下舊聞》：上已後三日，新茶從馬上至，至之日宮價五十金，外價二三十金。不一二日，即二三金矣。見《北京歲華記》。

《曝書亭集》：錫山聽松庵僧性海，製竹火爐，王舍人過而愛之，為作山水橫幅，並題以詩。歲久爐壞，盛太常因而更製，流傳都下，群公多為吟詠。顧梁汾典籍仿其遺式製爐，及來京師，成容若侍衛以舊圖贈之。丙寅之秋，梁汾攜爐及卷過余海波寺寓，適姜西溟、周青士、孫愷似三子亦至，坐青藤下，燒爐試武夷茶，相與聯句成四十韻，用書於冊，以示好事之君子。

蔡方炳《增訂廣輿記》：湖廣長沙府攸縣，古蹟有茶王城，即漢茶陵城也。

葛萬里《清異錄》〔註238〕：倪元鎮飲茶用果按者，名清泉白石。非佳客不供。有客請見，命進此茶。客渴，再及而盡，倪意大悔，放盞入內。

黃周星〔註239〕九煙夢讀《採茶賦》，只記一句云：施凌雲以翠步。

《別號錄》〔註240〕：宋曾幾吾甫，別號茶山。明許應元子春，別號茗山。

《隨見錄》：武夷五曲朱文公書院內有茶一株，葉有臭蟲氣，及焙製出時，香逾他樹，名曰臭葉香茶。又有老樹數株，云係文公手植，名曰宋樹。

補：《西湖遊覽志》：立夏之日，人家各烹新茗，配以諸色細果，饋送親戚比鄰，謂之七家茶。

〔註238〕 葛萬里：清代江蘇崑山人，號夢航。其《清異錄》非宋代陶穀之《清異錄》，惜僅留書目而未見其書。

〔註239〕 黃周星，字九煙、景明、景虞，號圃庵、而菴、笑倉子、笑倉道人、汰沃主人、將就主人、略似、半非道人等。明末清初戲曲家，金陵人。

〔註240〕 《別號錄》，葛萬里編，此書主要內容是分韻編輯宋、金、元、明等朝代的文人別號。

南屏謙師妙於茶事，自云得心應手，非可以言傳學到者。

劉士亨有《謝璘上人惠桂花茶》詩云：金粟金芽出焙籝，鶴邊小試兔絲甌。葉含雷信三春雨，花帶天香八月秋。味美絕勝陽羨種，神清如在廣寒遊。玉川句好無才續，我欲逃禪問趙州。

李世熊《寒支集》〔註241〕：新城之山有異鳥，其音若簫，遂名曰簫曲山。山產佳茗，亦名簫曲茶。因作歌紀事。

《神玄顯教編》〔註242〕：徐道人居廬山天池寺，不食者九年矣。畜一墨羽鶴，嘗採山中新茗，令鶴銜松枝烹之。遇道流，輒相與飲幾碗。

張鵬翀《抑齋賦》有《御賜鄭宅茶》云：青雲幸接於後塵，白日捧歸乎深殿。從容步緩，膏芬齊出螭頭；肅穆神凝，乳滴將開蠟面。用以濡毫，可媲文章之草；將之比德，勉為精白之臣。

八之出

《國史補》：風俗貴茶，其名品益眾。南劍有蒙頂石花，或小方、散芽，號為第一。湖州有顧渚之紫筍，東川有神泉小團、綠昌明、獸目，峽州有小江園、碧澗寮、明月房、茱萸寮，福州有柏岩、方山露芽，婺州有東白、舉岩、碧貌，建安有青鳳髓，夔州有香山，江陵有楠木，湖南有衡山，睦州有鳩坑。洪州有西山之白露，壽州有霍山之黃芽。綿州之松嶺，雅州之露芽，南康之雲居，彭州之仙崖、石花，渠江之薄片，邛州之火井、思安，黔陽之都濡、高株、瀘川之納溪、梅嶺，義興之陽羨、春池、陽鳳嶺，皆品第之最著者也。

《文獻通考》：片茶之出於建州者，有龍、鳳、石乳、的乳、白乳、頭金、蠟面、頭骨、次骨、末骨、精骨、山挺十二等，以充歲貢及邦國之用，洎本路食茶。余州片茶，有進寶雙勝、寶山兩府出興國軍；仙芝、嫩蕊、福合、祿合、運合、脂合出饒、池州；泥片出虔州；綠英金片出袁州；玉津出臨江軍；靈川出福州；先春、早春、華英、來泉、勝金出歙州；獨行靈草、綠芽片金、金茗出潭州；大拓枕出江陵、大小巴陵；開勝、開捲、小捲、生黃翎毛出岳州；雙上綠牙、大小方出岳、辰澧州；東首、淺山薄側出光州。總二十六名。其兩浙及宣、江、鼎州止以上中下或第一至第五為號。其散茶，則有太湖、龍

〔註241〕李世熊（1601～1686），字元仲，號愧庵、寒支道人，明末清初福建寧化人，其著作有《寒支集》。

〔註242〕《禪玄顯教編》，即《禪元顯教編》，明代楊溥著，主要記錄道教高道，其中頗多禪道融通的記錄。

溪、次號、末號出淮南；嶽麓、草子、楊樹、雨前、雨後出荊湖；清口出歸州；茗子出江南。總十一名。

葉夢得《避暑錄話》：北苑茶，正所產為曾坑，謂之正焙；非曾坑，為沙溪，謂之外焙。二地相去不遠，而茶種懸絕。沙溪色過於曾坑，但味短而微澀，識者一啜，如別涇渭也。余始疑地氣土宜，不應頓異如此。及來山中，每開闢逕路，剗治岩竇，有尋丈之間，土色各殊，肥瘠緊緩燥潤亦從而不同。並植兩木於數步之間，封培灌溉略等，而生死豐悴如二物者。然後知事不經見，不可必信也。草茶極品，惟雙井、顧渚，亦不過各有數畝。雙井在分寧縣，其地屬黃氏魯直家也。元祐間，魯直力推於京師，族人交致之，然歲僅得一二斤爾。顧渚在長興縣，所謂吉祥寺也，其半為今劉侍郎希範家所有。兩地所產，歲亦止五六斤。近歲寺僧求之者，多不暇精擇，不及劉氏遠甚。餘歲求於劉氏，過半斤則不復佳。蓋茶味雖均，其精者在嫩芽。取其初萌如雀舌者，謂之槍。稍敷而為葉者，謂之旗。旗非所貴。不得已取一槍一旗猶可，過是則老矣。此所以為難得也。

《歸田錄》：臘茶出於劍建，草茶盛於兩浙。兩浙之品，日注為第一，自景祐以後，洪州雙井白芽漸盛，近歲製作尤精，囊以紅紗，不過一二兩，以常茶十數斤養之，用避暑濕之氣。其品遠出日注上，遂為草茶第一。

《雲麓漫鈔》〔註243〕：茶出浙西湖州為上，江南常州次之。湖州出長興顧渚山中，常州出義興君山懸腳嶺北岸下等處。

《蔡寬夫詩話》：玉川子《謝孟諫議寄新茶》詩有「手閱月團三百片」及「天子須嘗陽羨茶」之句。則孟所寄，乃陽羨茶也。

楊文公〔註244〕《談苑》：蠟茶出建州，陸羽《茶經》尚未知之，但言福建等州未詳，往往得之，其味極佳。江左近日方有蠟面之號。丁謂《北苑茶錄》云：「創造之始，莫有知者。」質之三館，檢討杜鎬，亦曰在江左日，始記有研膏茶。歐陽公《歸田錄》亦云出福建，而不言所起。（按：唐氏諸家說中，往往有蠟麵茶之語，則是自唐有之也。）

《事物記原》：江左李氏，別令取茶之乳作片，或號京鋌、的乳及骨子等，是則京鋌之品，自南唐始也。《苑錄》云：「的乳以降，以下品雜煉售之，惟京師去者，至真不雜，意由此得名。」或曰，自開寶來，方有此茶。當時

〔註243〕《雲麓漫鈔》，南宋宗室趙彥衛撰，筆記集文。
〔註244〕楊文公，即北宋西崑體大家楊億。

識者云：金陵僭國，惟曰都下，而以朝廷為京師。今忽有此名，其將歸京師乎。

　　羅廩《茶解》：按：唐時產茶地，僅僅如季疵所稱。而今之虎丘、羅岕、天池，顧渚、松蘿、龍井、雁宕、武夷、靈川、大盤、日鑄、朱溪諸名茶，無一與焉。乃知靈草在在有之，但培植不嘉，或疏於採製耳。

　　《潛確類書・茶譜》：袁州之界橋，其名甚著，不若湖州之研膏、紫筍，烹之有綠腳垂下。又婺州有舉岩茶，片片方細，所出雖少，味極甘芳，煎之如碧玉之乳也。

　　《農政全書》：玉壘關外寶唐山，有茶樹產懸崖，筍長三寸五寸，方有一葉兩葉。涪州出三般茶：最上賓化，其次白馬，最下涪陵。

　　《煮泉小品》：茶自浙以北皆較勝。惟閩廣以南，不惟水不可輕飲，而茶亦當慎之。昔鴻漸未詳嶺南諸茶，但云「往往得之，其味極佳」。余見其地多瘴癘之氣，染著水草，北人食之，多致成疾，故謂人當慎之也。

　　《茶譜通考》：岳陽之含膏冷，劍南之綠昌明，蘄門之團黃，蜀川之雀舌，巴東之真香，夷陵之壓磚，龍安之騎火。

　　《江南通志》〔註245〕：蘇州府吳縣西山產茶，穀雨前採焙。極細者，販於市，爭先騰價，以雨前為貴也。

　　《吳郡虎丘志》：虎丘茶，僧房皆植，名聞天下。穀雨前摘細芽焙而烹之，其色如月下白，其味如豆花香。近因官司徵以饋遠，山僧供茶一斤，費用銀數錢。是以苦於齎送。樹不修葺，甚至刈斫之，因以絕少。

　　米襄陽《志林》〔註246〕：蘇州穹窿山下有海雲庵，庵中有二茶樹，其二株皆連理，蓋二百餘年矣。

　　《姑蘇志》〔註 247〕：虎丘寺西產茶，朱安雅云：「今二山門西偏，本名茶嶺。」

　　陳眉公《太平清話》：洞庭中西盡處，有仙人茶，乃樹上之苔蘚也。四皓採以為茶。

　　《圖經續記》：洞庭小青山塢出茶，唐宋入貢。下有水月寺，因名水月茶。

〔註245〕此為康熙年間官修本。
〔註246〕米襄陽，即書家米芾，米氏祖籍太原，據傳好潔成癖，又稱米顛。其書畫自成一家，且精於鑒別，曾任校書郎、書畫博士、禮部員外郎，著有《志林》。
〔註247〕《姑蘇志》，明代人王鏊著。

《古今名山記》：支硎山〔註248〕茶塢，多種茶。

《隨見錄》：洞庭山有茶，微似岕而細，味甚甘香，俗呼為「嚇煞人」。產碧螺峰者尤佳，名碧螺春。

《松江府志》〔註249〕：佘山在府城北，舊有佘姓者修道於此，故名。山產茶與筍，並美，有蘭花香味。故陳眉公云：「余鄉佘山茶，與虎丘相伯仲。」

《常州府志》：武進縣章山麓，有茶巢嶺，唐陸龜蒙嘗種茶於此。

《天下名勝志》：南嶽古名陽羨山，即君山北麓。孫皓既封國後，遂禪此山為嶽，故名。唐時產茶充貢，即所云南嶽貢茶也。

常州宜興縣東南，別有茶山。唐時造茶入貢，又名唐貢山，在縣東南三十五里均山鄉。

《武進縣志》：茶山路在廣化門外十里之內，大墩小墩連綿簇擁，有山之形。唐代湖、常二守會陽羨造茶修貢，由此往返，故名。

《檀几叢書》〔註250〕：茗山，在宜興縣西南五十里永豐鄉。皇甫冉曾有《送羽南山採茶》詩，可見唐時貢茶在茗山矣。

唐李棲筠守常州日，山僧獻陽羨茶。陸羽品為芬芳冠世，產可供上方。遂置茶舍於洞靈觀，歲造萬兩入貢。後韋夏卿徙於無錫縣罨畫溪上，去湖㳇一里所。許有谷詩云「陸羽名荒舊茶舍，卻教陽羨置郵忙」是也。

義興南嶽寺，唐天寶中，有白蛇銜茶子墜寺前。寺僧種之庵側，由此滋蔓，茶味倍佳，號曰蛇種。土人重之，每歲爭先餉遺。官司需索，修貢不絕。迨今方春採茶，清明日，縣令躬享白蛇於卓錫泉亭，隆厥典也。後來檄取，山農苦之，故袁高有「陰嶺茶未吐，使者牒已頻」之句。郭三益詩：「官符星火催春焙，卻使山僧怨白蛇。」盧仝《茶歌》：「安知百萬億蒼生，命墜顛崖受辛苦。」可知貢茶之累民，亦自古然矣。」

《洞山茶系》：羅岕，去宜興而南，逾八九十里。浙直分界，只一山岡，岡南即長興山。兩峰相阻，介就夷曠者，人呼為岕云。履其地，始知古人製字有意。今字書岕字，但注云「山名耳」。有八十八處，前橫大澗，水泉清駛，漱潤茶根，泄山土之肥澤，故洞山為諸岕之最。自西氿溯漲渚而入，取道茗

〔註248〕支硎〔xíng〕山，在今蘇州西南，也名觀音山，晉代高僧支遁又名「支硎」，此山因此而得名。

〔註249〕《松江府志》：松江府即今上海。

〔註250〕《檀几叢書》，清康熙年間，由王晫、張潮所編輯刊刻叢書。

嶺，甚險惡。（縣西南八十里。）自東汎溯湖汊而入，取道瀝嶺，稍夷，才通車騎。所出之茶，厥有四品：

第一品，老廟後。廟祀山之土神者，瑞草叢鬱，殆比茶星胖饗矣。地不下二三畝，苕溪姚像先與婿分有之。茶皆古本，每年產不過二十斤，色淡黃不綠，葉筋淡白而厚，製成梗絕少。入湯色柔白如玉露，味甘，芳香藏味中，空濛深永，啜之愈出，致在有無之外。

第二品，新廟後、棋盤頂、紗帽頂、手巾條、姚八房及吳江周氏地，產茶亦不能多。香幽色白，味冷雋，與老廟不甚別，啜之差覺其薄耳。此皆洞頂岕也。總之岕品至此，清如孤竹，和如柳下，並入聖矣。今人以色濃香烈為岕茶，真耳食而眯其似也。

第三品，廟後漲沙、大袁頭、姚洞、羅洞、王洞、范洞、白石。

第四品，下漲沙、梧桐洞、余洞、石湯、丫頭岕、留青岕、黃龍、岩灶、龍池，此皆平洞本岕也。外山之長潮、青口、箬莊、顧渚、茅山岕，俱不入品。

《岕茶匯鈔》：洞山茶之下者，香清葉嫩，著水香消。棋盤頂、紗帽頂、雄鵝頭、茗嶺，皆產茶地。諸地有老柯、嫩柯，惟老廟後無二，梗葉叢密，香不外散，稱為上品也。

《鎮江府志》：潤州之茶，傲山為佳。

《寰宇記》：揚州江都縣蜀岡有茶園，茶甘旨如蒙頂。蒙頂在蜀，故以名。岡上有時會堂、春貢亭，皆造茶所，今廢。見毛文錫《茶譜》。

《宋史·食貨志》：散茶出淮南，有龍溪雨前、雨後之類。

《隨見錄》：宿松縣產茶，嘗之頗有佳種，但製不得法。倘別其地，辨其等，製以能手，品不在六安下。

《徽州志》：茶產於松蘿，而松蘿茶乃絕少，其名則有勝金、嫩桑、仙芝、來泉、先春、運合、華英之品；其不及號者為片茶，八種。近歲茶名，細者有雀舌、蓮心、金芽；次者為芽下白，為走林，為羅公；又其次者，為開園，為軟枝，為大方。製名號多端，皆松蘿種也。

吳從先《茗說》：松蘿，予土產也。色如梨花，香如豆蕊，飲如嚼雪。種愈佳，則色愈白，即經宿無茶痕，固足美也。秋露白片子，更輕清若空，但香大惹人，難久貯，非富家不能藏耳。真者其妙若此，略混他地一片，色遂作惡，不可觀矣。然松蘿地如掌，所產幾許？而求者四方雲至，安得不以他混耶！

《黃山志》：蓮花庵旁，就石縫養茶，多輕香冷韻，襲人斷齶。

《昭代叢書》：張潮云：「吾鄉天都有抹山茶，茶生石間，非人力所能培植。味淡香清，足稱仙品。採之甚難，不可多得。」

《隨見錄》：松蘿茶，近稱紫霞山者為佳，又有南源、北源名色。其松蘿真品，殊不易得。黃山絕頂有雲霧茶，別有風味，超出松蘿之外。

《通志》：寧國府屬宣、涇、寧、旌、太諸縣，各山俱產松蘿。

《名勝志》：寧國縣鴉山，在文脊山北，產茶充貢。《茶經》云「味與蘄州同」。宋梅詢有「茶煮鴉山雪滿甌」之句。今不可復得矣。

《農政全書》：宣城縣有丫山，形如小方餅橫鋪，茗芽產其上。其山東為朝日所燭，號曰陽坡，其茶最勝。太守薦之京洛人士，題曰「丫山陽坡橫文茶」，一名「瑞草魁」。

《華夷花木考》〔註251〕：宛陵茗池源茶，根株頗碩，生於陰谷，春夏之交，方發萌芽。莖條雖長，旗槍不展，乍紫乍綠。天聖初，郡守李虛己同太史梅詢嘗試之，品以為建溪、顧渚不如也。

《隨見錄》：宣城有綠雪芽，亦松蘿一類。又有翠屏等名色。其涇川塗茶，芽細、色白、味香，為上供之物。

《通志》：池州府屬青陽、石埭、建德，俱產茶。貴池亦有之。九華山閔公墓茶，四方稱之。

《九華山志》：金地茶，西域僧金地藏所植，今傳枝梗空筒者是。大抵煙霞雲霧之中，氣常溫潤，與地上者不同，味自異也。

《通志》：盧州府屬六安、霍山，並產名茶，其最著惟白茅貢尖，即茶芽也。每歲茶出，知州具本恭進。

六安州有小峴山出茶，名小峴春，為六安極品。霍山有梅花片，乃黃梅時摘製，色香兩兼而味稍薄。又有銀針、丁香、松蘿等名色。

《紫桃軒雜綴》：餘生平慕六安茶，適一門生作彼中守，寄書託求數兩，竟不可得，殆絕意乎！

陳眉公《筆記》：雲桑茶出琅琊山，茶類桑葉而小，山僧焙而藏之，其味甚清。

廣德州建平縣雅山出茶，色香味俱美。

〔註251〕 《華夷花木考》，乃《華夷花木鳥獸珍玩考》之一部，由明代慎懋官撰。《華夷花木鳥獸珍玩考》共 12 卷，「花木考」6 卷，「鳥獸珍玩考」6 卷。

《浙江通志》：杭州、錢塘、富陽及餘杭徑山，多產茶。

《天中記》：杭州寶雲山出者，名寶雲茶。下天竺香林洞者，名香林茶。上天竺白雲峰者，名白雲茶。

田子藝云：龍泓今稱龍井，因其深也。《郡志》稱有龍居之，非也。蓋武林之山，皆發源天目，有龍飛鳳舞之讖，故西湖之山以龍名者多，非真有龍居之也。有龍，則泉不可食矣。泓上之閣，亟宜去之，浣花諸池，尤所當瀹。

《湖壖雜記》〔註252〕：龍井產茶，作豆花香，與香林、寶雲、石人塢、垂雲亭者絕異。採於穀雨前者尤佳，啜之淡然，似乎無味，飲過後，覺有一種太和之氣，彌淪於齒頰之間，此無味之味，乃至味也。為益於人不淺，故能療疾。其貴如珍，不可多得。

《坡仙食飲錄》：寶嚴院垂雲亭亦產茶，僧怡然以垂雲茶見餉，坡報以大龍團。

陶穀《清異錄》：開寶中，竇儀以新茶餉予，味極美，盒面標云「龍陂山子茶」。龍陂是顧渚山之別境。

《吳興掌故》〔註253〕：「顧渚左右有大小官山，皆為茶園。明月峽在顧渚側，絕壁削立，大澗中流，亂石飛走，茶生其間，尤為絕品。張文規詩所謂「明月峽中茶始生」是也。

顧渚山，相傳以為吳王夫差於此顧望原隰可為城邑，故名。唐時，其左右大小官山皆為茶園，造茶充同，故其下有貢茶院。

《蔡寬夫詩話》〔註254〕：湖州紫筍茶，出顧渚，在常、湖二郡之間，以其萌茁紫而似筍也。每歲入貢，以清明日到，先薦宗廟，後賜近臣。

馮可賓《岕茶箋》：環長興境，產茶者曰羅嶰、曰白岩、曰烏瞻、曰青東、曰顧渚、曰篠浦，不可指數。獨羅嶰最勝。環嶰境十里而遙為嶰者，亦不可指數。嶰而曰岕，兩山之介也。羅隱隱此，故名。在小秦王廟後，所以稱廟後羅岕也。洞山之岕，南面陽光，朝旭夕輝，雲滃霧浡，所以味迥別也。

《名勝志》：茗山，在蕭山縣西三里，以山中出佳茗也。又上虞縣後山，茶亦佳。

〔註252〕《湖壖雜記》，清朝陸次雲撰。本書乃接續續田藝蘅《西湖志餘》而作。
〔註253〕《吳興掌故》，明朝徐獻忠編。徐獻忠為《水品全秩》作者。
〔註254〕《蔡寬夫詩話》，蔡寬夫，即北宋蔡居厚。

《方輿勝覽》〔註255〕：會稽有日鑄嶺，嶺下有寺，名資壽。其陽坡名油車，朝暮常有日，茶產其地，絕奇。歐陽文忠云：「兩浙草茶，日鑄第一。」

《紫桃軒雜綴》：普陀老僧貽余小岩茶一裹，葉有白茸，瀹之無色，徐引，覺涼透心腑。僧云：「本岩歲止五六斤，專供大士，僧得啜者寡矣。」

《普陀山志》：茶以白華岩頂者為佳。

《天台記》：丹丘出大茗，服之生羽翼。

桑莊茹芝《續譜》：天台茶有三品：紫凝、魏嶺、小溪是也。今諸處並無出產，而土人所需，多來自西坑、東陽、黃坑等處。石橋諸山，近亦種茶，味甚清甘，不讓他郡，蓋出自名山霧中，宜其多液而全厚也。但山中多寒，萌發較遲，兼之做法不佳以此不得取勝。又所產不多，僅足供山居而已。

《天台山志》：葛仙翁茶圃，在華頂峰上。

《郡芳譜》：安吉州茶，亦名紫筍。

《通志》：茶山，在金華府蘭溪縣。

《廣輿記》：鳩坑茶，出嚴州府淳安縣。方山茶，出衢州府龍游縣。

勞大輿《甌江逸志》〔註256〕：浙東多茶品，雁宕山稱第一。每歲穀雨前三日，採摘茶芽進貢。一槍兩旗而白毛者，名曰明茶；穀雨日採者，名雨茶。一種紫茶，其色紅紫，其味尤佳，香氣尤清，又名玄茶，其味皆似天池而稍薄。難種薄收，土人厭人求索，園圃中少種，間有之亦為識者取去。按盧全《茶經》云：「溫州無好茶，天台瀑布水、甌水味薄，惟雁宕山水為佳。」此茶亦為第一，曰去腥膩、除煩惱、卻昏散、消積食。但以錫瓶貯者，得清香味；不以錫瓶貯者，其色雖不堪觀，而滋味且佳，同陽羨山岕茶無二無別。採摘近夏，不宜早，炒做宜熟不宜生，如法可貯二三年。愈佳愈能消宿食，醒酒，此為最者。

王草堂《茶說》〔註257〕：溫州中宿及溙茶皆有名，性不寒不熱。

屠粹忠《三才藻異》〔註258〕：舉岩，婺茶也，片片方細，煎如碧乳。

《江西通志》：茶山，在廣信府城北，陸羽嘗居此。

〔註255〕《方輿勝覽》，宋朝祝穆撰，共七十卷。
〔註256〕《甌江逸志》，清代勞大輿撰。
〔註257〕王草堂：清初人，著有《茶說》。
〔註258〕屠粹忠，字純甫，號芝岩，寧波人。順治十五年（1658）進士，康熙三十九年（1700）官至兵部尚書，著有《三才藻異》。

洪州西山白露鶴嶺，號絕品，以紫清香城者為最。及雙井茶芽，即歐陽公所云「石上生茶如鳳爪」者也。又羅漢茶如豆苗，因靈觀尊者自西山持至，故名。

《南昌府志》：新建縣鵝岡西，有鶴嶺，雲物鮮美，草林秀潤，產名茶異於他山。

《通志》〔註259〕：瑞州府出茶芽，廖暹《十詠》呼為雀舌香焙云。其餘臨江、南安等府俱出茶，盧山亦產茶。

袁州府界橋出茶，今稱仰山、稠平、木平者佳，稠平者尤妙。

贛州府寧都縣出林岕，乃一林姓者以長指甲炒之，採製得法，香味獨絕，因之得名。

《名勝志》：茶山寺，在上饒縣城北三里，按《圖經》，即廣教寺。中有茶園數畝，陸羽泉一勺。羽性嗜茶，環居皆植之，烹以是泉，後人遂以廣教寺為茶山寺云。宋有茶山居士曾吉甫，名幾，以兄開忤秦檜，奉祠僑居此寺，凡七年，杜門不問世故。

《丹霞洞天志》：建昌〔註260〕府麻姑山產茶，惟山中之茶為上，家園植者次之。

《饒州府志》：浮梁縣陽府山，冬無積雪，凡物早成，而茶尤殊異。金君卿詩云：「聞雷已薦雞鳴筍，未雨先嘗雀舌茶。」以其地暖故也。

《通志》〔註261〕：南康府出匡茶，香味可愛，茶品之最上者。

九江府彭澤縣九都山出茶，其味略似六安。

《廣輿記》〔註262〕：德化茶，出九江府。又，崇義縣多產茶。

《吉安府志》：龍泉縣匡山，有苦齋，章溢所居。四面峭壁，其下多白雲，上多北風，植物之味皆苦。野蜂巢其間，採花蕊作蜜，味亦苦。其茶苦於常茶。

《群芳譜》〔註263〕：太和山騫林茶，初泡極苦澀。至三四泡，清香特異，人以為茶寶。

〔註259〕此處《通志》，當為《江西通志》。
〔註260〕建昌，約今遼寧葫蘆島市西北部。
〔註261〕此處《通志》，亦為《江西通志》。
〔註262〕《廣輿記》，明代陸應暘著。
〔註263〕《群芳譜》，即《二如亭群芳譜》，明代王象晉（1561～1653）編著，主要介紹栽培植物的技藝及群芳之種類。中國明代介紹栽培植物的著作。

《福建通志》：福州、泉州、建寧、延平、興化、汀州、邵武諸府，俱產茶。

《合璧事類》：建州出大片。方山之芽，如紫筍，片大極硬。須湯浸之，方可碾。治頭痛，江東老人多服之。

周櫟園《閩小記》：鼓山半岩茶，色香風味當為閩中第一，不讓虎丘、龍井也。雨前者每兩僅十錢，其價廉甚。一云前朝每歲進貢，至楊文敏當國，始奏罷之。然近來官取，其擾甚於進貢矣。

柏岩，福州茶也。岩即柏梁臺。

《興化府志》：仙遊縣出鄭宅茶，真者無幾，大都以贗者雜之，雖香而味薄。

陳懋仁《泉南雜誌》〔註264〕：清源山茶，青翠芳馨，超軼天池之上。南安縣英山茶，精者可亞虎丘，惜所產不若清源之多也。閩地氣暖，桃李冬花，故茶較吳中差早。

《延平府志》：棕毛茶出南平縣，半岩者佳。

《建寧府志》：北苑在郡城東，先是建州貢茶首稱北苑龍團，而武夷石乳之名未著。至元時，設場於武夷，遂與北苑並稱。今則但知有武夷，不知有北苑矣。吳越間人，頗不足閩茶，而甚豔北苑之名，不知北苑實在閩也。

宋無名氏《北苑別錄》：建安之東三十里，有山曰鳳凰，其下直北苑，旁聯諸焙，厥土赤壤，厥茶惟上上。太平興國中，初為御焙，剛模龍鳳，以羞貢篚，蓋表珍異。慶曆中，漕臺益重其事，品數日增，制度日精。厥今茶自北苑上者，獨冠天下，非人間所可得也。方其春蟲震蟄，群夫雷動，一時之盛，誠為大觀。故建人謂至建安而不詣北苑，與不至者同。僕因攝事，得研究其始末，姑摭其大概，修為十餘類目，曰《北苑別錄》云。

御園：九窠十二隴，麥窠，壞園，龍游窠，小苦竹，苦竹里，雞藪窠，苦竹，鼬鼠窠，教練隴，鳳凰山，苦竹園，大小焊，橫坑，猢遊隴，張坑，帶園，焙東，中歷，東際，西際，官平，石碎窠，上下官坑，虎膝窠，樓隴，蕉窠，新園，大樓基，阮坑，曾坑，黃際，馬鞍山，林園，和尚園，黃淡窠，吳彥山，羅漢山，水桑窠，銅場，師姑園，靈滋苑，馬園，高畬，大窠頭，小山。右四十六所，廣袤三十餘里。自官平而上為內園，官坑而下為外園。方春靈芽荂坼，常先民焙十餘日。如九窠十二隴、龍游窠、小苦竹、長坑、西際，又為禁園之先也。

〔註264〕《泉南雜誌》，明代陳懋仁撰，屬筆記小說。

《東溪試茶錄》：舊記建安郡官焙三十有八。丁氏舊錄云：「官私之焙千三百三十有六。」而獨記官焙三十二。東山之焙十有四：北苑龍焙一，乳橘內焙二，乳橘外焙三，重院四，壑嶺五，渭源六，範源七，蘇口八，東宮九，石坑十，連溪十一，香口十二，火梨十三，開山十四。南溪之焙十有二：下瞿一，濛州東二，汾東三，南溪四，斯源五，小香六，際會七，謝坑八，沙龍九，南香十，中瞿十一，黃熟十二。西溪之焙四：慈善西一，慈善東二，慈惠三，船坑四。北山之焙二：慈善東一，豐樂二。外有曾坑、石坑、壑源、葉源、佛嶺、沙溪等處。惟壑源之茶，甘香物勝。

茶之名有七：一曰白茶，民間大重，出於近風，園焙時有之。地不以山川遠近，發不以社之先後。芽葉如紙，民間以為茶瑞，取其第一者為鬥茶。次曰柑葉茶，樹高丈餘，徑頭七八雨，葉厚而圓，狀如柑橘之葉，其芽發即肥乳，長二雨許，為食茶之上品。三曰早茶，亦類柑葉，發常先春，民間採製為試焙者。四曰細葉茶，葉比柑葉細薄，樹高者五六尺，芽短而不肥乳，今生沙溪山中，蓋土薄而不茂也。五曰稽茶，葉細而厚密，芽晚而青黃。六曰晚茶，蓋稽茶之類，發比諸茶較晚，生於社後。七曰叢茶，亦曰叢生茶，高不數尺，一歲之間發者數四，貧民取以為利。

《品茶要錄》：壑源、沙溪，其地相背，而中隔一嶺，其去無數里之遙，然茶產頓殊。有能出力移栽植之，亦為風土所化。竊嘗怪茶之為草，一物耳，其勢必猶得地而後異。豈水絡地脈偏鍾粹於壑，而御焙占此大岡巍隴，神物伏護，得其餘蔭耶？何其甘芳精至而美擅天下也。觀夫春雷一鳴，筠籠才起，售者已擔簽挈囊於其門，或先期而散留金錢，或茶才入笪而爭酬所直。幫壑源之茶，常不足客所求。其有桀猾之園民，陰取沙溪茶葉，雜就家棬而製之。人耳其名，睨其規模之相若，不能原其實者，蓋有之矣。凡壑源之茶售以十，則沙溪之茶售以五，其直大率仿此。然水溪之園民，亦勇於覓得，不能久泛，香薄而味短者，沙溪之品也。凡肉理實厚，質體堅而色紫，試時泛盞凝久，香滑而味長者，壑源之品也。

《潛確類書》：歷代貢茶以建寧為上，有龍團、鳳團、石乳、滴乳、綠昌明、頭骨、次骨、末骨、鹿骨、山挺等名，而密雲龍最高，皆碾屑作餅。至國朝始用芽茶，曰探春、曰先春、曰次春、曰紫筍，而龍鳳團皆廢矣。

《名勝志》：北苑茶園屬甌寧縣。舊《經》云：「偽閩龍啟中里人張暉，以所居北苑地宜茶，悉獻之官，其名始著。」

《三才藻異》：石岩白，建安能仁寺茶也，生石縫間。

建寧府屬浦城縣江郎山，出茶，即名江郎茶。

《武夷山志》：前朝不貴閩茶，即貢者亦只備宮中浣濯盞之需。貢使類以價，貨京師所有者納之。間有採辦，皆劍津廖地產，非武夷也。黃冠每市山下茶，登山貿之，人莫能辨。

茶洞在接筍峰側，洞門甚隘，內境夷曠，四周皆穹崖壁立。土人種茶，視他處為最盛。

崇安殷令招黃山僧以松蘿法制建茶，真堪並駕，人甚珍之，時有「武夷松蘿」之目。

王梓《茶說》：武夷山周回百二十里，皆可種茶。茶性，他產多寒，此獨性溫。其品有二：在山者為岩茶，上品；在地者為洲茶，次之。香清濁不同，且泡時岩茶湯白，洲茶湯紅，以此為別。雨前者為頭春，稍後為二春，再後為三春。又有秋中採者，為秋露白，最香。須種植、採摘烘焙得宜，則香味兩絕。然武夷本石山，峰巒載土者寥寥，故所產無幾。若洲茶，所在皆是，即鄰邑近多栽植，運至山中及星村墟市賣售，皆冒充武夷。更有安溪所產，尤為不堪。或品嘗其味，不甚貴重者，皆以假亂真誤之也。至於蓮子心、白毫皆洲茶，或以木蘭花薰成欺人，不及岩茶遠矣。

張大復《梅花筆談》：《經》云：「嶺南生福州、建州。」今武夷所產，其味極佳，蓋以諸峰拔立。正陸羽所云「茶上者生爛石中」者耶。

《草堂雜錄》：武夷山有三味茶，苦酸甜也，別是一種，飲之味果屢變，相傳能解醒消脹。然採製甚少，售者亦稀。

《隨見錄》：武夷茶，在山上者為岩茶，水邊者為洲茶。岩茶為上，洲茶次之。岩茶，北山者為上，南山者次之。南北兩山，又以所產之岩名為名，其最佳者，名曰工夫茶。工夫之上，又有小種，則以樹名為名。每株不過數兩，不可多得。洲茶名色，有蓮子心、白毫、紫毫、龍鬚、鳳尾、花香、蘭香、清香、奧香、選芽、漳芽等類。

《湖廣通志》〔註265〕：武昌茶，出通山者上，崇陽蒲圻者次之。

《廣輿記》：崇陽縣龍泉山，週二百里。山有洞，好事者持炬而入，行數十步許，坦平如室，可容千百眾，石渠流泉清冽，鄉人號曰魯溪。岩產茶，甚甘美。

〔註265〕此《湖廣通志》為明末清初的荊楚總志。

《天下名勝志》：湖廣江夏縣洪山，舊名東山，《茶譜》云：鄂州東冊出茶，黑色如韭，食之已頭痛。

《武昌郡志》：茗山在蒲圻縣北十五里，產茶。又大冶縣亦有茗山。

《荊州土地記》：武陵七縣道出茶，最好。

《岳陽風土記》〔註267〕：灉湖諸山舊出茶，謂之灉湖茶，李肇〔註266〕所謂「岳州灉湖之含膏」是也。唐人極重之，見於篇什。今人不甚種植，惟白鶴僧園有千餘本。土地頗類北苑，所出茶一歲不過一二十斤，土人謂之白鶴茶，味極甘香，非他處草茶可比併。茶園地色亦相類，但土人不甚植爾。

《通志》：長沙茶陵州，以地居茶山之陰，因名。昔炎帝葬於茶山之野。茶山即云陽山，其陵谷間多生茶茗故也。

長沙府出茶，名安化茶。辰州茶出溆浦。彬州亦出茶。

《類林新詠》：長沙之石楠葉，摘芽為茶，名欒茶，可治頭風。湘人以四月四日摘楊桐草，搗其汁拌米而蒸，猶糕糜之類，必啜此茶，乃去風也。

《合璧事類》：潭郡之間有渠江，中出茶，而多毒蛇猛獸，鄉人每年採擷不過十五六斤，其色如鐵，而芳香異常，烹之無腳。

湘潭茶，味略似普洱，土人名曰芙蓉茶。

《茶事拾遺》：潭州有鐵色，夷陵有壓磚。

《通志》：靖州出茶油，蘄水有茶山，產茶。

《河南通志》：羅山茶，出河南汝寧府信陽州。

《桐柏山志》：瀑布山，一名紫凝山，產大葉茶。

《山東通志》：兗州府費縣蒙山石巔，有花如茶，土人取而製之，其味清香迥異他茶，貢茶之異品也。

《輿志》：蒙山一名東山，上有白雲岩產茶，亦稱蒙頂。（王草堂云：乃石上之苔為之，非茶類也。）

《廣東通志》：廣州韶州南雄、肇慶各府及羅定州，俱產茶。西樵山在郡城西一百二十里，峰巒七十有二，唐末詩人曹松，移植顧渚茶於此，居人遂以茶為生業。

韶州府曲江縣曹溪茶，歲可三四採，其味清甘。

〔註266〕《岳陽風土記》，北宋范致明著。

〔註267〕李肇，字里居，生卒年均不詳，約唐憲宗元和中前期人，為翰林學士。著有《翰林志》《國史補》等。

潮州大埔縣、齊慶恩平縣，俱有茶山。德慶州有茗山，欽州靈山縣亦有茶山。

吳陳琰《曠園雜志》〔註268〕：端州白雲山出雲獨奇，山故蒔茶在絕壁，歲不過得一石許，價可至百金。

王草堂《雜錄》：粵東珠江之南產茶，曰河南茶。潮陽有鳳山茶，樂昌有毛茶，長樂有石茗，瓊州有靈茶、烏藥茶云。

《嶺南雜記》：廣南出苦橙茶，俗呼為苦丁，非茶也。茶大如掌，一片入壺，其味極苦，少則反有甘味，噲咽利咽喉之症，功並山豆根。

化州有琉璃茶，出琉璃庵。其產不多，香與峒岕相似。僧人奉客，不及一兩。

羅浮有茶，產於山頂石上，剝之如蒙山之石茶，其香倍於廣岕，不可多得。

《南越志》：龍川縣出皋盧，味苦澀，南海謂之過盧。

《陝西通志》：漢中府興安州等處產茶，如金州、石泉、漢陰、平利、西鄉諸縣各有茶園，他郡則無。

《四川通志》：四川產茶州縣凡二十九處，成都府之資陽、安縣、灌縣、石泉、崇慶等；重慶府之南川、黔江、豐都、武隆、彭水等；夔州府之建始、開縣等，及保寧府、遵義府、嘉定州、瀘州、雅州、烏蒙等處。

東川茶有神泉、獸目，邛州茶曰火井。

《華陽國志》〔註269〕：涪陵無蠶桑，惟出茶、凡漆、密蠟。

《華夷花木考》：蒙頂茶受陽氣全，故芳香。唐李德裕入蜀得蒙餅，以沃湯瓶之上，移時盡化，乃驗其真蒙頂。又有五花茶，其片作五出。

毛文錫《茶譜》：蜀州晉原、洞口、橫原、珠江、青城，有橫芽、雀舌、鳥嘴、麥顆，蓋取其嫩芽所造以形似之也。又有片甲、蟬翼之異。片甲者，早春黃芽，其葉相抱如片甲也；蟬翼者，其葉嫩薄如蟬翼也，皆散茶之最上者。

《東齋紀事》〔註270〕：蜀雅州蒙頂產茶，最佳。其生最晚，每至春夏之交始出，常有雲霧覆其上，若有神物護持之。

〔註268〕吳陳琰，即明代吳寶崖，《曠園雜志》為其代表作。
〔註269〕《華陽國志》，又名《華陽國記》，東晉常璩著。此書專門記述古代中國西南地區尤其是巴蜀地方的歷史、地理、人物等，共12卷。
〔註270〕《東齋紀事》，宋朝范鎮撰，主要記錄時事見聞。

《郡芳譜》：峽州茶有小江園、碧澗寮、明月房、茱萸寮等。

陸平泉《茶寮記事》〔註271〕：蜀雅州蒙頂上有火前茶，最好，謂禁火以前採者。後者謂之火後茶，有露芽、穀芽之名。

《述異記》〔註272〕：巴東有真香茗，其花白色如薔薇，煎服令人不眠，能誦無忘。

《廣輿記》：峨眉山茶，其味初苦而終甘。又瀘州茶可療風疾。又有一種烏茶，出天全六番計使司境內。

王新城《隴蜀餘聞》〔註273〕：蒙山在名山縣西十五里，有五峰，最高者曰上清峰。其巔一石大如數間屋，有茶七株，生石下，無縫罅，云是甘露大師手植。每茶時葉生，智炬寺僧輒報有司往視。籍記其葉之多少，採製才得數錢許。明明貢京師僅一錢有奇。環石別有數十株，曰陪茶，則供藩府諸司之用而已。其旁有泉，恒用石覆之，味精妙，在惠泉〔註274〕之上。

《雲南記》：名山縣出茶，有山曰蒙山，聯延數十里，在西南。按《拾遺志》《尚書》所謂「蔡蒙旅平」者，蒙山也，在雅州。凡蜀茶盡在此。

《雲南通志》：茶山在元江府城西北普洱界。太華山在雲南府西，產茶色似松蘿，名曰太華茶。

普洱茶出元江府普洱山，性溫味香。兒茶出永昌府，俱作團。又感通茶出大理府點蒼山感通寺。

《續博物志》：威遠州即唐南詔銀生府之地，諸山出茶，收採無時，雜椒薑烹而飲之。

《廣輿記》：雲南廣西府出茶。又灣甸州出茶，其境內孟通山所產，亦類陽羨茶，穀雨前採者香。

曲靖府出茶，子叢生，單葉子可作油。

許鶴沙《滇行紀程》：滇中陽山茶，絕類松蘿。

《天中記》：容州黃家洞出竹茶，其葉如嫩竹，土人採以作飲，甚甘美。

（廣西容縣，唐容州。）

〔註271〕陸平泉即陸樹聲。
〔註272〕《述異記》，南朝祖沖之撰，內容主要是神仙鬼怪類。
〔註273〕王新城即王漁洋、王士禎。《隴蜀余聞》乃其入蜀時所作。
〔註274〕當指無錫惠山泉。

《貴州通志》：貴陽府產茶，出龍里東苗坡及陽寶山，土人製之無法，味不佳。近亦有採芽以造者，稍可供啜。威寧府〔註275〕茶出平遠，產岩間，以法製之，味亦佳。

《地圖綜要》〔註276〕：貴州新添軍民衛產茶，平越軍民衛亦出茶。《研北雜志》〔註277〕：交趾出茶，如綠苔，味辛烈，名曰登。北人重譯，名茶曰鈸。

九之略

茶事著述名目：

《茶經》三卷，唐太子文學陸羽撰。

《茶記》三卷，前人。（見《國史·經籍志》）

《顧渚山記》二卷，陸羽。〔註278〕

《煎茶水記》一卷，江州刺史張又新撰。

《採茶錄》三卷，溫庭筠撰。

《補茶事》，太原溫從雲、武威段碼之。

《茶訣》三卷，釋皎然撰。〔註279〕

《茶述》，裴汶。

《茶譜》一卷，偽蜀毛文錫。

《大觀茶論》二十篇，宋徽宗撰。

《建安茶錄》三卷，丁謂撰。〔註280〕

《試茶錄》二卷，蔡襄撰。

《進茶錄》一卷，前人。

《品茶要錄》一卷，建安黃儒撰。

《建安茶記》一卷，呂惠卿撰。〔註281〕

〔註275〕威寧府，清康熙年間設置，在今貴州省畢節市。

〔註276〕《地圖綜要》，明末吳學儼、朱紹本等編輯。此書泛論中國之地形，可視為一部中國軍事地理大綱。

〔註277〕《研北雜志》，元代陸友著，多記錄文苑舊事。

〔註278〕《顧渚山記》：陸羽著，今佚。

〔註279〕《茶訣》傳為茶僧皎然撰，惜已不存。

〔註280〕《建安茶錄》，亦稱《北苑茶錄》，宋代丁謂撰。約成書於宋咸平二年，今佚。據傳其中記述貢茶採製之法，蔡襄《茶錄》中可略窺其遺跡。

〔註281〕《建安茶記》，亦稱《建安茶用記》。呂惠卿（1032～1111），字吉甫，泉州人，北宋王安石變法陣營主力軍。

《北苑拾遺》一卷，劉異撰。〔註282〕

《北苑煎茶法》，前人。〔註283〕

《東溪試茶錄》，宋子安集，一作朱子安。

《補茶經》一卷，周絳撰。〔註284〕又一卷，前人。

《北苑總錄》十二卷，曾伉錄。〔註285〕

《茶山節對》一卷，攝衢州長史蔡宗顏撰。

《茶譜遺事》一卷，前人。

《宣和北苑貢茶錄》，建陽熊蕃撰。

《宋朝茶法》，沈括。

《茶論》，前人。

《北苑別錄》一卷，趙汝礪撰。

《北苑別錄》，無名氏。

《造茶雜錄》，張文規。

《茶雜文》一卷，集古今詩及茶者。

《壑源茶錄》，一卷，章炳文。

《北苑別錄》，熊克。

《龍焙美成茶錄》，范逵。〔註286〕

《茶法易覽》十卷，沈立。〔註287〕

《建茶論》，羅大經。

《煮茶泉品》，葉清臣。

《十友譜茶譜》，佚名。

《品茶》一篇，陸魯山。

《續茶譜》，桑莊茹芝。〔註288〕

《茶錄》，張源。

<hr>

〔註282〕《北苑拾遺》，今已佚。

〔註283〕《北苑煎茶法》，亦為劉異撰，已佚，內容無考。

〔註284〕周絳《補茶經》，約成書於宋大中祥符五年（1012），已佚。

〔註285〕《北苑總錄》，為多種「茶書」之總錄，計十二卷。

〔註286〕范逵，西晉時江西鄱陽人，曾舉孝廉，事蹟無考。

〔註287〕《茶法易覽》，亦稱《茶法要覽》，已佚。沈立，字立之，北宋時期歷陽人。參考《宋史》中有關沈立的內容來看，《茶法易覽》主要還是談論茶對國家經貿通商等方面的利害關係。

〔註288〕暫不知桑莊茹芝為何許人，其《續茶譜》已佚。

《煎茶七類》，徐渭。

《茶寮記》，陸樹聲。

《茶譜》，顧元慶。

《茶具圖》一卷，前人。

《茗笈》，屠本畯。

《茶錄》，馮時可。

《岕山茶記》，熊明遇。

《茶疏》，許次紓。

《八箋茶譜》，高濂。

《煮泉小品》，田藝蘅。

《茶箋》，屠隆。

《岕茶箋》，馮可賓。

《峒山茶系》，周高起伯高。

《水品》，徐獻忠。

《竹懶茶衡》，李日華。

《茶解》，羅廩。

《松寮茗政》，卜萬祺。

《茶譜》，錢友蘭翁。

《茶集》一卷，胡文煥。

《茶記》，呂仲吉。

《茶箋》，聞龍。

《岕茶別論》，周慶叔。

《茶董》，夏茂卿。

《茶說》，邢士襄。

《茶史》，趙長白。

《茶說》，吳從先。

《武夷茶說》，袁仲儒。

《茶譜》，朱碩儒。見《黃輿堅集》。

《岕茶匯鈔》，冒襄。

《茶考》，徐燉。

《群芳譜・茶譜》，王象晉。

《佩文齋廣群芳譜・茶譜》。

詩文名目：

杜毓《荈賦》

顧況《茶賦》

吳淑《茶賦》

李文簡《茗賦》

梅堯臣《南有嘉茗賦》

黃庭堅《煎茶賦》

程宣子《茶銘》

曹暉《茶銘》

蘇廙《仙芽傳》

湯悅《森伯傳》

蘇軾《葉嘉傳》

支廷訓《湯蘊之傳》

徐岩泉《六安州茶居士傳》

呂溫《三月三日茶宴序》

熊禾《北苑茶焙記》

趙孟𤰝《武夷山茶場記》

暗都剌《喊山臺記》

文德翼《廬山免給茶引記》

茅一相《茶譜序》

清虛子《茶論》

何恭《茶議》

汪可立《茶經後序》

吳旦《茶經跋》

童承敘《論茶經書》

趙觀《煮泉小品序》

詩文摘句：

《合璧事類・龍溪除起宗制》有云：必能為我講摘山之制，得充廱之良。

胡文恭《行孫諮制》有云：領算商車，典領茗軸。

唐武元衡有《謝賜新火及新茶表》，劉禹錫、柳宗元有《代武中丞謝賜新茶表》。

韓翊《為田神玉謝賜茶表》，有「味足蠲邪，助其正直；香堪愈疾，沃以勤勞。吳主禮賢，方聞置茗；晉臣愛客，才有分茶」之句。

《宋史》：李稷重秋葉、黃花之禁。

宋《通商茶法詔》，乃歐陽修代筆。《代福建提舉茶事謝上表》，乃洪邁筆。

謝宗《謝茶啟》：比丹丘之仙芽，勝烏程之御荈。不止味同露液，白況霜華。豈可為酪蒼頭，便應代酒從事。

《茶榜》：雀舌初調，玉碗分時茶思健；龍團捶碎，金渠碾處睡魔降。

劉言史《與孟郊洛北野泉上煎茶》，有詩。

僧皎然《尋陸羽不遇》，有詩。

白居易有《睡後茶興憶楊同州》詩。

皇甫曾有《送陸羽採茶》詩。

劉禹錫《石園蘭若試茶歌》有云：欲知花乳清冷味，須是眠雲跂石人。

鄭谷《峽中嘗茶》詩：入座半甌輕泛綠，開緘數片淺含黃。

杜牧《茶山》詩：山實東南秀，茶稱瑞草魁。

施肩吾詩：茶為滌煩子，酒為忘憂君。

秦韜玉有《採茶歌》。

顏真卿有《月夜啜茶聯句》詩。

司空圖詩：碾盡明昌幾角茶。

李群玉詩：客有衡山隱，遺餘石廩茶。

李郢《酬友人春暮寄枳花茶》詩。

蔡襄有《北苑茶壟採茶造茶試茶詩》，五首。

《朱熹集·香茶供養黃柏長老悟公塔》，有詩。

文公《茶阪》詩：攜籝北嶺西，採葉供茗飲。一啜夜窗寒，跐趺謝衾枕。

蘇軾有《和錢安道寄惠建茶》詩。

《坡仙食飲錄》：有《問大冶長老乞桃花茶栽》詩。

《韓駒集·謝人送鳳團茶》詩：白髮前朝舊史官，風爐煮茗暮江寒；蒼龍不復從天下，拭淚看君小鳳團。

蘇轍有《詠茶花詩》二首，有云：細嚼花鬚味亦長，新芽一粟葉間藏。

孔平仲《夢錫惠墨答以蜀茶》，有詩。

岳珂《茶花盛放滿山》詩有：「潔躬淡薄隱君子，苦口森嚴大丈夫」之句。

《趙抃集‧次謝許少卿寄臥龍山茶》詩，有：「越芽遠寄入都時，酬唱爭誇互見詩」之句。

文彥博詩：舊譜最稱蒙頂味，露芽雲液勝醍醐。

張文規詩：「明月峽中茶始生。」明月峽與顧渚聯屬，茶生其間者，尤為絕品。

孫覿有《飲修仁茶》詩。

韋處厚《茶嶺》詩：顧渚吳霜絕，蒙山蜀信稀。千叢因此始，含露紫茸肥。

《周必大集‧胡邦衡生日以詩送北苑八銙日注二瓶》：「賀客稱觴滿冠霞，懸知酒渴正思茶。尚書八餅分閩焙，主薄雙瓶揀越芽。」又有《次韻王少府送焦坑茶》詩。

陸放翁詩：寒泉自換菖蒲水，活火閒煎橄欖茶。又《村舍雜書》：東山石上茶，鷹爪初脫韝。雪落紅絲磑，香動銀毫甌。爽如聞至言，餘味終日留。不知葉家白，亦復有此否。

劉詵詩：鸚鵡茶香堪供客，茶縻酒熟足娛親。

王禹偁《茶園》詩：茂育知天意，甄收荷主恩。沃心同直諫，苦口類嘉言。

《梅堯臣集‧宋著作寄鳳茶》詩：團為蒼玉璧，隱起雙飛鳳。獨應近日頌，豈得常寮茶。又《李求仲寄建溪洪井茶七品》云：忽有西山使，始遺七品茶。末品無水暈，六品無沉柤。五品散雲腳，四品浮粟花。三品若瓊乳，二品罕所加。絕品不可議，甘香焉等差。又《答宣城梅主簿遺鴉山茶》詩云：昔觀唐人詩，茶詠鴉山嘉。鴉銜茶子生，遂同山名鴉。又有《七寶茶》詩云：七物甘香雜蕊茶，浮花泛綠亂於霞。啜之始覺君恩重，休作尋常一等誇。又《吳正仲餉新茶》、《沙門穎公遺碧霄峰茗》，俱有吟詠。

戴復古《謝史石窗送酒並茶》詩曰：遺來二物應時須，客子行廚用有餘。午困政需茶料理，春愁全仗酒消除。

費氏《宮詞》：近被宮中知了事，每來隨駕使煎茶。

楊廷秀有《謝木舍人送講筵茶》詩。

葉適有《寄謝王文叔送真日鑄茶》詩云：誰知真苦澀，黯淡發奇光。

杜本《武夷茶》詩：春從天上來，噓咈通寰海。納納此中藏，萬斛珠蓓蕾。

劉秉忠《嘗雲芝茶》詩云：鐵色皴皮帶老霜，含英咀美入詩腸。

高啟有《月團茶歌》，又有《茶軒》詩。

楊慎有《和章水部沙坪茶歌》，沙坪茶出玉壘關外實唐山。

董其昌《贈煎茶僧》詩：怪石與枯槎，相將度歲華。鳳團雖貯好，只吃趙州茶。

婁堅有《花朝醉後為女郎題品泉圖》詩。

程嘉燧有《虎丘僧房夏夜試茶歌》。

《南宋雜事詩》云：六一泉烹雙井茶。

朱隗《虎丘竹枝詞》：官封茶地雨前開，皁隸衙官攪似雷。近日正堂偏體貼，監茶不遣掾曹來。

綿津山人《漫堂詠物》有《大食索耳茶杯》詩云：粵香泛永夜，詩思來悠然。（注：武夷有粵香茶。）

薛熙《依歸集》有《朱新庵今茶譜序》。

十之圖

歷代圖畫名目：

唐張萱〔註289〕有《烹茶仕女圖》，見《宣和畫譜》。

唐周昉〔註290〕寓意丹青，馳譽當代，宣和御府所藏有《烹茶圖》一。

五代陸滉《烹茶圖》一，宋中興館閣儲藏。

宋周文矩〔註291〕有《火龍烹茶圖》四，《煎茶圖》一。

宋李龍眠有《虎阜採茶圖》，見題跋。

宋劉松年〔註292〕絹畫《盧仝煮茶圖》一卷，有元人跋十餘家，范司理龍石藏。

王齊翰〔註293〕有《陸羽煎茶圖》，見王世懋《澹園畫品》。

董逌《陸羽點茶圖》，有跋。

元錢舜舉畫《陶學士雪夜煮茶圖》，在焦山道士郭第處，見詹景風《東岡玄覽》。

〔註289〕張萱，唐代長安人，善繪貴族仕女、宮苑鞍馬等，可惜無遺跡傳世。

〔註290〕周昉，字仲朗、景玄，唐代畫家，長安人，稍晚於張萱。

〔註291〕周文矩，南唐後主李煜時期畫家，建康人，具體生卒年不詳，善畫佛道、人物、山水、仕女。

〔註292〕劉松年（1155～1218），世稱劉清波。錢塘人，宮廷畫家，活躍於南宋孝宗、光宗、寧宗三朝。

〔註293〕王齊翰，南唐金陵人，為唐後主李煜時期宮廷畫師。

史石窗，名文卿，有《煮茶圖》，袁桷作《煮茶圖詩序》。

馮璧〔註294〕有《東坡海南烹茶圖並詩》。

嚴氏《書畫記》，有杜檉居《茶經圖》。

汪珂玉〔註295〕《珊瑚網》載《盧仝烹茶圖》。

明文徵明有《烹茶圖》。

沈石田有《醉茗圖》，題云：酒邊風月與誰同，陽羨春雷醉耳聾。七碗便堪酬酪酊，任渠高枕夢周公。

沈石田有《為吳匏庵寫虎丘對茶坐雨圖》。

《淵鑒齋書畫譜》，陸包山治有《烹茶圖》。

（補）元趙松雪有《宮女啜茗圖》，見《漁洋詩話・劉孔和詩》。

茶具十二圖〔註296〕：

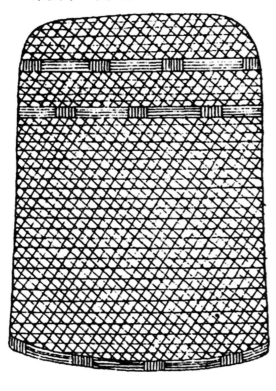

韋鴻臚

贊曰：祝融司夏，萬物焦爍，火炎昆岡，玉石俱焚，爾無與焉。乃若不使山谷之英，墮於塗炭，子與有力矣。上卿之號，頗著微稱。

〔註294〕馮璧（1162～1240），字叔獻、天粹，金代真定人，章宗承安二年經義進士。

〔註295〕汪珂玉，字玉水，號樂卿、樂閒外史，明代秀水人。

〔註296〕此處《茶具十二圖》實為明代審安老人《茶具十二先生圖贊》之轉錄，陸廷燦未予以注明。此中圖片均引自《續茶經》，見文淵閣《四庫全書》第 844 冊，第 779～785 頁。

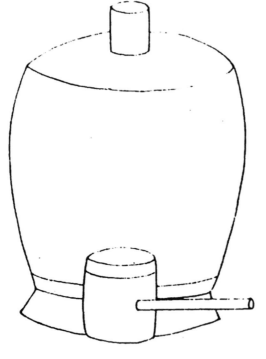

木待制

上應列宿，萬民以濟，稟性剛直，摧折強梗，使隨方逐圓之徒，不能保其身，善則善矣，然非佐以法曹，資之樞密，亦莫能成厥功。

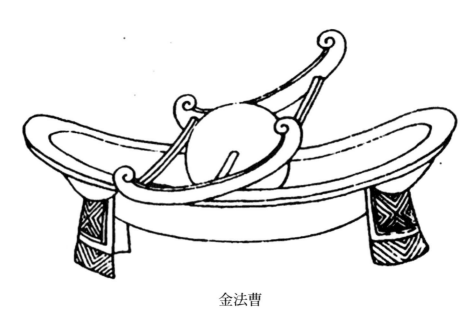

金法曹

柔亦不茹，剛亦不吐，圓機運用，一皆不法，使強梗者不得殊規亂轍，豈是虛與？

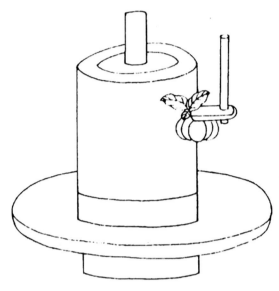

石轉運

抱堅質，懷直心，嚌囓英華，周行不息，幹摘山之利，操漕權之重，循環自常，不捨正而適他，雖沒齒無怨言。

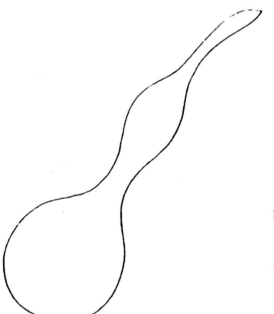

胡員外

周旋中規而不逾其間，動靜有常而性苦其卓，鬱結之患，悉能破之。雖中無所有，而外能研究，其精微不足以望圓機之士。

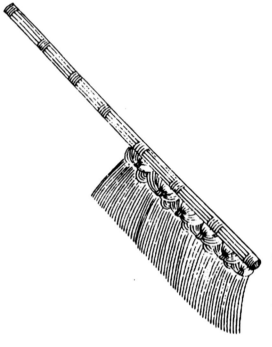

羅樞密

機事不密則害成。今高者抑之,下者揚之,使精粗不致於混淆,人其難諸?奈何矜細行而事喧嘩,惜之。

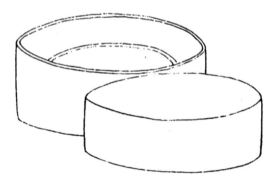

宗從事

孔門高弟,當灑掃應對事之末者,亦所不棄。又況能萃其既散,拾其已遺,運寸毫而使邊塵不飛,功亦善哉。

漆雕秘閣

危而不持,顛而不扶,則吾斯之未能信。以其弭執熱之患,無坳堂之覆,故宣輔以寶文而親近君子。

陶寶文

出河濱而無苦窳，經緯之象，剛柔之理，炳其弸中，虛己待物，不飾外貌，休高秘閣，宜無愧焉。

湯提點

養浩然之氣，發沸騰之聲，以執中之能，輔成湯之德。斟酌賓主間，功邁仲叔圉。然未免外爍之憂，復有內熱之患，奈何？

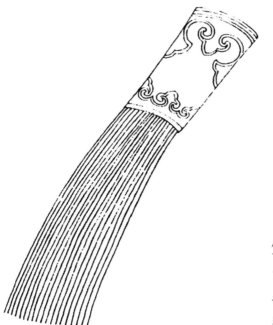

竺副帥

首陽餓夫，毅諫於兵沸之時，方今鼎
揚湯，能探其沸者幾希。子之清節，
獨以身試，非臨難不顧者疇見爾。

司職方

互鄉童子，聖人猶與其進，況端方質
素，經緯有理，終身涅而不緇者，此
孔子所以與潔也。

竹爐並分封茶具六事〔註297〕

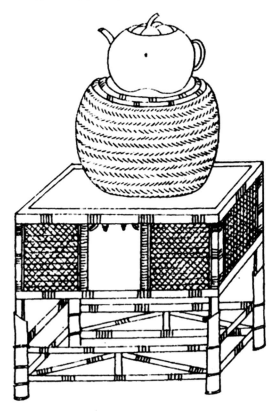

苦節君

銘曰：肖形天地，匪冶匪陶。心存活
火，聲帶湘濤。一滴甘露，滌我詩腸。
清風兩腋，洞然八荒。

〔註297〕《竹爐並分封茶具六事》作者為明代王紱，本書所收錄的錢椿年、顧元慶
《茶譜》末也附錄有此作，名為《附王友石竹爐並分封茶具六事》，只是
無圖。為保持兩處作品的各自完整性，便重複收錄。《竹爐並分封茶具六
事》的圖片引自《續茶經》，見文淵閣《四庫全書》第 844 冊，第 785～
789 頁。

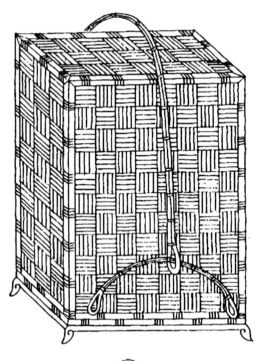

苦節君行省

茶具六事分封，悉貯於此，侍從苦節
君於泉石山齋亭館間執事者，故以
行省名之。陸鴻漸所謂「都籃」者，
此其是與。

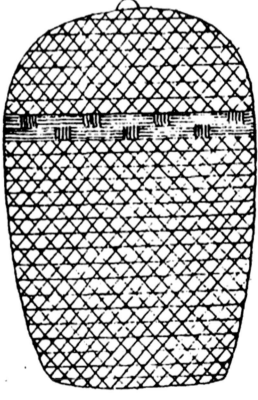

建城

茶宜密裹，故以箬籠盛之，今稱建
城。按《茶錄》云：建安民間以茶為
尚，故據地以城封之。

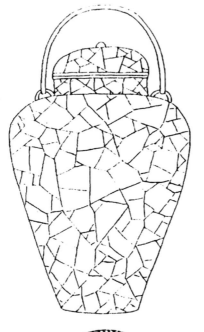

雲屯

泉汲於雲根，取其潔也。今名雲屯，蓋雲
即泉也，貯得其所，雖與列職諸君同事，
而獨屯於斯，豈不清高絕俗而自貴哉？

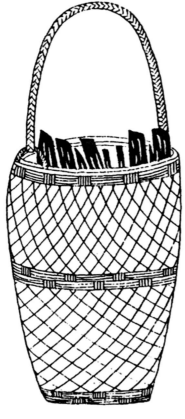

烏府

炭之為物，貌玄性剛，遇火則威靈氣焰，
赫然可畏。苦節君得此，甚利於用也。況
其別號烏銀，故特表章其所藏之具曰烏
府，不亦宜哉。

水曹

茶之真味，蘊諸旗槍之中，必浣之以水而後發也。凡器物用事之餘，未免瀝微垢，皆賴水沃盥，因名其器曰水曹。

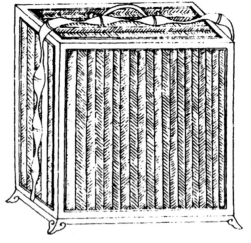

器局

一應茶具，收貯於器局。供役苦節君者，故立名管之。

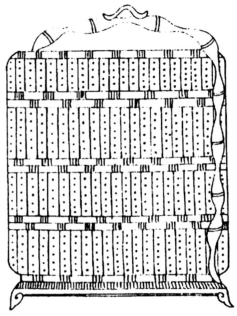

品司

茶欲啜時，入以筍、橄、瓜仁、芹蒿之屬，則清而且佳，因命湘君，設司檢束。

羅先登《續文房圖贊》〔註298〕：

玉川先生

毓秀蒙頂，蜚英玉川，搜攬胸中，書傳五千。儒素家風，清淡滋味，君子之交，其淡如水。

附茶法一卷

茶法

候補主事陸廷燦撰

《唐書》：德宗納戶部侍郎趙贊議，稅天下茶、漆、竹、木，十取一，以為常平本錢。及出奉天，乃悼悔，下詔亟罷之。及朱泚平，佞臣希意興利者益進。貞元八年，以水災減稅。明年，諸道鹽鐵使張滂奏：出茶州縣若山及商人要路，以三等定估，十稅其一。自是歲得錢四十萬緡。穆宗即位，鹽鐵使王播圖寵以自幸，乃增天下茶稅，率百錢增五十。天下茶加斤至二十兩，播又奏加取焉。右拾遺李玨上疏，謂：「榷率本濟軍興，而稅茶自貞元以來方有之。天下無事，忽厚斂以傷國體，一不可。茗為人飲，鹽粟同資，若重稅之，售必高，其弊先及貧下，二不可。山澤之產無定數，程斤論稅，以售多為利，若騰價則市者寡，其稅幾何？三不可。」其後王涯判二使，置防茶使，徙民茶樹於官場，焚其舊積者，天下大怨。令狐楚代為鹽鐵使兼榷茶使，復令納榷，加價而已。李石為相，以茶稅皆歸鹽鐵，復貞元之制。武宗即位，崔珙又增江淮茶稅。是時茶商所過，州縣有重稅，或奪掠舟車，露積雨中，諸道置邸以收稅，

〔註298〕「羅先登《續文房圖贊》」圖片引自《續茶經》，見文淵閣《四庫全書》第844冊，第789頁。

謂之「踏地錢」。大中初，轉運使裴休著條約，私鬻如法論罪，天下稅茶增倍貞元。江淮茶為大模，一斤至五十兩。諸道鹽鐵使於悰每斤增稅錢五，謂之「剩茶錢」。自是斤兩復舊。

元和十四年，歸光州茶園於百姓，從刺史房克讓之請也。

裴休領諸道鹽鐵轉運使，立稅茶十二法，人以為便。

藩鎮劉仁恭禁南方茶，自擷山為茶，號山曰「大恩」，以邀利。

何易於為益昌令，鹽鐵官榷取茶利詔下，所司毋敢隱。易於視詔曰：「益昌人不徵茶且不可活，矧厚賦毒之乎？」命吏閣詔。吏曰：「天子詔何敢拒！吏坐死，公得免竄耶？」易於曰：「吾敢愛一身，移暴於民乎？亦不使罪及爾曹。」即自焚之。觀察使素賢之，不劾也。

陸贄為宰相，以賦役煩重，上疏云：「天災流行，四方代有稅茶錢積戶部者，宜計諸道戶口均之。」

《五代史》：楊行密字化源，議出鹽茗，俾民輸帛幕府。高勗曰：「創破之餘，不可以加斂。且帑貨何患不足！若悉我所有，以易四鄰所無，不積財而自有餘矣。」行密納之。

《宋史》：榷茶之製，擇要防之地，曰江陵府，曰真州，曰海州，曰漢陽軍，曰無為軍，曰蘄之蘄口，為榷貨務六。初，京城、建安、襄復州皆有務，後建安、襄復之務廢，京城務雖存，但會給交鈔往還，而不積茶貨。在淮南則蘄、黃、廬、舒、光、壽六州，官自為場置吏，總謂之山場者十三。六州採茶之民皆隸焉，謂之園戶，歲課作茶輸租，餘則官悉市之。總為歲課八百六十五萬餘斤。其出鬻者，皆就本場。在江南，則宣、歙、江、池、饒、信、洪、撫、筠、袁十州，廣德、興國、臨江、建昌、南康五軍；兩浙，則杭、蘇、明、越、婺、處、溫、臺、湖、常、衢、睦十二州；荊湖，則江陵府，潭、澧、鼎、鄂、岳、歸、峽七州，荊門軍；福建，則建、劍二州，歲如山場輸租折稅。總為歲課：江南百二十七萬餘斤，兩浙百二十七萬九千餘斤，荊湖二百四十七萬餘斤，福建三十九萬三千餘斤，悉從六榷貨務鬻之。茶有二類，曰片茶，曰散茶。片茶蒸造，實棬模中串之，唯建、劍則既蒸而研，編竹為格，置焙室中，最為精潔，他處不能造。有龍、鳳、石乳、白乳之類十二等，以充歲貢及邦國之用。其出虔、袁、饒、池、光、歙、潭、岳、辰、澧州，江陵府，興國、臨江軍，有仙芝、玉津、先春、綠芽之類二十六等，兩浙及宣、江、鼎州，又以上中下或第一至第五為號。散茶出淮南、歸州、江南、荊湖，有龍溪、雨

前、雨後之類十一等，江浙又有上中下或第一等至第五為號者。民之欲茶者售於官，給其食用者，謂之食茶，出境者則給券。商賈貿易，入錢若金帛京師榷貨務，以射六務、十三場，願就東南入錢若金帛者聽。凡民茶匿不送官及私販鬻者沒入之，計其直論罪。園戶輒毀敗茶樹者，計所出茶論如法。民造溫桑為茶，比犯真茶計直，十分論二分之罪。主吏私以官茶貿易及一貫五百者死。自後定法。務從輕減。太平興國二年，主吏盜官茶販鬻錢三貫以上，黥面送闕下。淳化三年，論直十貫以上，黥面配本州牢城。巡防卒私販茶，依舊條加一等論。凡結徒持仗販易私茶，遇官司擒捕抵拒者，皆死。太平興國四年，詔鬻偽茶一斤杖一百，二十斤以上棄市。（厥後更改不一，載全史。）陳恕為三司使，將立茶法，召茶商數十人，俾條陳利害，第為三等具奏。太祖曰：「吾視上等之說，取利太深，此可行於商賈，不可行於朝廷。下等之說，固滅裂無取。惟中等之說，公私皆濟，吾裁損之，可以經久。」行之數年，公用足而民富實。

太祖開寶七年，有司以湖南新茶異於常歲，請高其價以鬻之。太祖曰：「道則善，毋乃重困吾民乎？」即詔第復舊制，勿增價值。

熙寧三年，熙河運使以歲計不足，乞以官茶博糴，每茶三斤易粟一斛，其利甚溥。朝廷謂茶馬司本以博馬，不可以博糴，於茶馬司歲額外增買川茶兩倍，朝廷別出錢二萬給之。令提刑司封樁，又令茶馬官程之邵兼轉運使。由是數歲，邊用粗足。

神宗熙寧七年，幹當公事李杞入蜀經畫買茶，秦鳳熙河博馬。王上詔言，西人頗以善馬至邊交易，所嗜惟茶。自熙豐以來，舊博馬皆以粗茶，乾道之末，始以細茶遺之。成都利州路十二州產茶二千一百二萬斤，茶馬司所收大較若此。

茶利，嘉祐間禁榷時，取一年中數，計一百九萬四千九十三貫八百八十五錢。治平間通商後，計取數一百一十七萬五千一百四貫九百一十九錢。

瓊山丘氏曰：後世以茶易馬，始見於此。蓋自唐世回紇入貢，先已以馬易茶，則西北之嗜茶有自來矣。

蘇轍《論蜀茶狀》：園戶例收晚茶，謂之秋老黃茶，不限早晚，隨時即賣。

沈括《夢溪筆談》：乾德二年，始詔在京、建州、漢陽、蘄口各置榷貨務。五年，始禁私賣茶，從不應為情理重。太平興國二年，刪定禁法條貫，始立等科罪。淳化二年，令商賈就園戶買茶，公於官場貼射，始行貼射法。淳化四

年，初行交引，罷貼射法。西北入粟給交引自通利軍始。是歲，罷諸處榷貨務。尋復依舊。至咸平元年，茶利錢以一百三十九萬二千一百一十九貫為額。至嘉祐三年，凡六十一年用此額，官本雜費皆在內。中間時有增虧，歲入不常。咸平五年，三司使王嗣宗始立三分法，以十分茶價，四分給香藥，三分犀象，三分茶引。六年，又改支六分香藥、犀象，四分茶引。景德二年，許人入中錢帛金銀，謂之三說。至祥符九年，茶引益輕，用知秦州曹瑋議，就永興、鳳翔以官錢收買客引，以救引價。前此累增加饒錢。至天祐二年，鎮戎軍納大麥一斗，本價通加饒，共支錢一貫二百五十四。乾興元年，改二分法，支茶引三分，東南見錢二分半，香藥四分半。天聖元年，復行貼射法。行之三年，茶利盡歸大商，官場但得黃晚惡茶，乃詔孫奭重議，罷貼射法。明年，推治元議，省吏、計覆官、旬獻官皆決配沙門島。元詳定樞密副使張鄧公、參知政事呂許公、魯肅簡各罰俸一月，御史中丞劉筠、入內內侍省副都知周文賈、西上閤門使薛招廓、三部副使各罰銅二十斤。前三司使李諮落樞密直學士，依舊知洪州。皇祐三年，算茶依舊只用見錢。至嘉祐四年二月五日，降敕罷茶禁。

洪邁《容齋隨筆》：蜀茶稅額總三十萬。熙寧七年，遣三司幹當公事李杞經畫買茶，以蒲宗閔同領其事，創設官場，增為四十萬。後李杞以疾去，都官郎中劉佐繼之，蜀茶盡榷，民始病矣。知彭州呂陶言：「天下茶法既通，蜀中獨行禁榷。杞、佐、宗閔作為弊法，以困西南生聚。」佐雖罷去，以國子博士李稷代之，陶亦得罪。侍御史周尹復極論榷茶為害，罷為河北提點刑獄。利路漕臣張宗諤、張昇卿，復建議廢茶場司，依舊通商，皆為稷劾，坐貶。茶場司行割子督綿州，彰明知縣宋大章繳奏，以為非所當用，又為稷詆坐衝替。一歲之間，通課利及息耗至七十六萬緡有奇。

熊蕃《宣和北苑貢茶錄》：陸羽《茶經》、裴汶《茶述》皆不第建品，說者但謂二子未嘗至閩，而不知物之發也，固自有時。蓋昔者山川尚閟，靈芽未露，至於唐末，然後北苑出，為之最。時偽蜀詞臣毛文錫作《茶譜》，亦第言建有紫筍，而蠟面乃產於福。五代之季，建屬南唐，歲率諸縣民採茶北苑，初造研膏，繼造蠟面，既又製其佳者，號曰京挺。本朝開寶末下南唐，太平興國二年，特置龍鳳模，遣使即北苑造團茶，以別庶飲，龍鳳茶蓋始於此。又一種茶叢生石崖，枝葉尤茂，至道初有詔造之，別號石乳。又一種號的乳，又一種號白乳。此四種出而臘麵斯下矣。真宗咸平中，丁謂為福建漕，監御茶，進龍鳳團，始載之於《茶錄》。仁宗慶曆中，蔡襄為漕，改創小龍團以進，甚見珍

惜，旨令歲貢，而龍鳳遂為次矣。神宗元豐間，有旨造密雲龍，其品又加於小龍團之上。哲宗紹聖中，又改為瑞雲翔龍。至徽宗大觀初，親製《茶論》二十篇，以白茶自為一種，與他茶不同。其條敷闡，其葉瑩薄，崖林之間，偶然生出，非人力可致。正焙之有者不過四五家，家不過四五株，所造止於二三銙而已。淺焙亦有之，但品格不及。於是白茶遂為第一。既又製三色細芽，及試新銙，貢新銙。自三色細芽出，而瑞雲翔龍又下矣。凡茶芽數品，最上曰小芽，如雀舌、鷹爪，以其勁直纖挺，故號芽茶。次曰揀芽，乃一芽帶一葉者，號一槍一旗。次曰中芽，乃一芽帶兩葉，號一槍兩旗。其帶三葉、四葉者，漸老矣。芽茶早春極少，景德中，建守周絳為《補茶經》，言芽茶只作早茶馳奉萬乘，嘗之可矣；如一槍一旗，可謂奇茶也。故一槍一旗號揀芽，最為挺特光正。舒王《送人閩中》詩云「新茗齋中試一旗」，謂揀芽也。或者謂茶芽未展為槍，已展為旗，指舒王此詩為誤。蓋不知有所謂揀芽也。夫揀芽猶貴重如此，而況芽茶以供天子之新嘗者乎？夫芽茶絕矣，至於水芽，則曠古未之聞也。宣和庚子歲，漕臣鄭可簡始創為銀絲水芽，蓋將已揀熟芽再為剔去，只取其心一縷，用珍器貯清泉漬之，光明瑩潔，如銀絲然。以製方寸新銙，有小龍蜿蜒其上，號龍團勝雪。又廢白的、石乳、鼎造花銙二十餘色。初，貢茶皆入龍腦，至是慮奪真味，始不用焉。蓋茶之妙，至勝雪極矣，故合為首冠。然猶在白茶之次者，以白茶上之所好也。異時郡人黃儒撰《品茶要錄》，極稱當時靈芽之富，謂使陸羽數子見之，必爽然自失。蕃亦謂使黃君而閱今日之品，則前此者未足詫焉。然龍焙初興，貢數殊少，累增至於元符，以斤計者一萬八千，視初已加數倍，而猶未盛。今則為四萬七千一百斤有奇矣。（此數見范逵所著《龍焙美成茶錄》。逵，茶官也。）白茶、勝雪以次，厥名實繁，今列於左，使好事者得以觀焉。

貢新銙（大觀二年造），試新銙（政和二年造），白茶（宣和二年造），龍團勝雪（宣和二年），御苑玉芽（大觀二年），萬壽龍芽（大觀二年），上林第一（宣和二年）。乙夜清供，承平雅玩。龍鳳英華，玉除清賞。啟沃承恩，雪英、雲葉、蜀葵、金錢（宣和三年），玉華（宣和二年），寸金（宣和三年），無比壽芽（大觀四年），萬春銀葉（宣和二年），宜年寶玉，玉清慶雲，無疆壽龍，玉葉長春（宣和四年），瑞雲翔龍（紹聖二年），長壽玉圭（政和二年）。興國岩銙，香口焙銙，上品揀芽（紹興二年），新收揀芽，太平嘉瑞（政和二年），龍苑報春（宣和四年），南山應瑞，興國岩揀芽，興國岩小龍，興國岩小鳳。（以上號細色。）

揀芽，小龍，小鳳，大龍，大鳳。（以上號粗色。）

又有瓊林毓粹、浴雪呈祥、壑源供秀、重篚推先、價倍南金、暘谷先春、壽岩卻勝、延平石乳、清白可鑒、風韻甚高，凡十色，皆宣和二年所製，越五歲省去。

右茶歲分十餘綱。惟白茶與勝雪自驚蟄前興役，浹日乃成，飛騎疾馳，不出仲春已至京師，號為頭綱。玉芽以下，即先後以次發，逮貢足時，夏過半矣。歐陽公詩云「建安三千五百里，京師三月嘗新茶」，蓋異時如此，以今較昔，又為最早。因念草木之微，有瑰奇卓異，亦必逢時而後出，而況為士者哉！昔昌黎感二鳥之蒙採擢，而自悼其不如。今蕃於是茶也，焉敢效昌黎之感，姑務自警，而堅其守以待時而已。

外焙：石門，乳吉，香口。右三焙，常後北苑五七日興工，每日採茶蒸榨，以其黃悉送北苑並造。

先人作《茶錄》，當貢品極勝之時，凡有四十餘色。紹興戊寅歲，克攝事北苑，閱近所貢皆仍舊，其先後之序亦同，惟躋龍團勝雪於白茶之上，及無興國岩小龍、小鳳。蓋建炎南渡，有旨罷貢三之一，而省去之也。先人但著其名號，克今更寫其形制，庶覽之無遺恨焉。先是，任子春漕司再攝茶政，越十三載乃復舊額，且用政和故事，補種茶二萬株。（政和周曹種三萬株。）比年益虔貢職，遂有創增之目，仍改京挺為大龍團，由是大龍多於大鳳之數。凡此皆近事，或者猶未之知也。三月初，吉男克北苑寓舍書。

貢新銙（竹圈銀模），方一寸二分。試新銙（同上）。龍團勝雪（同上）。白茶（銀圈銀模），徑一寸五分。御苑玉芽（銀圈銀模），徑一寸五分。萬壽龍芽（同上）。上林第一，方一寸二分。乙夜清供（竹圈）。承平雅玩。龍鳳英華。玉除清賞。啟沃承恩（俱同上）。雪英，橫長一寸五分。雲葉（同上）。蜀葵，徑一寸五分。金錢（銀模，同上）。玉華（銀模），橫長一寸五分。寸金（竹圈），方一寸二分。無比壽芽（銀模竹圈，同上）。萬春銀葉（銀模銀圈），兩尖徑二寸二分。宜年寶玉（銀圈銀模），直長三寸。玉清慶雲，方一寸八分。無疆壽龍（銀模竹圈），直長一寸。玉葉長春（竹圈），直長三寸六分。瑞雲翔龍（銀模銀圈），徑二寸五分。長壽玉圭（銀模），直長三寸。興國岩銙（竹圈），一寸二分。香口焙銙（同上）。上品揀芽（銀模銀圈）。新收揀芽（銀模銀圈，俱同上）。太平嘉瑞（銀圈），徑一寸五分。龍苑報春，徑一寸七分。南山應瑞（銀模銀圈），方一寸八分。興國岩揀芽（銀模），徑三寸。小龍，小鳳，大龍，大鳳（俱同上）。

北苑貢茶最盛。然前輩所錄，止於慶曆以上。自元豐後，瑞龍相繼挺出，製精於舊，而未有好事者記焉，但於詩人句中及。大觀以來，增創新銙，亦猶用揀芽，蓋水芽至宣和始名。顧龍團勝雪與白茶角立，歲元首貢，自御苑玉芽以下，厥名實繁。先子觀見時事，悉能記之，成編具存。今閩中漕臺所刊《茶錄》未備，此書庶幾補其闕云。淳熙九年冬十二月四日，朝散郎行秘書郎國史編修官學士院權直熊克謹記。

《北苑別錄》：北苑貢茶綱次：

細色第一綱：

龍焙貢新。水芽，十二水、十宿火，正貢三十銙，創添二十銙。

細色第二綱：

龍焙試新。水芽，十二水、十宿火，正貢一百銙，創添五十銙。

細色第三綱：

龍團勝雪。水芽，十六水、十二宿火，正貢三十銙，續添二十銙，創添二十銙。

白茶。水芽，十六水、七宿火，正貢三十銙，續添五十銙，創添八十銙。

御苑玉芽。小芽，十二水、八宿火，正貢一百斤。

萬壽龍芽。小芽，十二水、八宿火，正貢一百斤。

上林第一。小芽，十二水、十宿火，正貢一百銙。

乙夜清供。小芽，十二火、十宿火，正貢一百銙。

承平雅玩。小芽，十二水、十宿火，正貢一百銙。

龍鳳英華。小芽，十二水、十宿火，正貢一百銙。

玉除清賞。小芽，十二水、十宿火，正貢一百銙。

啟沃承恩。小芽，十二水、十宿火，正貢一百銙。

雪英。小芽，十二水、七宿火，正貢一百銙。

雲葉。小芽，十二水、七宿火，正貢一百片。

蜀葵。小芽，十二水、七宿火，正貢一百片。

金錢。小芽，十二水、七宿火，正貢一百片。

寸金。小芽，十二水、七宿火，正貢一百銙。

細色第四綱：

龍團勝雪。見前。正貢一百五十銙。

無比壽芽。小芽，十二水、十五宿火，正貢五十銙，創添五十銙。

萬壽銀葉。小芽,十二水、十宿火,正貢四十片,創添六十片。

宜年寶玉。小芽,十二水、十宿火,正貢四十片,創添六十片。

玉清慶雲。小芽,十二水、十五宿火,正貢四十片,創添六十片。

無疆壽龍。小芽,十二水、十五宿火,正貢四十片,創添六十片。

玉葉長春。小芽,十二水、七宿火,正貢一百片。

瑞雲翔龍。小芽,十二水、九宿火,正貢一百片。

長壽玉圭。小芽,十二水、九宿火,正貢二百片。

興國岩銙。中芽,十二水、十宿火,正貢一百七十銙。

香口焙銙。中芽,十二水、十宿火,正貢五十銙。

上品揀芽。小芽,十二水、十宿火,正貢一百片。

新收揀芽。中芽,十二水、十宿火,正貢六百片。

細色第五綱:

太平嘉瑞。小芽,十二水、九宿火,正貢三百片。

龍苑報春。小芽,十二水、九宿火,正貢六十片,創添六十片。

南山應瑞。小芽,十二水、十五宿火,正貢六十銙,創添六十銙。

興國岩揀芽。中芽,十二水、十宿火,正貢五百十片。

興國岩小龍。中芽,十二水、十五宿火,正貢七百五片。

興國岩小鳳。中芽,十二水、十五宿火,正貢五十片。

先春雨色,太平嘉瑞。同前。正貢二百片。

長壽玉圭。同前。正貢一百片。

續入額四色:

御苑玉芽。同前。正貢一百片。

萬壽龍芽。同前。正貢一百片。

無比壽芽。同前。正貢一百片。

瑞雲翔龍。同前。正貢一百片。

粗色第一綱:

正貢:

不入腦子上品揀芽小龍一千二百片,六水、十宿火。

入腦子小龍七百片,四水、十五宿火。

增添:

不入腦子上品揀芽小龍一千二百片。

入腦子小龍七百片。

建寧府附發小龍茶八百四十片。

粗色第二綱：

正貢：

不入腦子上品揀芽小龍六百四十斤。

入腦子小龍六百七十二片。

入腦子小鳳一千三百四十片，四水、十五宿火。

入腦子大龍七百二十片，二水、十五宿火。

入腦子大鳳七百二十片，二水、十五宿火。

增添：

不入腦子上品揀芽小龍一千二百片。

入腦子小龍七百片。

建寧府附發小鳳茶一千三百片。

粗色第三綱：

正貢：

不入腦子上品揀芽小龍六百四十片。

入腦子小龍六百四十片。

入腦子小鳳六百七十二片。

入腦子大龍一千八百片。

入腦子大鳳一千八百片。

增添：

不入腦子上品揀芽小龍一千二百片。

入腦子小龍七百片。

建寧府附發大龍茶四百片，大鳳茶四百片。

粗色第四綱：

正貢：

不入腦子上品防芽小龍六百片。

入腦子小龍三百三十六片。

入腦子小鳳三百三十六片。

入腦子大龍一千二百四十片。

入腦子大鳳一千二百四十片。

建寧府附發大龍茶四百片，大鳳茶四百片。

粗色第五綱：

正貢：

入腦子大龍一千三百六十八片。

入腦子大鳳一千三百六十八片。

京鋌改造大龍一千六百片。

建寧府附發大龍茶八百片，大鳳茶八百片。

粗色第六綱：

正貢：

入腦子大龍一千三百六十片。

入腦子大鳳一千三百六十片。

京鋌改造大龍一千六百片。

建寧府附發大龍茶八百片，大鳳茶八百片，又京鋌改造大龍一千二百片。

粗色第七綱：

正貢：

入腦子大龍一千二百四十片。

入腦子大鳳一千二百四十片。

京鋌改造大龍二千三百二十片。

建寧府附發大龍茶二百四十片，大鳳茶二百四十片，又京鋌改造大龍四百八十片。

細色五綱，貢新為最上，後開焙十日入貢。龍團為最精，而建人有直四萬錢之語。夫茶之入貢，圈以箬葉，內以黃斗，盛以花箱，護以重篚，花箱內外又有黃羅幕之，可謂什襲之珍矣。粗色七綱，揀芽以四十餅為角，小龍鳳以二十餅為角，大龍鳳以八餅為角，圈以箬葉，束以紅縷，包以紅紙，緘以舊綾，惟揀芽俱以黃焉。

《金史》：茶自宋人歲供之外，皆貿易於宋界之榷場。世宗大定十六年，以多私販，乃定香茶罪賞格。章宗承安三年，命設官製之。以尚書省令史往河南視官造者，不嘗其味但採民言，謂為溫桑實非茶也，還即白上，以為不乾，杖七十，罷之。四年三月，於淄、密、寧、海、蔡州各置一坊造茶，照南方例，每斤為袋，直六百文。後令每袋減三百文。五年春，罷造茶之坊。六年，河南茶樹檽者，命補植之。十一月，尚書省奏禁茶。遂命七品以上官，其

家方許食茶，仍不得賣及饋獻。七年，更定食茶制。八年，言事者以止可以鹽易茶，省臣以為所易不廣，兼以雜物博易。宣宗元光二年，省臣以茶非飲食之急，今河南、陝西凡五十餘都郡，日食茶率二十袋，直銀二兩，是一歲之中妄費民間三十餘萬也。奈何以吾有用之貨而資敵乎。乃制親王、公主及現任五品以上官，素蓄存者存之，禁不得買饋，餘人並禁之。犯者徒五年，告者賞寶泉一萬貫。

《元史》：本朝茶課，由約而博，大率因宋之舊而為之制焉。至元六年，始以興元交鈔同知運使白賡言，初榷成都茶課。十三年，江南平左丞呂文煥首以主茶稅為言，以宋會五十貫準中統鈔一貫。次年，定長引、短引。是歲徵一千二百餘錠。泰定十七年，置防茶都轉運使司於江州路，總江淮、荊湖、福廣之稅，而遂除長引，專用短引。二十一年，免食茶稅以益正稅。二十三年以李起南言，增引稅為五貫。二十六年，丞相桑哥增為一十貫。延祐五年，用江西茶運副法忽魯丁言，減引添錢，每引再增為一十二兩五錢。次年，課額遂增為二十八萬九千二百一十一錠矣。天曆己巳，罷榷司而歸諸州縣，其歲徵之數蓋與延祐同。至順之後，無籍可考。他如范殿帥茶、西番大葉茶、建寧錡茶，亦無從知其始末，故皆不著。

《明會典》：陝西置茶馬司四：河州、洮州、西寧、甘州。各司並赴徽州茶引所批驗，每歲差御史一員巡茶馬。

明洪武間，差行人一員，齎榜文於行茶所在懸示以肅禁。永樂十三年，差御史三員，巡督茶馬。正統十四年，停止茶馬金牌，遣行人四員巡察。景泰二年，令川陝布政司各委官巡視，罷差行人。四年，復差行人。成化三年，奏准每年定差御史一員，陝西巡茶。十一年，令取回御史，仍差行人。十四年，奏准定差御史一員，專理茶馬，每歲一代，遂為定例。弘治十六年，取回御史，凡一應茶法，悉聽督理馬政都御史兼理。十七年，令陝西每年於按察司揀憲臣一員，駐洮巡禁私茶，一年滿日，擇一員交代。正德二年，仍差巡茶御史一員，兼理馬政。

光祿寺衙門，每歲福建等處解納茶葉一萬五千斤，先春等茶芽三千八百七十八斤，收充茶飯等用。

《博物典匯》云：本朝捐茶，利予民而不利其入。凡前代所設榷務、貼射、交引、茶由諸種名色，今皆無之，惟於四川置茶馬司四所，於關津要害置數批驗茶引所而已。及每年遣行人，於行茶地方張掛榜文，俾民知禁。又於

西番入貢為之禁限，每人許其順帶有定數。所以然者，非為私奉，蓋欲資外國之馬以為邊境之備焉耳。

洪武五年，戶部言：四川產巴茶凡四百四十七處，茶戶三百一十五。宜依定制，每茶十株，官取其一，歲計得茶一萬九千二百八十斤，令有司貯候西番易馬。從之。至三十一年，置成都、重慶、保寧三府及播州宣慰司茶倉四所，命四川布政司移文天全六番招討司，將歲收茶課，仍收碉門茶課司，餘地方就送新倉收貯，聽商人交易，及與西番易馬。茶課歲額五萬餘斤，每百加耗六斤，商茶歲中率八十斤，令商運賣，官取其半易馬。納馬番族洮州三十，河州四十三，又新附歸德所生番十一，西寧十三。茶馬司收貯，官立金牌信符為驗。洪武二十八年，駙馬歐陽倫以私販茶撲殺。明初茶禁之嚴如此。

《武夷山志》：茶起自元初至元十六年，浙江行省平章高興過武夷，製石乳數斤入獻。十九年，乃令縣官蒞之，歲貢茶二十斤，採摘戶凡八十。大德五年，興之子久住為邵武路總管，就近至武夷督造貢茶。明年，創焙局，稱為御茶園，有仁風門、第一春殿、清神堂諸景，又有通仙井，覆以龍亭，皆極丹臒之盛。設場官二員領其事。後歲額浸廣，增戶至二百五十，茶三百六十斤，製龍團五千餅。泰定五年，崇安令張端本重加修葺，於園之左右各建一坊，扁曰茶場。至順三年，建寧總管暗都剌於通仙井畔築臺，高五尺，方一丈六尺，名曰喊山臺，其上為喊泉亭，因稱井為呼來泉。《舊志》云：「祭後群喊而水漸盈，造茶畢而遂涸，故名。」迨至正末，額凡九百九十斤。明初仍之，著為令。每歲驚蟄日，崇安令具牲體，詣茶場致祭，造茶入貢。洪武二十四年，詔天下產茶之地，歲有定額，以建寧為上，聽茶戶採進，勿預有司。茶名有四：探春、先春、次春、紫筍，不得碾揉為大小龍團。然而祀典貢額猶如故也。嘉靖三十六年，建寧太守錢嶫因本山茶枯，令以歲編茶夫銀二百兩，及水腳銀二十兩，齎府造辦。自此遂罷茶場，而崇民得以休息。御園尋廢，惟井尚存，井水清甘，較他泉迥異。仙人張邋遢過此飲之，曰：「不徒茶美，亦此水之力也。」

我朝茶法，陝西給番易馬，舊設茶馬御史，後歸巡撫兼理。各省發引通商，止於陝境交界處盤查。凡產茶地方，止有茶利而無茶累，深山窮谷之民，無不沾濡雨露，耕田鑿井，共樂升平。此又有茶以來希遇之盛也。

雍正十二年七月既望，陸廷燦識。